U0937325

“一带一路”
机遇与挑战

王义桅 著

人民出版社

责任编辑:刘敬文(455979309@ qq.com)
封面设计:马淑玲

图书在版编目(CIP)数据

"一带一路":机遇与挑战/王义桅 著. —北京:人民出版社,2015.4(2018.3 重印)
ISBN 978-7-01-014788-8

Ⅰ.①一… Ⅱ.①王… Ⅲ.①对外合作-研究-中国 Ⅳ.①F124

中国版本图书馆 CIP 数据核字(2015)第 077188 号

"一带一路":机遇与挑战
YIDAI YILU JIYU YU TIAOZHAN

王义桅 著

人民出版社 出版发行
(100706 北京市东城区隆福寺街 99 号)

北京市文林印务有限公司印刷 新华书店经销

2015 年 4 月第 1 版 2018 年 3 月北京第 17 次印刷
开本:710 毫米×1000 毫米 1/16 印张:17
字数:180 千字 印数:225,001-240,000 册

ISBN 978-7-01-014788-8 定价:40.00 元

邮购地址 100706 北京市东城区隆福寺街 99 号
人民东方图书销售中心 电话 (010)65250042 65289539

序　一

大鹏欲展翅　有鸟先报春

叶小文

“不谋全局者，不足以谋一域；不谋万世者，不足以谋一时。”清朝战略家陈谵然在《寤言二迁都建藩议》一文中的这句话，是中国战略观的经典表述。

谋全局，谋万世的大战略，既需要看清当今世界，也需要看懂当代中国。

从世界范围来看——

自文艺复兴以来，近代大国经济的发展，都是以工业化和城市化为基本模式，必然涉及到对煤、石油和天然气等不可再生资源的大量需求，以及对市场、对资源不断扩张的需求。近代西方世界在崛起的过程中为满足这种需求，以坚船利炮、圈占土地和奴役他人来掠夺资源。这虽造就了西方世界近代以来的繁荣，也埋下了它与世界其他部分的仇恨。现在，中国作为世界最大的发展中国家，已连续近四十年快速发展。再往下怎么走？对外，当然也有不断增长的资源需求和市场需求。今天的中国，如何满足这种需求？

2015 年 9 月 28 日，习近平在联合国的讲话明确指出：“我们要谋求开放创新、包容互惠的发展前景。2008 年爆发的国际经济金融危机告诉我们，放任资本逐利，其结果将是引发新一轮危机。缺乏道德的市场，难以撑起世界繁荣发展的大厦。富者愈富、穷者愈穷的局面不仅难以持续，也有违公平正义。”“大家一起发展才是真发展，可持续发展才是好发展。……刚刚闭幕的联合国发展峰会制定了 2015 年后发展议程。我们要将承诺变为行动，共同营造人人免于匮乏、获得发展、享有尊严的光明前景。”

从中国自身来看——

首先，向西看。中华民族历史上的辉煌，其基础一度是以“陆权”政治为核心权力的全球地缘政治格局。作为欧亚大陆之间联系纽带的丝绸之路，正是这种历史辉煌的写照。由于存在着人均收入上的差距，中国东部的市场需求，与新疆以及中亚国家的市场呈阶梯状。因为不同的收入水平的主流需求有所不同，如中国东部市场随着收入水平的提高曾出现过对百元产品（如服装、小家电）、千元产品（如大家电）、万元产品（如计算机、旅游等）和十万元产品（如汽车和住宅等）的阶段性大规模需求，从而培育出中国相应的产业。这些产业因市场规模巨大而形成了巨大的生产规模，从而形成了规模经济带来的成本优势。而随着市场的饱和及需求高潮的退去，其生产能力必然要寻找新的市场。抓住我国东部沿海的部分产业向西部转移的机会，在政府指导、协调下，以政策优惠鼓励那些产品在中亚地区有市场的产业，将生产基地移到新疆，在三五年内形成一个面向中亚市场的制造业基地，为扩大我同中亚地区贸易和经济往来提供动力，同时惠及新疆发展。

其次，向东看。人无远虑，必有近忧。中国这样一个泱泱大国要和平发展，在自己东面，必须突破“第二岛链”；在自己西面，必须战略西进。

中国的大战略应该是，扩大向东开放，才能东接财源；扩大向西开放，才能西接能源；扩大双向开放，才能“左右逢源”。

那么，如何走出“开放创新、包容互惠”、“双向开放”的路？

中国统揽政治、外交、经济社会发展全局作出的重大战略决策，实施新一轮扩大开放、营造有利周边环境的重要举措，就是建设丝绸之路经济带、21世纪海上丝绸之路。形象地说，这“一带一路”，就是要再为中国这只大鹏插上两只翅膀，建设好了，大鹏就可以飞得更高更远。

春江水暖，有鸭先知。大鹏展翅，有鸟先鸣。中国人民大学国际关系学院教授、重阳金融研究院高级研究员王义桅敏锐察觉到这一时代变化。就在《推动共建丝绸之路经济带和21世纪海上丝绸之路的愿景与行动》公布后的三周，他便在人民出版社推出《“一带一路”：机遇与挑战》。今年5月初，我在中央党校六部委举办的全国中青年社会科学骨干班讲课。当时作为班上听课者的王义桅，特地将此书送给我。回来一翻，不禁感叹。这是国内首部“一带一路”研究专著，对于国内外广大渴望了解“一带一路”战略的读者而言，该书无疑是及时雨、精品屋。全书对“一带一路”发展战略所带来的周边外交、地区合作、全球发展等机遇做了精辟论述，对与机遇并存的政治、安全、经济、道德、法律等风险做了辩证解读。从宏观视角、理论层面对人们关于"一带一路"战略的疑问和误解做了解释和纠正，具有权威性。这是一部高屋建瓴、精练畅达的理论佳作。

王义桅曾任中国驻欧盟使团外交官，在多家智库担任特约研究员。我很高兴获知，该书的英文、阿拉伯文、波斯文、韩文、日文、中文繁体字版等将陆续推出，成为讲述21世纪丝路故事、传播"一带一路"声音及命运共同体理念的领衔佳作。

全书系统分析了中国梦与世界梦相通的"一带一路"路径，凸显"世界养育中国，中国回馈世界"的主题。笔者非常赞同该书结语将"一带一路"定位为中国的国际合作倡议及公共产品，十分欣赏书中总结的"一带一路"中国智慧。事实上，外媒也有所察觉。比如韩国《中央日报》曾分析：在围棋中，如果被对方的棋路牵着走，那就意味着失败。中国尽量避免在亚洲舞台上与美国进行对决。如果美国集中于亚洲，那么中国就会悄悄从亚洲抽手，走向世界。西方的国际象棋意在抓住对方的王，即瞄准完全胜利。相反，围棋则是确保比对方更多的位置，追求比较优势。西方的军事理论强调对人口密集区或首都、核心经济设施的攻击和防御。但围棋则重视从周边包围中央的战略。习近平的"一带一路"战略构想根据"三边通中央必胜"，即用三边各自通过中央就一定会取胜的围棋打法。因为如果将亚洲、欧洲和非洲三个大陆通过"一带一路"计划连接，就一定会取胜。

作者深刻地指出，以政策沟通、设施联通、贸易畅通、资金融通、民心相通等"五通"所代表的互联互通，实现真正的包容性全球化，已成为21世纪的主旋律。在美国化的全球化难以为继之际，中国提出"一带一路"伟大倡议，这是古丝绸之路的中国化、时代化、大众化——"丝绸之路"概念是德国人李希霍芬1877年提出的，美国在 2011 年为从阿富汗撤军提出“新丝绸之路计划”，故而中国用一个很中国特色的概念——“一带一路”，才体现中国的产权。秉承“一生二,二生三,三生万物”的理念，“一带一路”阐述的是“千里之行，始于足下”的意思，不是说只有一条带、一条路。李希霍芬的丝绸之路（silk road）用的“路”也是单数，其实古丝绸之路有多条：茶叶丝绸之路、香料丝绸之路、瓷器丝绸之路、南方丝绸之路等，应该用（silk roads)。“丝绸之路经济带”概念是中国改革开放形成的“以点带线”、“以线带面”等经验的外延，通过各种经济走廊形成经济带，与海上经济走廊形成陆海联动的系统化效应。至于“21 世纪海上丝绸之路”的提法，就是为了强调在 21 世纪里如何实现港口改造、航线升级换代，不仅提升航运能力，更要做到“人海合一”，与陆上丝绸之路强调的“天人合一”相呼应。“21 世纪海上丝绸之路”贵在“21 世纪”：表明中国既不走西方列强走向海洋的扩张、冲突、殖民的老路，也不走与美国海洋霸权对抗的邪路，而是寻求有效规避传统全球化风险，开创人海合一、和谐共生、可持续发展的新型海洋文明。

建设“一带一路”，须遵循经济建设、政治建设、文化建设、社会建设、生态文明建设“五位一体”理念，开启可持续发展的人类新文明（绿色丝路)。“经济带”概念就是对地区经济合作模式的创新，其中经济走廊——中俄蒙经济走廊、新亚欧大陆桥、中国—中亚经济走廊、孟中印缅经济走廊、中国—中南半岛经济走廊、海上经济走廊等，以经济增长极辐射周边，超越了传统发展经济学理论。中国是世界最大贸易国家，却奉行不结盟政策，提出与作为海上霸主的美国建设新型大国关系。这就要求中国提出 21 世纪海洋合作新理念，创新航运、物流、安全合作模式，通过特许经营权、共建共享港口等方式，推进海上与陆上丝路对接。

大鹏展翅，有鸟先鸣。

有鸟先鸣，百鸟争鸣。

百鸟争鸣，万象更新。

“大鹏一日同风起，扶摇直上九万里。假令风歇时下来，犹能簸却沧溟水。世人见我恒殊调，闻余大言皆冷笑。宣父犹能畏后生，丈夫未可轻年少。”王义桅是位年轻的教授，但后生可畏。其这本引领性专著，有可能激发更深入的研究，激起百鸟争鸣，共同来谱写21世纪丝路新篇章！

（作者系中央社会主义学院第一副院长、党组书记）

序　二

不负“一带一路”开启的伟大时代

隆国强

去年，我随中联部组织的中共代表团赴英国参加第七届中英政党对话。代表团由时任中联部副部长的于洪君同志任团长，团员是来自相关部委的领导与专家。代表团中唯一来自高校的，是中国人民大学的王义桅教授。一路走来，王义桅教授的勤学敏思令人印象深刻。

前些日子，我收到了王教授所著的《“一带一路”：机遇与挑战》。本想翻阅一下，不想打开后被书中的分析所吸引，一口气通读了全书。现在我们处于信息大爆炸的时代，一年不知会出版多少书籍。如何在浩如烟海的出版物中发掘值得一读的书，成为当今读书人的困惑。读完王义桅教授的最新著作，我觉得是一部值得一读的好书，愿意推荐给对“一带一路”感兴趣的同仁。

之所以推荐这部著作，有以下几个原因：

本书主题具有重大战略意义。2013 年秋，习近平主席出访哈萨克斯坦时，在纳扎尔巴耶夫大学演讲中提出了建设“丝绸之路经济带”的倡议，随后又在印度尼西亚提出了建设“二十一世纪海上丝绸之路”的倡议。“一带一路”倡议提出后，得到了国际社会的广泛关注和热烈反响。国内外媒体对此进行了广泛报道。“一带一路”将对未来全球经济贸易格局产生深刻影响，国内外越来越多的人认识到它的战略意义，希望系统深入地了解。关于“一带一路”的论述很多，但是，系统介绍与分析“一带一路”的著作却不多见。今年四月，王义桅教授的这部著作由人民出版社出版，这是国内首部从国际关系角度解读“一带一路”的著作。对于希望了解“一带一路”的读者，本书无疑是值得好好研读的。

本书的系统性全面性。“一带一路”覆盖60多个国家，由于秉持开放包容的理念，辐射范围还不限于此。“一带一路”内容十分丰富，习主席用“五通”来概括，即政策沟通、设施联通、贸易畅通、资金融通、民心相通为主要内容，全方位推进务实合作，打造政治互信、经济融合、文化包容的利益共同体、责任共同体和命运共同体。因此，对“一带一路”的全面理解，需要建立在系统的分析之上。本书结构简明扼要，除了前言与结语外，只有四个章节，但内容十分丰富。作者从介绍“一带一路”的背景入手，对比分析了“一带一路”与以往的丝绸之路复兴计划以及马歇尔计划的异同。本书客观分析了“一带一路”面临的机遇与风险，该书指出，“一带一路”既面临着全方位开放机遇、周边外交机遇、地区合作机遇、全球发展机遇，同时也面临着政治风险、安全风险、经济风险、道德风险、法律风险。自从“一带一路”构想提出后，国内对其机遇讲得多，而对面临的风险分析不足，这对于真正落实这一战略构想是不利的。本书的分析是客观全面的，是严肃和均衡的。最后，本书作者就如何推进“一带一路”建设提出了建议。他提出，要用三个创新，即理念创新、理论创新和方式创新，来推进“一带一路”构想。

本书独特的分析视角与独到见解。“一带一路”是区域合作求共同发展的构想与倡议，因此，多数分析是从区域经济合作的视角来进行，国外一些分析则从地缘政治角度来分析。本书是从国际关系视角来进行分析。也许是因为分析视角的不同，作者提出了不少值得关注的观点。例如，作者指出，国内外存在对“一带一路”的误读，存在认知风险。作者在书中归纳了十种对“一带一路”的误读。作者认为，“一带一路”并不是针对美国“复返亚洲”战略的一种中国战略，而是一个区域合作的倡议，是中国提供的一个全球公共产品。因此，“要慎谈战略，多讲文明”，避免被误读为中国借此推进地缘政治扩张。作为一个“伟大合作倡议”，“一带一路”不属于中国，而是属于沿线所有国家，并给世界带来巨大发展机遇。“一带一路”是沿线国家的共同事业，应始终坚持“共商、共建、共享”原则，通过共商共建丝路，达到共担风险、共襄盛举的目标。这些独到观点，具有启发性，值得认真琢磨。这对于读者更加全面客观理解“一带一路”，从而把握好这一构想的机遇，无疑是十分有益的。

本书能够在众多关于“一带一路”的论述中独树一帜，与本书作者丰富的阅历有着密切的关系。作者王义桅教授曾为工程师、外交官，目前在中国人民大学从事国际关系与国际战略的研究与教学，他还在众多智库任职，担任人大重阳金融研究院、国家发展与战略研究院高级研究员，兼任中联部当代世界研究中心特约研究员，察哈尔学会、春秋发展战略研究院高级研究员。

（作者系国务院发展研究中心副主任）

目　录

前言　建设“一带一路”，融通中国梦与世界梦

中华民族伟大复兴的中国梦通过什么途径来实现？中国崛起关键阶段通过什么伟大倡议以确立国际话语权？中华民族伟大复兴对人类文明有何担当？“丝绸之路经济带”与“21世纪海上丝绸之路”（简称“一带一路”）的提出，就是对这些重大问题的切实回答。

为什么这个时候提出“一带一路”？为什么是“丝绸之路经济”而不是“新丝绸之路”？为何强调“21世纪”——它与历史上的海上丝绸之路有何区别？“一带一路”是中国的战略还是伟大倡议？跟已有的地区合作框架、全球体系是什么关系？“一带一路”包含哪些国家和地区？为何选择在哈萨克斯坦、印尼两国提出“一带”与“一路”？如何建设“一带一路”？“一带一路”面临哪些机遇与风险？“一带一路”预示着中国与世界的关系发生了怎样的变化？需要多长时间建成？建成又对中国与世界带来什么样的变化？

本书对这些根本性问题试图作出系统回答。概言之，“一带一路”是全方位对外开放的必然逻辑，也是文明复兴的必然趋势，还是包容性全球化的必然要求，标志着中国从参与全球化到塑造全球化的态势转变。

从人类文明史和全球化格局看，“一带一路”伟大倡议肩负三大

担当，具有“三五效应”：

（一）五千年未有之变局：推动传统中华文明的转型

“一带一路”肩负推动中华文明转型的历史担当。

作为文明型国家，中国正在经历从内陆文明向海洋文明、从农耕文明向工业—信息文明、从地域性文明向全球性文明转型。这是五千年未有之变局，正在开创人类古老文明复兴与转型并举的奇迹。“一带一路”战略的提出，充分展示了中国在全球化时代的文明自信与文明自觉。

中华文明长期受制于北方威胁，局限于内陆。海防还是塞防，长期困惑中国的防御布局；走向海洋还是西进，也不断在困扰中国的发展布局。“一带一路”明确中国同时从陆上和海上走出去，既发挥传统陆上文明优势，又推动海洋文明发展，使中国陆海文明协调发展，真正成为陆海兼备的文明型国家。

两条丝绸之路首先是一个欧亚地区交通网络：由铁路、公路、航空、航海、油气管道、输电线路和通信网络组成的综合性立体互联互通的交通网络，将来还可在政策、设施、贸易、资金、民心等“五通”基础上增加第六通——网通，建设网上丝绸之路，将会沿这些交通线路逐渐形成相关的产业集群，由此通过产业集聚和辐射效应形成建筑业、冶金、能源、金融、通讯、信息、物流、旅游等综合发展的经济走廊。因此，“一带一路”是高技术之路，是以中国资本、技术换取欧亚大市场，推动中国制造成为国际标准，见证着中国从农耕文明到工业—信息文明的转型。

“一带一路”将中国十几个省份与亚非拉广大地区对接，并延伸到南太平洋地区，将世界与中国互联互通起来。随着北极航线的开通，“一带一路”重构了世界地缘政治、地缘经济版图，并推动中国企业包括军工走出去，是中国提供给全球化的公共产品，标志着中国从地域性文明向全球性文明转型。

（二）五百年未有之变局：推动近代人类文明的创新

“一带一路”肩负推动人类文明创新的现实担当。

首先是推动全球化向更加包容性方向发展。

传统全球化由海而起，由海而生，沿海地区、海洋国家先发展起来，陆上国家、内地则较落后，形成巨大的贫富差距。传统全球化由欧洲开辟，由美国发扬光大，形成国际秩序的“西方中心论”，导致东方从属于西方、农村从属于城市、陆地从属于海洋等一系列负面效应。如今，“一带一路”正在推动全球再平衡。“一带一路”鼓励向西开放，带动西部开发以及中亚、蒙古等内陆国家的开发，在国际社会推行全球化的包容性发展理念；同时，“一带一路”是中国主动向西推广中国优质产能和比较优势产业，将使沿线国家首先获益，也改变了历史上中亚等丝绸之路沿途地带只是作为东西方贸易、文化交流的过道而成为发展“洼地”的面貌。这就超越了欧洲人所开创的全球化造成的贫富差距、地区发展不平衡，推动建立持久和平、普遍安全、共同繁荣的和谐世界。

其次是推动欧亚大陆回归人类文明中心。

东西方两大文明经过历史上的丝绸之路联系在一起，直至奥斯曼土耳其帝国崛起切断丝绸之路（史称“奥斯曼之墙”），欧洲才被迫走向海洋，而欧洲走向海洋也得益于中国的指南针、火药等四大发明经过阿拉伯传到欧洲。欧洲走向海洋，以殖民化方式开启全球化，这继阿拉伯人开辟海运之后，进一步加速了丝绸之路的衰落，东方文明走向封闭保守，进入所谓的近代西方中心世界。直至美国崛起，西方中心从欧洲转到美国，欧洲衰落，历经欧洲一体化而无法根本上挽回颓势。如今，欧洲迎来了重返世界中心地位的历史性机遇，这就是欧亚大陆的复兴。欧亚大陆被英国地缘政治学家麦金德誉为“世界岛”，其一体化建设将产生布热津斯基《大棋局》一书所说的让美国回归“孤岛”的战略效应和让亚欧大陆重回人类文明中心的地缘效应，重塑全球地缘政治及全球化版图。欧盟的互联互通计划① 与中国的“一带一路”对接，以政策、贸易、交通、货币、民心这“五通”对接和平、增长、改革、文明这中欧“四大伙伴”关系，让欧亚大陆回归人类文明中心，并辐射至非洲大陆。

再次是创新人类文明，实现全球再平衡。全球化是欧洲人开启的，美国又后来居上，迄今世界的海上物流主要在跨大西洋、跨太平洋之间，如图 1 所示。

“一带一路”在太平洋与大西洋之间搭起了两条经济带，让世界更均衡发展，推动内陆文明的复兴、海上文明与内陆文明的对接。

“丝绸之路”不仅是欧亚大陆贸易通道，也是欧亚文明交流的纽带。“丝绸之路经济带”不仅在全球化时代继承了古老贸易与文明通道，更开启陆上全球化以对冲海上全球化风险，开启文明交流互鉴以实现欧亚大陆的和平与繁荣，并以经济建设、政治建设、文化建设、社会建设、生态文明建设“五位一体”的理念开启可持续发展的人类

---

① 欧盟也提出欧洲新丝绸之路计划，目标是建立从里斯本到符拉迪沃斯托克的自贸区，让伙伴国不必“在莫斯科和布鲁塞尔之间作出选择”，这就为中欧洲际合作提供了对接的可能。

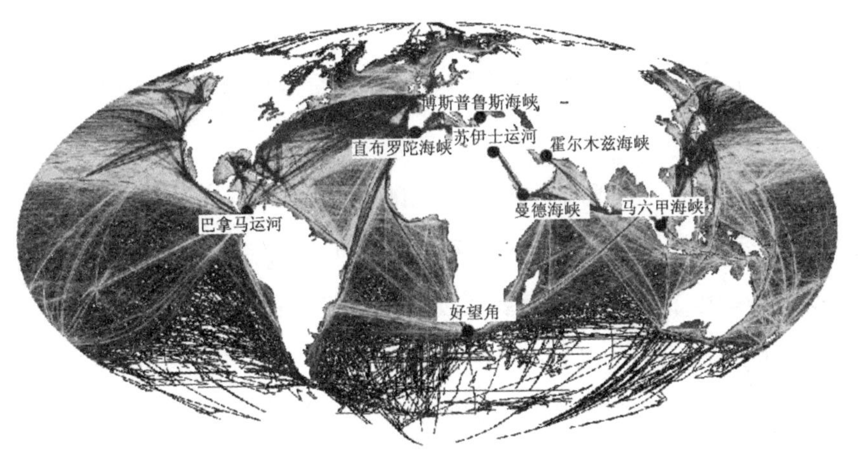

图 1　世界海上物流图①

新文明。“经济带”概念就是对地区经济合作模式的创新，其中经济走廊——中俄蒙经济走廊、新欧亚大陆桥、中国—中亚经济走廊、孟中印缅经济走廊、中国—中南半岛经济走廊、海上经济走廊等，以经济增长极辐射周边，超越了传统发展经济学理论。中国是世界最大贸易国家，却奉行不结盟政策，提出与作为海上霸主的美国建设新型大国关系。这就要求中国提出 21 世纪海洋合作新理念，创新航运、物流、安全合作模式，通过特许经营权、共建共享港口等方式，推进海上与陆上丝路对接。“21 世纪海上丝绸之路”贵在“21 世纪”：表明中国既不走西方列强走向海洋扩张、冲突、殖民的老路，也不走与美国海洋霸权对抗的邪路，而是寻求有效规避传统全球化风险，开创人海合一、和谐共生、可持续发展的新型海洋文明。

① 参见 National Center for Ecological Analysis and Synthesis，https：//www.neptune.nceas.ucsb.edu/cumimpacts2008/impacts/transformed/jpg/shipping.jpg（accessed 29 July 2014）。

（三）五十年未有之变局：推动中国梦的实现

“一带一路”肩负着实现中国梦的未来担当。

“一带一路”与“两个一百年”的中国梦契合。实现中华民族伟大复兴的中国梦提出后，需要实现的可行路径和路线图。“一带一路”承载了这一重托，2021 年是首期工程，2049 年基本建成。

“一带一路”视野下的中国梦，尤其体现在以下三方面：

一是中国从融入到塑造全球化，从向世界开放到世界向中国开放的态势转变。近五十年来，中国 60 多年确立了独立自主的和平发展道路，但是中国始终不是世界潮流的开启者。五十年前，两个拳头打人，奠定中国特色社会主义的底气；改革开放后让西方带我们玩；现在是我们带亚欧非玩。两条“丝绸之路”的提出，标志着中国对外开放战略翻开了历史的新篇章。从开放的内涵上来讲：“引进来”转向“走出去”，引进来和走出去更好结合，培育参与和引领国际经济合作竞争新优势，以开放促改革；从开放的广度上来讲：为发展中国西部地区，实施向西、向南开放的战略，形成全方位开放新格局；从开放的深度上来讲，顺应世界区域经济一体化发展趋势，以周边为基础加快实施自由贸易区战略，实现商品、资本和劳动力的自由流动。中国最大的安全战略回旋空间在西部，西部也是中国平衡发展、可持续发展的关键。“一带一路”超越了西部大开发，将中国内部市场一体化提升为欧亚大市场建设。

二是中国塑造欧亚一体化，巩固大周边依托。“一带一路”构成的互联互通将把作为世界经济引擎的亚太地区与世界最大经济体的欧盟联系起来，给欧亚大陆带来新的空间和机会，并形成东亚、西亚和南亚经济辐射区。推进贸易投资便利化，深化经济技术合作，建立自由贸易区，最终形成欧亚大市场。对域内贸易和生产要素进行优化配置，促进区域经济一体化，实现区域经济和社会同步发展。近年来，欧盟提出从里斯本到符拉迪沃斯托克的欧亚一体化战略构想。俄罗斯也提出欧亚经济联盟战略。“一带一路”比这些更大、更切实、更包容，有效破解美国试图通过 TPP（跨太平洋战略经济伙伴关系协定）、TTIP（跨大西洋贸易与投资伙伴关系协定）等更高标准全球化排斥中国的企图。中国在设置议程、机制和理念，不再是搭美国主导的国际体系（如 WTO）“便车”，而是让亚非欧搭中国“便车”、“快车”。“一带一路”还是中国经营大周边的战略举措。历史上，大国崛起无不是先立足周边，后辐射世界的。周边是我国安身立命之所、发展繁荣之基。“一带一路”以历史上的文明共同体理念为基础，按照经营全球化、欧亚一体化的战略布局，打造中国大周边的利益共同体、责任共同体、安全共同体，最终建设命运共同体，必将极大提升我国国际影响力和软实力。

三是重塑中国全球化战略的比较优势，全面提升中国竞争力。“一带一路”是中国在全球分工体系中通过全方位开放塑造新的比较优势。在新一轮全球化竞争中，我国从全球产业链低端向高端迈进，比较优势也从劳动—资源密集向技术—资本密集升级。“一带一路”就是我国从全球产业链高端向低端转移优质产能的过程，将我国以互联互通为基础的相关行业人力、物力、财力、经验、标准的全方位比较优势充分发挥，全面提升中国在技术、资本、标准等领域的国际竞争力。

古代海陆丝绸之路曾是中国联系东西方的“国道”，是中国、印度、希腊三种主要文化交汇的桥梁；今天，丝绸之路重焕活力，成为新形势下中国对外开放重要战略布局。“一带一路”沿线包括中亚、东盟、南亚、中东欧、西亚、北非等65个国家，44亿人口，经济容量约为21万亿美元，分别占全球的63%和29%。[①]2013年中国与“一带一路”沿线国家的贸易额超过1万亿美元，占中国外贸总额的四分之一，过去10年中国与沿线国家的贸易额年均增长为19%，较同期中国外贸额的年均增速高出4个百分点。今后还有更大增长空间。正在制定的“十三五”规划中，中国将进口10万亿美元的商品，对外投资超过5000亿美元，出境游客约5亿人次，中国的周边国家以及丝绸之路沿线国家将率先受益。正如习近平主席所言，“一带一路”是中国腾飞的两只翅膀，也是亚洲腾飞的两只翅膀。“一带一路”强调共商、共建、共享原则，强调开放、包容理念——一是与当地已有合作架构的兼容，尽量不另起炉灶；二是与域外力量的包容，不是排挤俄美欧日等域外势力，强调其国际合作的公共精神与公共产品属性，而非中国单方面的战略。这就在践行“中国梦是与世界各国人民追求美好生活的梦想相通”的理念。斯里兰卡梦、俄罗斯复兴梦、印尼海洋强国梦、蒙古梦等与丝路梦对接，充分将中国机遇变成世界机遇，将世界机遇变成中国机遇。“一带一路”将沿途国家、地区与我国战略合作伙伴做实，也是将全球伙伴网络接地气，为此我国可择机提出包容、开放、可持续的“丝路安全观”，向国内外派宣讲团，阐释其意图、策略及给当地带来的好处，强调联合国开发计划署（UNDP）的前期贡献，将“一带一路”纳入联合国2015年后可持续发展议程，践行十八大报告提出的“五位一体”理念，建设绿色丝绸之路。

---

① “一带一路”是开放的，不限于65个国家。

“一带一路”不是一个实体和机制，而是合作发展的理念和倡议，是依靠中国与有关国家既有的双多边机制，借助既有的、行之有效的区域合作平台，旨在借用古代“丝绸之路”的历史符号，高举和平发展的旗帜，主动地发展与沿线国家的经济合作伙伴关系，共同打造政治互信、经济融合、文化包容的利益共同体、命运共同体和责任共同体。

当然，“一带一路”大战略不是孤立的，也不是中国大战略的全部，它立足于中国国内的全面深化改革和全方位开放（四个自贸区、长江经济带、京津冀一体化），与亚太自贸区（FTAAP）构成中国的“一体两翼”大战略，共圆中国梦。

总之，“一带一路”既有实现中国梦的路径选择，又有大国崛起话语权和比较优势的战略规划，还肩负中国让世界更美好的人类担当。世界日益增长的需要与落后的全球化供给之间的矛盾，就是中国发展和“一带一路”建设的动力。“一带一路”是新的长征，是中国在沿途国家的宣言书、宣传队、播种机，将中国与有关国家的合作与友谊拓展与深化，极大提升中国制造、中国营造、中国规划的能力与信誉，提升中国威望。五千年、五百年及五十年未有之变局，是“一带一路”大战略的“三五效应”，或曰三个“五”效应，每个“五”又含三个“三”，三三得九，九九归一——“一带一路”以“丝路梦”成就中国梦，助推世界梦。依此理念，传播丝路文化、讲好丝路故事、阐明丝路精神，是丝路公共外交的努力方向。

一、“一带一路”的历史超越

“无数铃声遥过碛，应驮白练到安西”，在唐代诗人张籍的笔下，千年之前古丝绸之路的盛况可见一斑。一条丝绸之路，撑起了汉唐的盛世荣耀，丝绸、茶叶、陶瓷不断出口，世界为之陶醉。在张骞开辟丝绸之路后，逐步形成陆上丝绸之路与海上丝绸之路两种运输方式，其中陆上丝绸之路又分为北线与南线。“具体而言有西汉张骞

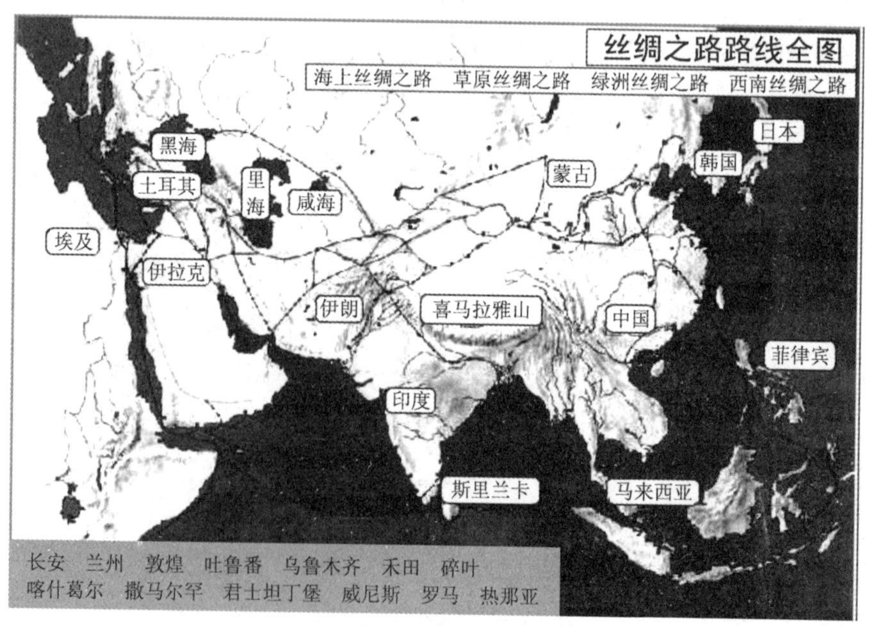

图 2　古代丝绸之路全线图

出使西域的官方通道‘西北丝绸之路’；有北向蒙古高原，再西行天山北麓进入中亚的‘草原丝绸之路’；还有从中国南海出发，穿过南海，进入太平洋、印度洋、波斯湾，远及非洲、欧洲的海上丝绸之路。”[①]1913年，法国汉学家爱德华·沙畹首先提出了“海上丝绸之路”的概念，他在其所著的《西突厥史料》中提出：“丝路有陆、海两道。北道出康居，南道为通印度诸港之海道。”

古代海上丝绸之路的历史可追溯到两千多年前。它经历了汉武帝开辟经东南亚至印度的海上通道、唐朝把对外贸易重心从陆路转向海路，以及宋元时期鼓励阿拉伯商人来广州与泉州等地贸易，遂从原先仅从广州经东南亚至南印度，发展到越过印度洋、进入波斯湾至阿拉伯沿岸一带。到了明代中叶，随着欧洲殖民者的东来，以及明朝在福建漳州月港部分开放海禁，准许私人海外贸易船出海贸易。尤其是西班牙殖民者为维持在菲律宾的殖民统治，开辟了从马尼拉至墨西哥阿卡普尔科的大帆船贸易航线，把中国商船载运到马尼拉的中国生丝和丝织品经太平洋转运到美洲大陆，然后又经大西洋再运到欧洲各地。这使中国古代海上丝绸之路发生了巨大变迁，即从区域贸易航线发展成为联系东西方的全球贸易航线。

丝绸之路是友谊与财富之路，交流与共荣之路，商贾络绎不绝，不同文明得以再次碰撞交融，兼容并包的理念伴随着丝绸之路的兴盛，绵延至今并被赋予新的时代内涵。

古代陆上丝绸之路与海上丝绸之路，在今天要交汇了，这不再是丝绸之路——因为中国不再只是丝绸之国，丝绸不再能代表“中国制造”了，而是以高速公路、高速铁路、油气管道、电网、海上通道

① 袁新涛：《“一带一路”建设的国家战略分析》，《理论月刊》2014年第11期。

等代表的互联互通。

德国地理学家李希霍芬大概没有想到，他1877年命名的“丝绸之路”会在21世纪复活，重塑世界政治经济格局。其实，“丝绸之路”只是对两千年来东西方贸易、文化交流的统称。首先，它不是一条路，而是丝绸、茶叶、草原、瓷器、香料之路的统称；其次，丝绸并非东西方贸易的主要动力——只是因为丝绸乃中国特产，且为罗马帝国贵族喜爱，故以其命名，这也反映出丝路运输成本高且风险大，只有运送轻柔易带且贵如黄金的丝绸才合算；欧洲人对东方的首要需求其实是香料，这一点从“奥斯曼之墙”切断丝绸之路后欧洲人被迫走向海洋的动机就得到证实，哥伦布受西班牙派遣远洋航行到达美洲，但误将美洲当作印度，因为印度是生产香料的国度，是欧洲人海上冒险的目的地。后来，对黄金和其他财富的攫取，成为西班牙、荷兰等欧洲殖民者的动力。

什么原因让丝绸之路在今天得以复活？今天的丝绸之路与历史上的又有何区别与联系？

（一）古代丝绸之路的形成与发展

在张骞出使西域以前，西方世界就早已有中国向其出口丝绸的记载。例如，公元前三世纪左右，古罗马地理学家已经称中国为“赛里斯国”，“赛里斯”在希腊语中同“蚕”、“蚕丝”的意思密切相关。在西方世界看来，中国乃以丝立国，以丝强国。可见，在汉武帝真正将丝绸之路官方化的百年前，中国的丝绸早已传至西方，成为当时诸国了解中国的重要媒介，这为张骞的“凿空之旅”奠定了基础。

西汉时期，北方匈奴力量强大，张骞奉命出行“大月氏”，以求联合共压匈奴之威。西行途中，张骞被匈奴扣押达数十年之久，最终达到“大月氏”所在领地，在其地传播汉族文化，汲取西域诸国营养，成功架起东西方沟通之路。新莽政权时期，丝绸之路由于政权更迭、国内矛盾突出未能获得发展，趋于停滞。东汉政权建立之后，班超重走故人之路，再开西域，并将其范围延伸到了地中海附近，二次“凿空”，进一步促进了东西方之间的物质文化交流。

“壮志西行追古踪，孤烟大漠夕阳中；驼铃古道丝绸路，胡马犹闻唐汉风。”千年之后的今日，我们依旧可以从诗人的描写之中感知到当时的盛况。

隋唐期间，丝绸之路真正地发挥了其独特的作用，为中西方带来了空前的繁荣。中国的茶业、丝绸、陶瓷不断出口，西方香料、科技也不断涌入，在唐都城长安，胡商络绎不绝，太宗被尊称为“天可

图 3　13 世纪的丝绸之路

汗”，受各国拥戴。唐“安史之乱”后，陆上丝绸之路逐渐受阻，海上丝绸之路渐趋兴盛。两宋时期，由于北方陆上丝路通道长期为辽、金、西夏王朝控制，因此北宋时陆上丝路开展受阻。南宋时期，偏安一隅，借助临安有利形势，发展海运事业，海上丝绸之路不断兴盛，逐渐地取代了传统陆上丝绸之路的主导地位，成为沟通东西方的有效形式。明朝初年，海上丝绸之路的发展达到鼎盛，广州、泉州、杭州等成为重要港口，但因朱元璋的“海禁政策”而渐趋衰弱。

纵观历史上丝绸之路的发展轨迹，在其千年的演变之间，尽管沉浮多变，但绵延不衰，对中西方作出了巨大的历史贡献。首先，繁荣了中西方的贸易和商业往来。千余里的丝路上，商贾来往不断，驼铃阵阵，繁华相望于道。在贸易过程中，各类奇货数见不鲜，在相互交换的过程中极大地推动了中西方物质的繁荣，推动了财富网、资源网以及人员网的流动。其次，促进了沿线各民族之间的稳定。由于各民族之间经贸往来频繁，同时伴随着文化交流所带来的相互理解，各族之间没有爆发较大规模的冲突战争。同时，丝路上各民族之间也呈现出融合的趋势，各族获得不同程度的发展进步。最后，丝绸之路不仅仅是一条经贸之路，更是一条文化之路，各类文明汇聚此道，以其包容开放的精神，发展了世界文化的多样性，搭建了世界文化沟通交流的平台。尤其需要指出的是，佛教就是借由丝绸之路，经印度传至西域，后到达中原地区，并在中国广泛传播。其他各类教派，如景教、拜火教、摩尼教等也先后传入，对塑造我国民众的宗教认同，提升自身精神境界，维护社会稳定意义重大。了解我国古代丝绸之路的发展脉络，有利于从宏观上把握当今“一带一路”建设同古代丝路的联系，从而更加全面地了解两者之间的联系和异同。

（二）“一带一路”对古代丝绸之路的超越

1. 什么是“一带一路”？

2013年9月，中国国家主席习近平访问哈萨克斯坦，在纳扎尔巴耶夫大学发表了题为《弘扬人民友谊　共创美好未来》的重要演讲。在演讲中，习近平指出：“为了使我们欧亚各国经济联系更加紧密、相互合作更加深入、发展空间更加广阔，我们可以用创新的合作模式，共同建设‘丝绸之路经济带’。这是一项造福沿途各国人民的大事业。”由此，中国建设“丝绸之路经济带”的战略构想首次被提出。

2013年10月，在出席亚太经合组织（APEC）领导人非正式会议期间，习近平提出，东南亚地区自古以来就是“海上丝绸之路”的重要枢纽，中国愿同东盟国家加强海上合作，使用好中国政府设立的中国—东盟海上合作基金，发展好海洋合作伙伴关系，共同建设21世纪“海上丝绸之路”。

“丝绸之路经济带”与“21世纪海上丝绸之路”（简称“一带一路”）成为21世纪联系亚非欧的政策、贸易、设施、资金、人心通畅的跨地区合作模式，它既超越古代丝绸之路，也超越美国在战后初期推行的“马歇尔计划”，具有21世纪融通中国梦与世界梦的未来担当。拿国家发改委、外交部、商务部2015年3月28日联合发布的《推动共建丝绸之路经济带和21世纪海上丝绸之路的愿景与行动》的话来说就是：“共建‘一带一路’旨在促进经济要素有序自由流动、资源高效配置和市场深度融合，推动沿线各国实现经济政策协调，开展更大范围、更高水平、更深层次的区域合作，共同打造开放、包容、均衡、普惠的区域经济合作架构。”

“丝绸之路经济带”战略分为三条线路：即以欧亚大陆桥为主的北线（北京—俄罗斯—德国—北欧）、以石油天然气管道为主的中线（北京—西安—乌鲁木齐—阿富汗—哈萨克斯坦—匈牙利—巴黎）、以跨国公路为主的南线（北京—南疆—巴基斯坦—伊朗—伊拉克—土耳其—意大利—西班牙）。

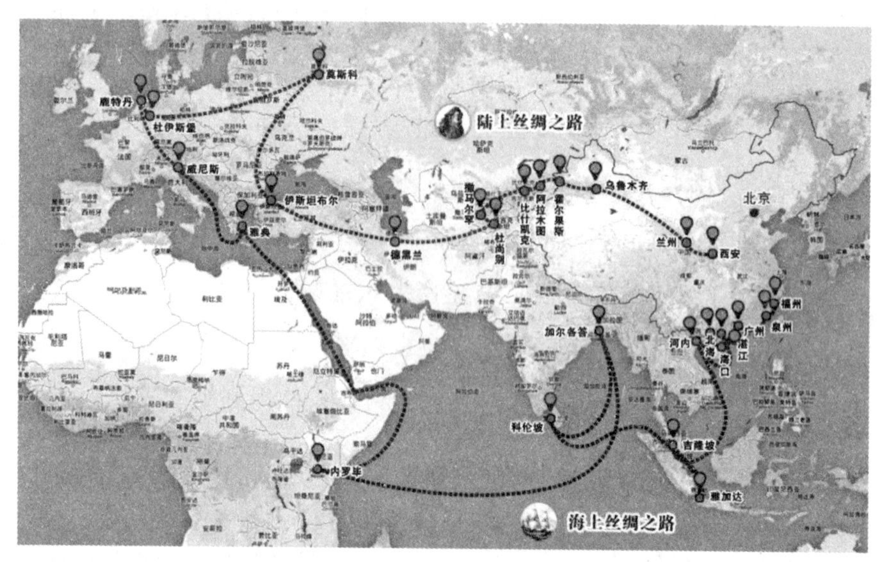

图 4　“一带一路”全图①

丝绸之路经济带重点畅通中国经中亚、俄罗斯至欧洲（波罗的海）；中国经中亚、西亚至波斯湾、地中海；中国至东南亚、南亚、印度洋。中巴、孟中印缅、新亚欧大陆桥以及中蒙俄等经济走廊基本构

① 媒体称此图为新华社所发布，其实并没有得到官方认可。因为“一带一路”强调“开放”、“共商”原则，不能认为只有图上标注的国家才有份儿，包括下文提及的 65 个国家也是同样的道理。

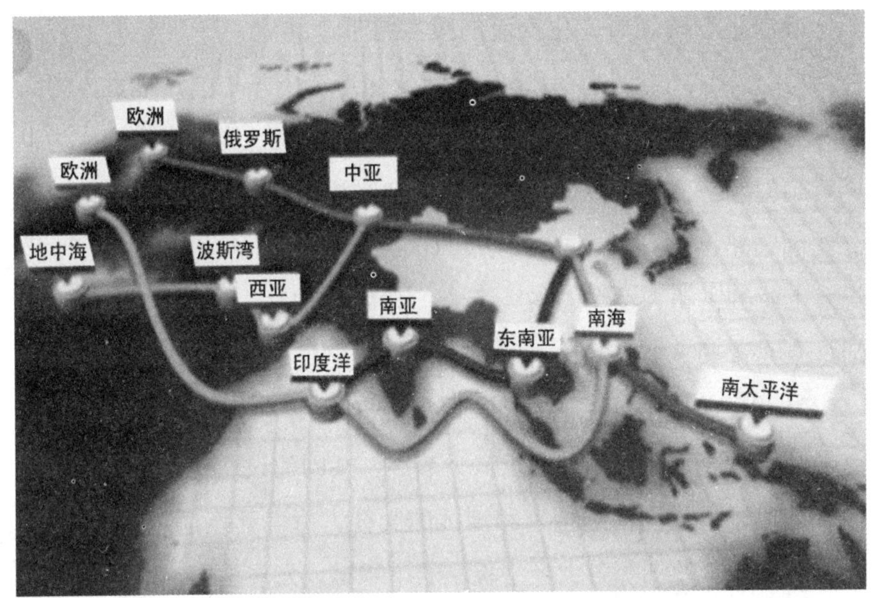

图 5　央视播发的"一带一路"框架图

成丝绸之路经济带的陆地骨架。其中，中巴经济走廊注重石油运输，孟中印缅经济走廊强调与东盟贸易往来，新亚欧大陆桥是中国直通欧洲的物流主通道，中蒙俄经济走廊偏重国家安全与能源开发。

而"21 世纪海上丝绸之路"重点方向是从中国沿海港口过南海到印度洋，延伸至欧洲；从中国沿海港口过南海到南太平洋。

丝绸之路经济带是在"古丝绸之路"概念基础上形成的一个新的经济发展区域。丝绸之路经济带首先是一个"经济带"概念，体现的是经济带上各城市集中协调发展的思路。丝绸之路沿线大部分国家处在两个引擎之间的"塌陷地带"，整个区域存在"两边高，中间低"的现象，发展经济与追求美好生活是本地区国家和民众的普遍诉求。这方面的需求与两大经济引擎通联的需求叠加在一起，共同构筑了丝绸之路经济带的国际战略基础。

海洋是各国经贸文化交流的天然纽带，共建“21 世纪海上丝绸之路”，是全球政治、贸易格局不断变化形势下，中国连接世界的新型贸易之路，其核心价值是通道价值和战略安全。尤其在中国成为世界第二大经济体、全球政治经济格局合纵连横的背景下，“21 世纪海上丝绸之路”的开辟和拓展无疑将大大增强中国的战略安全。21 世纪海上丝绸之路和丝绸之路经济带、上海自贸区、高铁战略等都是基于这个大背景下提出的。

21 世纪海上丝绸之路的战略合作伙伴并不仅限于东盟，而是以点带线，以线带面，以重点港口为节点，共同建设通畅安全高效的运输大通道，增进同沿边国家和地区的交往，将串起连通东盟、南亚、西亚、北非、欧洲等各大经济板块的市场链，发展面向南海、太平洋和印度洋的战略合作经济带，以亚欧非经济贸易一体化为发展的长期目标。由于东盟地处海上丝绸之路的十字路口和必经之地，将是新海丝战略的首要发展目标，而中国和东盟有着广泛的政治基础和坚实的经济基础，21 世纪海上丝绸之路战略符合双方共同利益和共同要求。

2. 为何要建设“一带一路”？

“一带一路”直击三个战略问题，其中“三通”——通路、通航和通商是“一带一路”解决战略问题的发力点。“三通”范畴下的相关行业和个股将率先直接受益于“一带一路”建设的落地，其中通路是丝绸之路经济带首要解决的问题，通路的畅通对于解决中国的三个战略问题意义重大。

（1）“一带一路”直击三个战略问题

“一带一路”作为中长期最为重要的发展战略，其要解决中国过剩产能的市场、资源的获取、战略纵深的开拓和国家安全的强化这三个重要的战略问题。

① 中国的富裕优质产能的市场问题

过剩产能对经济的运行造成了很大的问题，但对人家可能是富裕优质产能。通常健康且创利的产业产能利用率应当在85%以上，而据国际货币基金组织测算，中国全部产业产能利用率不超过65%。中国传统的出口国较为单一和狭窄，美国、欧洲和日本占据出口的核心国位置，占比很高，但这些传统的出口市场已经开拓得较为充分，增量空间不大，国内的富裕优质产能很难通过它们进行消化，在国内消费加速启动难以推进的情况下，通过“一带一路”来开辟新的出口市场是很好的抓手。

② 中国的资源获取问题

中国的油气资源、矿产资源对国外的依存度较高，现在这些资源主要通过沿海海路进入中国，铁矿石依赖于澳大利亚和巴西，石油依赖于中东，渠道较为单一。中国与其他重要资源国的合作还不深入，经贸合作也未广泛有效地展开，使得资源方面的合作不稳定和牢固。“一带一路”新增了大量有效的陆路资源进入通道，对于资源获取的多样化十分重要。

③ 中国的战略纵深开拓和国家安全的强化问题

我国的资源进入现在还主要是通过沿海海路，而沿海直接暴露于外部威胁，在战时极为脆弱。我国的工业和基础设施也集中于沿海，如果遇到外部的打击，整个中国会瞬时失去核心设施。在战略纵深更高的中部和西部地区，特别是西部地区，地广人稀工业少，还有很大的工业和基础设施发展潜力，在战时受到的威胁也少，通过“一带一路”加大对西部的开发，将有利于战略纵深的开拓和国家安全的强化。

(2) 通路是“一带”的抓手

“一带一路”直击了中国的三个重要的战略问题，而通路、通航和通商则是“一带一路”解决战略问题的发力点。

要解决中国的产能过剩，需要通盘考虑，如前所述，“一带一路”是系统性解决此问题的最好抓手，从现实来说，考虑到西部基础设施薄弱，为了更好地外联内呼，打通顺畅的交通动脉是第一位的，也符合“一带一路”的题意，即首先着手的必将是通路、通航。

“一带”主要是从通路着手，通路所推进的地区基础设施薄弱，提升空间更大，其对接的是西部广阔的腹地，将在交通设施建设和油气管道建设上发力。

交通设施建设：包括铁路、公路、口岸、民航。重点方向是中亚、南亚、东南亚。中老、中泰、中缅、中巴、中吉乌等铁路项目可能会优先考虑。中塔公路、中哈公路可能会成为重点改造的路段。

油气管道建设：西北、西南、东北、海上都是油气运输的战略通道。包括中俄、中亚天然气管道，中缅油气管道都会作为重点项目建设。西南电力通道、中俄电力通道都会进行部署、建设或升级改造。

交通设施建设和油气管道建设，只是“一带一路”战略构想中互联互通的基础，除此之外还有中国与沿线国家间政策、贸易、资金与民心多层互通的内涵。

概言之，为何要建设“一带一路”？就是要提升境外直接投资，开辟海外市场，扩大产品出口，消化过剩产能，破除贸易壁垒，最终确立符合我国长远利益的全球贸易及货币体系。

（三）"一带一路"对古丝绸之路的创新型传承与发展

"一带一路"的提出由于继承了古丝绸之路开放包容、兼收并蓄的精神，因此和古丝路具有相似之处；另一方面，由于"一带一路"政策在新的时代背景之下，被赋予了新的时代气息，因此得以在"空间"和"性质"两大方面，超越了传统丝绸之路的内涵，在创新性继承的基础之下得以继续发扬广大，为沿线国家提供了更多的发展机遇。

1."一带一路"政策的历史传承

古代丝绸之路在经贸合作、文化交流、民族稳定三个方面发挥了积极作用，而当今"一带一路"的建设，也同样会发挥古丝绸之路这三大独特作用，以负责任的风范与真诚包容的大国态度同世界分享自身发展红利。正如习近平总书记所提到的，这有利于欧亚各国经济联系更加紧密，相互合作更加深入，发展模式更加广阔，这是一项造福沿途各国人民的大事业。放眼古今丝绸之路，两者同为"亲善之路"、"繁荣之路"、"交流之路"。

"亲善之路"指的是当今"一带一路"建设立足于古丝绸之路对民族稳定、和谐共处的贡献，在和平发展日益成为时代主题的当下，将"一带一路"打造成一条福泽各国民众的发展之路，促进沿线不同国家、不同民族之间的友好往来与和睦共处。目前，伴随着中国的崛起，西方世界影响下产生的"中国威胁论"使得世界各国对中国崛起心存疑虑，将中国的强大看作对世界现存政治秩序的威胁。而这条"亲善之路"充分地体现了我国坚持走和平发展的道路，不谋求世界霸权，在国力强大的今天，将"引进来"与"走出去"更好地结合，同世界分享自身发展红利，在互联互通的基础之上，同各国平等发展，互利共赢。

“繁荣之路”是指当今“一带一路”建设同古代丝绸之路联系东西方贸易，创造大量社会财富一样，在当今贯穿亚欧非大陆，一头是活跃的东亚经济圈，一头是发达的欧洲经济圈，能够在经贸交流的过程中推动东西方两大市场的繁荣，为沿线国家提供巨大的发展机遇和潜力。从“一带一路”的议程设置来看，伴随着一系列自贸区，如中日韩自贸区、中国—东盟自贸区以及各类经济走廊，如孟中印缅经济走廊、中蒙俄经济走廊的建设升级，这能够有效地促进产业合理分工，减少各国相互间的贸易壁垒，便利各国进出口运营以及经贸投资，从而建立起高效运行的“财富流通网”、“物资运输网”与“货币交换网”。

“交流之路”是指当今“一带一路”不仅仅是一条经贸之路，也是一条文化交流、民众交往之路。伴随着各国基础设施的不断完善以及经贸合作的不断深化，建立在其基础之上的文化交流也同样会大放异彩。如今的“一带一路”，涵盖30亿人口，在建设的过程中，如能发扬传统“和平合作、开放包容、互学互鉴、互利共赢”的“丝路精神”，以开放包容的态度推动沿线各国民众之间的交流，不仅能够推动“民心相通”的早日实现，增强各国民众对政策的支持和拥戴，而且能够极大地推动文化多样性的发展，在文化沟通交流的基础上实现物质同精神的双重结合，从经济和人文两个层面真正实现“共商”、“共建”、“共享”的合作理念。

当今“一带一路”的建设，立足发展大局，在继承传统“亲善”、“繁荣”、“交流”的古丝绸之路基础上，打造互尊互信之路、合作共赢之路、文明互鉴之路。但是，需要注意的是，“一带一路”建设是一个持续性的过程，难以一蹴而就。作为一项宏观政策，应该立足长远，从长期收益看待政策有效性。目前，应不断完善相关的配套政策安排、加强基础设施建设，审慎地处理各类问题，而非冒进地获取短期效益，舍重就轻。

2."一带一路"政策的时代发展

党的十八届三中全会通过的《中共中央关于全面深化改革若干重大问题的决定》明确提出要推动"丝绸之路经济带"和"海上丝绸之路"的建设，开创我国对外开放新局面，"一带一路"政策正式成为我国的重要国家战略。当今的"一带一路"政策，是在传承传统丝路精神的基础上，结合当代国内外的局势，赋予了其不同于古代丝绸之路的新内涵，实现了两大超越。一方面，在空间上超越了传统的丝绸之路的限制，所辖区域空间进一步扩大，合作空间也得以深化；另一方面，在性质上赋予了古丝路新的内涵，超越了传统丝路的思维模式，以其"时代性"、"先进性"、"开拓性"稳健地推动着"一带一路"建设的开展。

(1) 空间上的超越

古代丝绸之路，正式开通了从中国通往欧、非大陆的陆路通道。这条道路，由西汉都城长安出发，经过河西走廊，然后分为两条路线：一条由阳关，经鄯善，沿昆仑山北麓西行，过莎车，西逾葱岭，出大月氏，至安息，西通犁靬，或由大月氏南入身毒。另一条出玉门关，经车师前国，沿天山南麓西行，出疏勒，西逾葱岭，过大宛，至康居、奄蔡（西汉时游牧于康居西北即成海、里海北部草原，东汉时属康居）。① 可见，古代陆上丝绸之路主要是从东亚开始，经由中亚和西亚地区，从而同欧洲诸国相联络。在此过程中，东南亚、南亚等地

① 陈功：《从全球文明的高度看"新丝绸之路"》，《战略观察》第 346 期。

区虽然一定程度上受到丝绸之路的影响，但和西亚、中亚等地相比，影响力还是有限的。

当今“一带一路”的建设，其主体范围大体仍遵循古丝绸之路的路径，依托现存的亚欧大陆桥，通过中亚、西亚等重要区域，连接欧洲，实现沿线各区域之间的互联互通。但是，我国在“一带一路”的建设过程中，开展了与其相配套的“经济走廊”建设，通过经济走廊，将历史上并非陆上丝绸之路主体的区域也纳入到了“一带一路”建设的过程中。例如，“中巴经济走廊”开创了由我国新疆地区经由巴基斯坦从而到达南亚的新途径，加之同“孟中印缅经济走廊”相互配合，南亚地区以及东南亚地区被成功地纳入我国“一带一路”的建设之中。同时，历史上并非丝路主要途经区域的我国西南地区也承担起了“一带一路”建设的重任。除此之外，“中蒙俄经济走廊”的建立，还会将东北亚地区纳入“一带一路”的区域范畴，大大地扩展了古丝绸之路的空间范围。“一带一路”建设在空间上的扩展，不仅大大激发了我国各省份的积极性，同时也将东亚、东南亚、东北亚、南亚、中亚、西亚乃至欧洲紧密地联系在一起，大大扩展了古代丝绸之路的地理空间概念，赋予了其新的时代生命。

习近平总书记在讲话中曾经提出要以点带面、从线到片，从而逐步形成区域的大合作，同时实现五通，即“政策沟通”、“道路联通”、“贸易畅通”、“货币流通”以及“民心相通”。从习近平的讲话中，不难看出，当前“一带一路”的建设，在“合作空间”上极大地超越了传统丝绸之路以经贸为主的合作方式。新时代“一带一路”的建设，“贸易通”仅仅是一方面，重要的是在贸易通的基础上实现政策、基础设施建设、科技文化乃至民心的全方位互联互通，真正为新形势下各区域之间的合作奠定坚实的基础。

除以上两点之外，我国还将海陆丝路建设并举。我国历史上，海上丝绸之路的兴盛同陆上丝绸之路的衰退密切相关，因此并没能出现“海陆同盛”的局面，而当今将“一带一路”结合起来，就是致力于创造海陆并举、协同开展的盛况。海陆空间的结合，其空间覆盖范围是古代丝绸之路难以比拟的。

（2）性质上的超越

“一带一路”政策丰富了传统丝绸之路的内涵，在“时代性”、“先进性”、“开拓性”三个方面对古丝路作出了创新性发展。

第一，时代性。古代丝绸之路虽然促进了陆上的大繁荣，但是仅仅依靠陆上丝绸之路，海上优势迟迟得不到展现，最终导致了中国落后于大航海时代，并且造就了“闭关锁国”的封闭心理，导致近代受西方世界的欺凌压迫。当今时代，“海洋”已经成为重要的战略资源，从“大河”走向“大海”，从“内陆”走向“海洋”，已经是我国发展的必然要求。改变传统丝绸之路重陆地、轻海洋的态度，创新性地将“丝绸之路经济带”和“21世纪海上丝绸之路”结合起来，海陆统筹兼顾，协调并举，体现了“海洋强国”要求下典型的新时代特点。除此之外，我国“一带一路”的开展，也将西北、西南地区纳入开放的前沿，有利于缩小同东部沿海省份的差距，推动实现国内各省份的共同富裕，这同样符合深化改革开放、打造对外开放新局面这一典型的时代要求。

第二，先进性。中国古代以农耕经济为主，商业活动受到打击，士农工商影响下的中国古代社会，导致陆上丝绸之路将农产品或农业加工品作为出口的重要组成部分，可见当时出口结构并不完善，没能充分发挥自身的资源优势。当今的“一带一路”政策，在操作路径和操作理念两个方面，具有高度的先进性。首先，从路径来讲，“五通”

将政策、设施、贸易、资金、民心创新性地结合在一起，能够充分发挥我国的战略优势，同世界各国分享自身发展红利，这本就是平等协作的典型创举；其次，从理念来看，我国坚持古丝绸之路开放包容的精神，并在此基础上将世界看作统一的命运共同体，谋求“共同富裕”，这一点超越了历史上各国的“谋利”心理。

第三，开拓性。通过上文的论述，不难发现，我国在开展“一带一路”建设的过程中，不谋求称霸，也不会称霸，而是将世界看作一个统一的整体，号召沿线国家共同参与，通过相互之间的平等协作，沟通了解，共建繁荣世界，分享发展成果，从而共同应对目前多变的国际局势。中国这一创新，以互利共赢的形式，超越了传统的区域合作方式，为世界各国的发展提供了新的发展思路。同古代丝绸之路相比，“一带一路”以其开拓性，给予了框架中沿线各国远超古时的发展生机和活力。

《后汉书·西域传》曰：“驰命走驿，不绝于时月；胡商贩客，日款塞下。”古代丝绸之路的繁荣可见一斑。当今的中国，继往开来，在继承丝路精神的基础上，结合内外实际，赋予了这条古今之道以新的生机和活力，将欧亚紧密地联系在一起。这一传承之下而出现的“一带一路”创举，必将促进沿线各国的友好协作，互惠共赢，共谱丝绸之路新华章。

古代丝绸之路并不稳定，与沿途国家的政治、经济状况密切相关，其兴衰取决于中央王朝的统一与控制——唐朝“安史之乱”后，丝绸之路长期遭废弃。此时，阿拉伯掌握航海术，通过海上到达广州、泉州、宁波等地，陆上丝绸之路的价值就没有了。①

① 葛剑雄：《“一带一路”的历史被误读》，《金融时报》中文网，2015 年 3 月 11 日。

“一带一路”必须超越古代丝绸之路的不稳定性，承载重塑全球化的时代使命。“一带一路”所塑造的欧亚地区交通网络，将作为世界经济引擎的亚太地区与世界最大经济体欧盟联系起来，给欧亚大陆带来新的空间和机会，并形成东亚、西亚和南亚经济辐射区。推进贸易投资便利化，深化经济技术合作，建立自由贸易区，最终形成欧亚大市场，是两条丝绸之路建设的基本方向和目标。对域内贸易和生产要素进行优化配置，促进区域经济一体化，实现区域经济和社会同步发展。亚欧大陆自贸区或欧亚大市场的形成，对当前世界经济版图产生重要影响，促进新的全球政治经济秩序的形成。

（四）“一带一路”对马歇尔计划的超越

除了超越古代丝绸之路外，“一带一路”还超越了其他国家的类似战略。早在 2009 年 1 月 5 日，《纽约时报》就称中国的“走出去”战略为“北京的马歇尔计划”。“一带一路”倡议提出后，这种说法更流行了。其实，“一带一路”不仅不是中国版的马歇尔计划，更超越了马歇尔计划。

二战结束后不久，美国启动对被战争破坏的西欧国家给予经济援助和参与重建的计划，以当时美国国务卿名字命名，史称“马歇尔计划”，也称欧洲经济复兴计划。马歇尔计划被认为使欧洲和美国得到双赢，但也造成了欧洲的分裂。对美国来说，巩固了美国主导的布雷顿森林体系，推动了建立北约组织，美国成为“马歇尔计划”的最大受益方。

都是向海外投资来消化充足的资金、优质富裕产能和闲置的生产力，促进本国货币的国际化，“一带一路”战略与“马歇尔计划”

的确有诸多类似之处，后者也给前者以历史借鉴，但是，两者时代背景、实施主体和内涵、方式等毕竟不同。

概括起来，“一带一路”战略与马歇尔计划在以下诸多方面存在较大差异：

1. 时代背景不同

美国推动马歇尔计划是为了尽快使欧洲资本主义国家实现战后复兴，防止希腊、意大利等欧洲国家的共产党乘战后经济百废待兴、政治混乱之机夺取政权，以对抗向西扩展的苏联和共产主义国家，是经济上的“杜鲁门主义”，也是冷战的重要部分，是为美国最终实现称霸全球服务。马歇尔计划为后来形成的区域军事集团——北大西洋公约组织，奠定了经济上的基础。马歇尔计划开启了冷战的先声，具有较强的意识形态色彩。

“一带一路”则无冷战背景和意识形态色彩，它既古老又年轻。作为古丝绸之路的现代复兴，“一带一路”继承和弘扬了“和平合作、开放包容、互学互鉴、互利共赢”的丝绸之路精神；作为国际合作倡议，“一带一路”是在后金融危机时代，作为世界经济增长火车头的中国，将自身的产能优势、技术与资金优势、经验与模式优势转化为市场与合作优势的结果，是中国全方位开放的结局。

2. 实施意图不同

马歇尔计划本意是美国通过援助使欧洲经济恢复，并使之成为抗衡苏联的重要力量和工具，同时也可使美国更方便地控制和占领欧洲市场。美国当年提出马歇尔复兴计划时，附加了苛刻政治条件，欧洲的所有亲苏联国家都被排斥在外。即使是盟国，美国也为进入该计划的国家制定了标准和规则，受援的西欧国家只能无条件接受，不仅有时间期限，且还款利息高。该计划的最终结果导致了欧洲的分裂。马歇尔计划充分展示美国控制欧洲的战略意图，肩负稳固欧洲以对抗苏联扩张的战略使命，催促了北约的诞生。

“一带一路”则是一个共同合作的平台，是中国的国际合作倡议和中国向国际社会提供公共产品，强调“共商、共建、共享”原则，倡导新型国际关系和21世纪地区合作模式。中国提出的“一带一路”倡议建立在合作共赢的基础上，提倡同沿线国家进行平等友好的经济往来、文化交流，以促进沿线国家的经济发展，同时加强中国同相应国家的经济合作，所有的经济文化交流都建立在平等自愿的基础上。

3. 参与国构成不同

“马歇尔计划”的参与国家是以美国、英国、法国等欧洲发达国家为主的20世纪资本主义强国，将社会主义国家以及广大第三世界国家排除在外，是第一世界对第二世界的援助。

“一带一路”则以古代“陆上丝绸之路”和“海上丝绸之路”沿线国家为主，并拓展、延伸到其他国家，多为发展中国家，也有新兴国家、发达国家，有利于发展中国家相互间促进经济合作和文化交流，推动各类国家的优势互补、错位竞争和经济整合，开创南南合作、区域合作与洲际合作的新模式。

4. 内容不同

“马歇尔计划”主要内容是，美国对西欧提供物质资源、货币、劳务和政治支持，其中美国的资金援助要求西欧国家用于购买美国货物，尽快撤除关税壁垒，取消或放松外汇限制；受援国要接受美国监督，把本国和殖民地出产的战略物资供给美国；设立由美国控制的本币对应基金（counterpart fund），作用是将马歇尔计划的援助资金转换成为由当地货币构成的资金；保障美国私人投资和开发的权利。其结果，美国获得了大量对欧出口，使美元成为西欧贸易中主要的结算货币，帮助建立了美国战后的金融霸权，巩固和扩大了美国在欧洲的政治经济影响。此外，“马歇尔计划”还包含削减同社会主义国家的贸易、放弃“国有化”计划等较强烈的冷战色彩的内容。

“一带一路”是中国与丝路沿途国家分享优质产能，并非马歇尔计划那样单方面的输出。“一带一路”是共商项目投资、共建基础设施、共享合作成果，内容包括政策沟通、设施联通、贸易畅通、资金融通、民心相通等“五通”，比“马歇尔计划”内涵丰富得多。

5. 实施方式不同

“马歇尔计划”于 1947 年 7 月正式启动，并整整持续了 4 个财政年度之久。在这段时期内，西欧各国通过参加经济合作发展组织（OECD）总共接受了美国包括金融、技术、设备等各种形式的援助合计 130 亿美元，相当于马歇尔演说当年美国 GDP 的 5.4% 左右，占整个计划期间美国 GDP 的 1.1%。若考虑通货膨胀因素，那么这笔援助相当于 2006 年的 1300 亿美元。计划的核心以美国为主导，依靠美国二战后强大的经济实力，通过对战后西欧各国提供赠款贷款、重建协助、经济援助、技术支持，快速实现受援国家的战后经济重建，体现的是“美国——西欧诸国”形式的一对多的援助形式。

“一带一路”由中国发起倡议，由“丝路”沿线国家共同参与合作完成。沿线国家积极开放边境口岸，共同完善交通建设，为经济的合作与文化的交流创造完善的基础设施，体现的是“丝路”沿线国家多对多的合作模式。“一带一路”特别强调沿线国家发展战略、规划、标准、技术的对接，旨在将中国发展机遇变成沿线国家的发展机遇，谋求不同种族、信仰、文化背景的国家共同发展，通过设立丝路基金和亚洲基础设施投资银行，为周边国家和区域合作提供更多的公共产品。“一带一路”实施周期比马歇尔计划长远得多，基本上是中国“三步走”战略的延伸，通过中亚、中东、东南亚、南亚等线路从陆上和海上同时开展经济走廊、工业园区、港口建设等项目，逐步建立起欧亚非互联互通的网络。

因此，“一带一路”并非中国版的马歇尔计划，而是超越马歇尔计划。当然，“马歇尔计划”的成功与其初期宣传手段以及机制化的实施方式是分不开的，有些方面也值得借鉴。比如，美国政府在国内组织“马歇尔计划声援委员会”，通过工会组织和利益团体宣传，重点强调欧洲各国在争取援助中的主动权地位，需要欧洲自行联合并提出要求，显示出了美国积极支持欧洲走向一体化的态度。再比如，在实施上，马歇尔计划重视国内立法保障合法性，国际合作走向机制化，充分调动社会力量。这些经验对中国推动“一带一路”合作发展战略被周边国家接受，被世界强国认可，不无借鉴意义。

（五）“一带一路”超越其他丝绸之路复兴计划

中国并非复兴古老丝绸之路的首创者，恰恰相反，是后来者。“一带一路”如何做到后来居上？

以往各国提出的丝路计划与中国最近提出的“丝绸之路经济带”有很大的区别。“丝绸之路经济带”与古丝绸之路一脉相承，属于跨国经济带，其规模超出了一般意义上的经济带，远景目标是构建区域合作新模式，与周边国家形成“利益共同体”和“命运共同体”。目前来看，“丝绸之路经济带”还是一个相对抽象的构想，对于该经济带覆盖的地理范围、合作领域和合作机制安排、具体实施路径、实施阶段及目标等都需要尽快具体化。①

联合国教科文组织和开发计划署的“丝绸之路复兴计划”。早在1988年，联合国教科文组织就宣布启动为期10年的“综合研究丝绸之路——对话之路”项目，旨在促进东西方之间的文化交流，改善欧亚大陆各国人民之间的关系。此后，联合国教科文组织围绕“丝绸之路”问题举办众多活动，诸如科学考察、国际学术研讨会、有关文物展览会、“丝绸之路”旅游推介会等，激发了国际社会对“丝绸之路”的兴趣。

2008年，联合国开发计划署发起“丝绸之路复兴计划”。该计划由230个项目组成，执行期限为2008—2014年，投资总额430亿美元，目的是改善古丝绸之路等欧亚大陆通道的公路、铁路、港口、通关等软硬件条件，使两千年前的丝绸之路重现辉煌。俄罗斯、伊朗、土耳其、中国等19国参加，拟建立6条运输走廊，包括中国至欧洲、俄罗斯至南亚，以及中东铁路和公路的建设体系等。

日本“丝绸之路外交”战略。2004年日本提出将中亚五国及外高加索三国定为“丝绸之路地区”，并把该地区摆在日本新外交战略的重要地位。根据“丝绸之路外交”的构想，日本将从地缘政治考虑着眼，谋求在中亚和外高加索地区这个世界战略要地站住脚跟；同时，日本还要从经济利益考虑出发，抢占这一储量不亚于中东的能源

① 参见李建民：《“丝路精神”下的区域合作创新模式——战略构想、国际比较和具体落实途径》，《人民论坛·学术前沿》2013年12月上。

宝库，通过加强政治影响和经济渗透来争取该地区能源开发及贸易的主导权。

美国的“新丝绸之路”计划。美国的“新丝路”计划分智库和官方两个层面。从智库层面看，2005 年，美国约翰斯·霍普金斯大学中亚高加索研究院院长弗雷德里克·斯塔尔提出了“新丝绸之路”构想：建设一个连接南亚、中亚和西亚的交通运输与经济发展网络，以阿富汗为枢纽，将油气资源丰富的中亚、西亚国家与经济发展迅速的印度乃至东南亚连接起来，促进各国以及几大区域间的优势互补，推动包括阿富汗在内的该地区国家的经济社会发展。

2011 年，美国官方提出了“新丝绸之路”计划：以阿富汗为中心，意在美国等国军队从阿富汗撤出后，由美国主导阿富汗战后重建工作，希望阿富汗邻国投资、出力而维护美国在欧亚大陆腹地发展过程中的主导地位。这实际上是以美国为推手，以阿富汗为中心，连接中亚、南亚，建立一个区域性地缘政治、经济结构，最重要的是这些国家须有美国的军事基地，用来围堵遏制中、俄和伊朗。

美国认为，“新丝绸之路”不是指一条路线，而是指形成广泛的地区交通和经济的联系网络。按照美国官方的解释，“新丝绸之路”计划的建设包括软件和硬件两个方面。软件建设是指贸易自由化、减少贸易壁垒、完善管理制度、简化过境程序、加快通关速度、克服官僚作风、消除贪污腐败、改善投资环境等。硬件建设则是指修建连接中亚、阿富汗和南亚的铁路、公路、电网、油气管道等基础设施。通过软件和硬件两方面的建设，推动商品、服务、人员跨地区的自由流动。

俄罗斯的“新丝绸之路”。俄罗斯曾多次将正在建设中的、由中国经过中亚和俄罗斯直抵德国杜伊斯堡，并连通欧洲铁路网和港口的

“中欧运输走廊”称为“新丝绸之路”，并表示俄罗斯将在“新丝绸之路”上发挥决定性作用。

伊朗的“铁路丝绸之路”。2011年，伊朗称开始启动将伊朗铁路线通过阿富汗、塔吉克斯坦和吉尔吉斯斯坦三国同中国铁路线连通的计划。这条铁路线被外界称为“钢铁丝绸之路”或“丝绸铁路”。

哈萨克斯坦的“新丝绸之路”项目。2012年，哈萨克斯坦总统纳扎尔巴耶夫在外国投资者理事会第25次全体会议上宣布开始实施“新丝绸之路”项目。提出哈萨克斯坦应恢复自己的历史地位，成为中亚地区最大的过境中心，欧洲和亚洲间独特的桥梁，在哈萨克斯坦主要的运输走廊上建立起统一的具有世界水平的贸易物流、金融商务、工艺创新和旅游中心。

“一带一路”如何超越这些丝路复兴计划？这就涉及其未来担当问题。

（六）“一带一路”战略的未来担当

从世界地图看，“一带一路”东边牵着亚太经济圈，西边系着欧洲经济圈，被认为是“世界上最长、最具有发展潜力的经济大走廊”。为了抢占先机，搭上国家战略的“顺风车”，国内诸多省区市纷纷提出自己参与“一带一路”的规划和设想。

两条“丝绸之路”立足国内的全面开放战略，促进西部经济的发展。西北五省（区）：陕西、甘肃、青海、宁夏、新疆；西南四省（区市）：重庆、四川、云南、广西；东部五省：江苏、浙江、福建、广东、海南，构成“一带一路”的地方依托。

表 1 “一带”九个省（区市）定位

省区	功能定位	节点城市
新疆	“一带”核心区	乌鲁木齐、喀什
甘肃	“一带”黄金段	兰州、白银、酒泉
宁夏	“一带”战略支点	
云南	战略支点、通道枢纽	
广西	重要门户、战略节点	
陕西	重要支点	西安
青海	向西开放的主阵地	西宁、海东、格尔木
四川	“一带一路”的重要交通枢纽和经济腹地	
重庆	长江上游综合交通枢纽，打造内陆开放高地	

表 2 “一路”五个省份功能定位

省份	功能定位	节点城市
福建	“一路”核心区	福州、厦门、泉州、平潭
广东	“一路”桥头堡	广州、深圳、惠州
江苏	“一带一路”交汇节点	徐州、连云港
浙江	“一带一路”战略经贸合作先行区、网上丝绸之路试验区、贸易物流枢纽区	杭州、宁波、温州
海南	“一路”门户战略支点	海口、三亚

“一带一路”打破原有点状、块状的区域发展模式。无论是早期的经济特区还是去年成立的自贸区，都是以单一区域为发展突破口。“一带一路”彻底改变之前点状、块状的发展格局，横向看，贯穿中国东部、中部和西部，纵向看，连接主要沿海港口城市，并且不断向中亚、东盟延伸。这将改变中国区域发展版图，更多强调省区之间的互联互通、产业承接与转移，有利于加快我国经济转型升级。

由此看出，“一带一路”是中国的第二次改革开放，是中国地方走向世界的重要媒介，促进中国社会与外部世界的进一步融合。正如波兰驻华大使塔德乌什·霍米茨基所言：“一带一路的战略计划会加强波兰和中国之间的省份或城市之间的合作。这种合作已成为波中战略合作伙伴关系的关键组成部分之一。”①

1. 注重发挥优势

省（区）	主要内容
新疆	建设“五大中心”（交通枢纽、商贸物流、金融、文化科教和医疗服务）
青海	“一带”战略通道、重要支点、人文交流中心
宁夏	以阿拉伯国家和穆斯林地区为重点，加快构建开放型经济新体系
广西	建设国际大通道，“一路”主要节点和重要平台
江苏	打造东部陇海产业带和城镇轴
浙江	陆海统筹、东西互济，南北贯通开放新格局
海南	对接与服务“一带一路”战略，增强经济开放度

2. 促进互联互通

省份	互通互联重点
甘肃	重点推进综合交通、能源通道建设
青海	“一横三纵”综合运输通道
云南	“七出省”、“四出境”通道
陕西	我国向西开放的重要枢纽
浙江	加强与上海国际航运中心的互联互通

① 《波兰：一带一路重要参与者》，《对外投资》2015 年 3 月。

3. 提供载体平台（一路）

省份	载体平台建设
云南	中国南亚博览会、昆交会、孟（加拉国）中（国）印（度）缅（甸）区域合作论坛等合作平台
江苏	中国—哈萨克斯坦（连云港）物流合作基地
浙江	联通“一带一路”沿线的物流通道和合作平台

4. 提供载体平台（一带）

省（区）	载体平台建设
陕西	“中国—中亚经济合作园区”、特色出口商品基地和中亚五国能源交易平台
甘肃	兰州新区、敦煌国际文化旅游名城和中国丝绸之路博览会三大战略平台
宁夏	内陆开放型经济试验区平台，中阿博览会“金字品牌”
广西	中国—东盟博览会、中国—东盟商务与投资峰会、中国—东盟自贸区论坛等重要平台

5. 打造节点城市

城市	功能定位
湛江	打造广东对接东盟的先行区、21 世纪海上丝绸之路的主要节点和重要平台
惠州	21 世纪海上丝绸之路桥头堡、优势产业合作发展聚集区、滨海旅游联动发展示范区、民间交往文化交流活力区
舟山群岛	21 世纪海上丝绸之路的重要区域和港口节点

6. 形成发展合力

区域	协议内容
江苏、陕西、宁夏、新疆等	丝绸之路经济带物流联动发展合作联盟
西北五省区	《丝绸之路经济带西北五省区文化发展战略联盟框架协议》
广东	加强与沿线国家合作，推动陆海统筹
云南	规划建设孟中印缅经济走廊
泉州、宁波、广州、南京等	9个城市联合申报“海上丝绸之路”文化遗产

由此看出，“一带一路”超越了鼓励中国公司“走出去”战略，而是让中国的地方“走出去”，建立中国与世界深入而全面互动的新途径，具有更大的未来担当。

“一带一路”提出的一个基本背景是中国与世界的关系变了，不是简单地中国在融入全球化，而是要创造新的全球化标准。全世界都在搞各种各样的地区合作，美国也积极推动跨太平洋战略经济伙伴关系协定（TPP）、跨大西洋贸易与投资伙伴关系协定（TTIP），全球层面的投资协定谈判、国际秩序和国际规则本身在变化，原来的国际体系已经很难持续了。中国已经不是一个简单的利益相关方，尤其是金融危机后，国际社会认为中国是全球化最大的受益者，所以现在制定出很多规则让中国不能再“搭便车”，要付出更高的成本。因此，中国要积极创造新的贸易规则、投资规则。

中国以前的比较竞争优势是便宜的劳动力，世界各地的原材料和资源到中国来加工，然后再输送到世界各地。这种模式是不可持续的。原来我们希望通过开放市场来换发达国家的技术，但核心的技术是无法用市场换来的。而现在，我们在技术上不是很落后了，有些领域甚至已经领先，资本也比较充裕，有4万亿美元的外汇储备。当资本和技术上都有了一些优势，就需要寻找更大的市场，把技术和资本的优势变成一种标准的优势，比如高铁和电网经过推广成为"中国标准"，使中国在新一轮的全球化竞争中从产业链的低端、中端向高端发展。

改革开放以来，中国经济增长长期靠投资和出口拉动。2008年以来，受全球金融危机影响，出口发达国家市场萎缩，投资的拉动效应更明显。2013年，投资对经济增长的贡献率达54.4%，而其他国家历史上最高时都没超过40%。怎么把投资拉动的比例进一步下降，那就是大量的投资要到海外去。以前的"Made in China"是对整个世界生产的，现在世界消费不了那么多，中国经济也进入了所谓的"新常态"，这种情况下中国的很多产能就要转到海外去。外交是内政的延续，所谓内政，实际上就是生产方式以及中国与世界关系的转变。外交上必须谋势而动，就是基于这个转变。而中国现在也越来越有能力主动塑造国际规则了，除了资本和技术的一定优势，还有一个因素就是美国的相对衰落，美国制定游戏规则的能力和意愿在下降。因此，中国已经不简单是全球化的利益相关方，而是全球化的发动机。中国的生产方式在全球分工体系中的地位决定了中国与世界关系的变化，进而决定了外交政策的应对方式。中国与世界关系从买卖关系、投资关系向发展关系升级，从利益共同体、责任共同体向命运共同体升级。尤其是"一带一路"倡议提出一年多的时间，沿线60多个国家表示响应，明确表态支持，或将本国发展规划与之对接。"一带一路"成为中国外交今后的重点努力方向之一，这就超越了"以经济建设为中心"的韬光养晦外交阶段，转向积极倡议并提供国际公共产品的奋发有为的阶段。

以前，追求中国与世界的共赢就可以了，但是你赢了99%，别人赢了1%，人家就会觉得你赢得太多了，所以对中国进行围堵指责。我们对发达国家还要强调共赢，但是对发展中国家，不能仅强调共赢，中国已经不是一般的发展中国家了，要对其他发展中国家进行更多的援助、前期投入和技术转让，所以我们现在对第三世界提出了正确的“义利观”、“责任共同体”，对发达国家讲“利益共同体”，对周边国家讲“命运共同体”。亚洲新安全观就是命运共同体的体现，要解决周边的一些麻烦，找到中国与周边国家的长远相处之道，外交就从原来的经济建设为中心，变成发展和安全两轮驱动。这个发展包括可持续发展、气候变化、能源、安全多个方面，就比经济发展更广泛一些。

一言以蔽之，从“世界养育中国”到“中国回馈世界”，是“一带一路”战略提出的时代背景；融通中国梦与世界梦，是“一带一路”的未来担当。

二、“一带一路”的机遇

“一带一路”战略是中国提出的伟大倡议和国际合作公共产品，面临着全方位开放机遇、周边外交机遇、地区合作机遇、全球发展机遇。

首先，“一带一路”战略为我国提供了全方位开放机遇。“一带一路”战略丰富了对外开放政策的内涵，从政策上为对外开放的全方位发展提供指导，激活了全方位开放中的机遇。“一带一路”战略承接了改革开放三十多年来对外开放概念和实践的发展，在对外开放中努力消除政治因素在经济、文化等诸多领域的影响，继续强调平等互利、独立自主，打破了对外开放中经济为主的战略，发挥文化先导的作用，在对外开放的内涵上进行了新的突破。“一带一路”战略丰富了中国对外开放的布局，特别是在地域上为中国西部和南部的对外开放提供了新的机遇。对在对外开放总体中呈现的“东强西弱、海强边弱”局面进行了适时的调整，在地域上形成全方位协调对外开放的新局面。“一带一路”战略既为东部沿海地区提供了产业转型升级的机遇，也为中西部内陆地区提供了加速对外开放的机遇，从经济发展相配套的基础产业、基础设施建设、相关政策协调性的相对不足等突出问题入手，打造协调发展的对外开放态势。在致力于经贸合作及其相关基础产业合作的同时，“一带一路”也扩展了对外开放的领域，为文化、教育、旅游、医疗卫生等诸多领域的对外开放带来了机遇。一方面，我国政府从相关支撑产业发展、贸易便利化政策、交通及基础设施建设等方面入手，为打造健康可持续的经贸合作作出努力①；另一方面，“一带一路”战略致力于强调历史传承，以文化先行化解世界对于“一带一路”的误解，推进相关国家对战略的认同感，从而促进其他领域合作的有效性，真正把“一带一路”战略打造成为对外开放中的文化交流品牌，为中华文化“走出去”和拓展国际影响力提供新的战略机遇。

其次，“一带一路”战略为我国带来了周边外交机遇。在当代中国的外交实践中，“周边是首要”的提法也体现出周边外交在中国外交格局中的首要地位。中国政府认识到了周边形势与周边环境的变化，我国同周边国家的经贸联系更加紧密、互动空前密切，这使得我国的周边外交工作也需要因时而变，与时俱进。在周边外交中强调睦邻友好、以诚待人、互惠互利、开放包容，这也贯穿于“一带一路”战略的始终。在东亚地区，中韩关系发展与中韩自贸区建设将为“一带一路”沿线自贸区提供样本；面对“政冷经冷”的中日关系，“一带一路”战略将提供转型的契机。在东盟层面上，“一带一路”战略，在对中国—东盟自由贸易区这一双边交往平台运用的基础上，将会重塑中国—东盟双边关系，为双方带来增进彼此战略互信的机遇。而在矛盾错综复杂的南亚地区，斯里兰卡将成为“21世纪海上丝绸之路”在印度洋上的支点，巴基斯坦将为中国的能源安全提供新的战略保障，印度则在与中国的竞争中努力找寻双方的利益契合点和合作的增

① 参见刘劲松：《“一带一路”将给工商界带来八大机遇》，大公网，2015年5月19日。

长极。在中亚地区，由于深处亚欧大陆的腹地，中亚地区缺少出海口的地缘特征一直成为其经济发展的瓶颈。“一带一路”战略将有效应对中亚地区的突出矛盾，将把中亚地区建成连接欧亚的战略通道，扩展中亚各国与外界的联系，共同应对恐怖主义威胁，促进中亚国家经济的快速发展。

再次，“一带一路”战略为我国带来了地区合作机遇。其一，“一带一路”贯穿欧亚大陆，连接了亚太经济圈和欧洲经济圈，沿线国家在经济和投资结构上有着较强的互补性。在基础设施建设、道路交通、物流、商品产业链等领域进行更加完善建设的基础上，“一带一路”战略将会推动经贸关系发展，加速区域经济一体化建设。其二，亚太地区面临着错综复杂的安全问题，难以保持长期稳定的周边环境也是亚太地区经济及其他领域发展的制约因素之一。其中，恐怖主义是亚太安全环境的制约因素之一。“一带一路”战略将沿用上合组织的合作平台，并为这一平台增添更多域内外的合作伙伴，促进反对恐怖主义的联动效应。其三，对于“一带一路”战略，虽然支持的声音成为主流，但是也并不缺乏质疑和反对的声音。针对这些质疑，民心相通成为“一带一路”战略的突破口。在“一带一路”战略制定和发展的过程，中国政府摆脱了单纯考虑经济利益的惯常思维，倡导民心相通在合作中的基础性作用，重视文化交往和人文交流在战略中的作用，从而为“一带一路”战略夯实民意基础。其四，亚太经济圈和欧洲经济圈由于交通、物流等一系列原因，相互间的往来显得较为缺乏，贯通亚欧的“一带一路”将为亚欧市场的整合和亚欧合作的深入开展提供契机。

最后，“一带一路”战略为整个世界带来全球发展的机遇。由于中国提起“一带一路”战略的初衷并不是建立一个封闭的、利己的合作体系，而是一个开放性的合作平台，具有较强的兼容性，世界各国都将在这一战略中获得发展的机遇。“一带一路”战略表明了中国希望更多地参与国际事务、承担起更多国际责任的良好愿望，将会向世界展示中国有能力、有担当的国际形象，将会重塑世界对中国的认识与定位，从而更加有效地带动中国与世界的相互合作与交流。当前的世界经济尚未从危机中走出并且呈现出复苏乏力的迹象，“一带一路”战略作为连接中国与世界的新的桥梁，将会使中国模式和中国红利惠及世界。“一带一路”加强了世界的联通，将世界各国经济发展纳入了同一个平台之中。世界各国，无论国家大小、无论距离中国远近，都将被纳入这一战略的轨道之中，发挥本国的比较优势，创造一种互利共赢的国际经济合作新模式。而面对由东盟主导的区域全面经济伙伴关系协定（RCEP）、由美国主导的跨太平洋战略经济伙伴协定（TPP）、各国家间的自由贸易协定（FTA）等一系列方案在推动区域和全球经济整合问题上的不同特点，“一带一路”战略所提倡的是一种伙伴性而非竞争性的关系，各方应当努力探寻各区域经济整合模式中的共通点和利益共同点，从而带动模式间的协调、互补与合作，将为全球经济整合和全球发展提供新的增长点。

（一）全方位开放机遇

改革开放三十多年以来，对外开放一直是我国的基本国策，对国民经济的发展起到重要的推动作用。我国政府一直致力于大力发展和不断加强对外经济及技术交流，积极参与国际交换和国际竞争，使我国经济结构由封闭型经济转变为开放型经济，从而推动国民经济健康快速发展。但是，随着世界政治经济进入转型调整期、我国对外经济形势出现重大转变以及中国经济进入新常态，对外开放政策在面临着新挑战的同时也暴露出一些新问题。而在这样新的历史时期，“一带一路”战略的提出将成为“构建对外开放新格局、引领我国经济进一步融入世界的强力引擎”①，能够丰富和完善我国的对外开放格局，有效解决对外开放中存在的固有问题，我国将会迎来新的全方位开放机遇。这种全方位开放的机遇体现在对外开放政策理论上的扩展、对外开放地域布局的更加平衡以及对外开放中产业和领域的拓展。

第一，“一带一路”战略丰富了对外开放政策的内涵，从政策上为对外开放的全方位发展提供指导，激活了全方位开放中的机遇。对外开放，作为我国的基本国策，本身就是一个包容性极大的概念，其发展过程也是内涵拓展的过程。1980 年 6 月，邓小平同志在一次接见外宾时，第一次把“对外开放”作为我国对外经济政策公之于世。1981 年 11 月召开的五届全国人大四次会议上的政府工作报告，又进一步明确指出：“实行对外开放政策，加强国际经济技术交流，是我们坚定不移的方针。”1982 年 12 月，对外开放政策被正式写入我国宪法。在 20 世纪 80 年代到 90 年代初期，经济特区、沿海开放城市、沿海经济开放区逐步建立。但在这一时期，“对外开放”的内涵并没有得到厘清，政府主导下的“对外开放”仅仅是提供了一个让中国了解世界、让世界了解中国的窗口，成为对外开放的“试验田”，其开放的领域和广度都极为有限，起到的作用更多地在于打破中国经济的封闭局面，以对外开放的窗口来培育中国的市场经济因素。

① 王优玲：《“一带一路”战略构建我国对外开放新格局》，http：//news.xinhuanet.com/fortune/2015-01/04/c_1113870302.htm。

在1992年邓小平南方谈话以后，这种有限的对外开放局面得到扩展：沿江、内陆和沿边城市逐步对外开放，由南到北、由东到西层层推进，形成了“经济特区——沿海开放城市——沿海经济开放区——沿江和内陆开放城市——沿边开放城市”这样一个宽领域、多层次、有重点、点线面结合的对外开放新格局。在这一时期，对外开放已经突破了窗口和展示的作用，坚持以工业为主、吸收外资为主、拓展出口为主的“三为主”方针，致力于发展高新技术产业，开始使中国经济融入世界，注重世界市场对于经济发展的作用，在独立自主、自力更生、平等互利的原则下充分利用国际国内两个市场、两种资源，积极发展与世界各国的经济贸易往来。

进入21世纪后，中国在2001年加入世界贸易组织，由此，对外开放的内涵有了突破性的扩展。中国开始将体制与规则向国际通行的规则接轨，政府的宏观调控方式要发生重大变化。2002年，党的十六大报告第一次提出了“走出去”战略，指出实施“走出去”战略是对外开放新阶段的重大举措。2007年，党的十七大报告在此基础上指出，“拓展对外开放广度和深度，提高开放型经济水平。坚持对外开放的基本国策，把‘引进来’和‘走出去’更好结合起来，扩大开放领域，优化开放结构，提高开放质量，完善内外联动、互利共赢、安全高效的开放型经济体系，形成经济全球化条件下参与国际经济合作和竞争新优势”。2012年，党的十八大报告提出，全面提高开放型经济水平，强调适应经济全球化新形势，必须实行更加积极主动的开放战略，完善互利共赢、多元平衡、安全高效的开放型经济体系。由此可以看出，对外开放政策由以前有限范围和有限领域内的开放，转变为全方位的开放；由以试点为特征的政策主导下的开放，转变为法律框架下可预见的开放；由单方面为主的自我开放，转变为与世贸组织成员之间的相互开放。在这一时期，中国对外开放的产业得到进一步扩展，生产和资本国际化程度进一步提高，前两个时期从未涉足的金融领域开始融入世界金融体系，对外开放的内涵在发展中得到进一步深化。

而"一带一路"战略承接了以上三个时期对外开放概念和实践的发展，同时作出了新的突破。"一带一路"战略承接了对外开放的基本内涵，即在对外开放中较少地加入其他条件的限制。"一带一路"继续强调平等互利，作为开放包容的经济合作倡议，不限国别范围，不是一个实体，不搞封闭机制，有意愿的国家和经济体均可参与进来，成为"一带一路"的支持者、建设者和受益者。虽然"一带一路"的战略构想和实践思路是由中国提出的，但是中国在此战略中并不干涉别国内政、不谋求主导权、不寻求势力范围，在对外开放中坚持独立自主和不干涉其他国家内政的原则，"一带一路"不应该是以中国为主、应该是相关国家共同为主，实施"一带一路"战略中，中国坚持将相关国家作为一个整体通盘思考和统筹推进，把有关项目纳入到相关国家的发展战略中，同时要通过双边协商或多边论坛倾听各方意见，争取把"一带一路"上升到"利益共同体"和"命运共同体"的高度。

在平等互利、开放自主等基本内涵的基础上，"一带一路"对对外开放的内涵进行了拓展。改革开放以来，中国的对外开放多以经济、贸易和金融领域为主，其他领域则较少。"一带一路"不仅仅是一条经济合作之路，更是文化交流、民心互通之路。"一带一路"打破了对外开放中经济为主的战略，而是从人文领域做起，重视民间交往、人员往来、舆论宣传等人文交流的先导作用，从经济、文化、科技、交通等多方面对外开放，使得外向型经济的进一步发展有了依托。对外开放不再是孤立的经济战略，“一带一路”建设要超越经济利益的共赢，更加注重与沿线国家实现多领域、全方位的互利共赢，打造共同发展繁荣的命运共同体。“一带一路”更是对在对外开放中的中国角色进行了新的定位。在过去三十多年的改革开放中，中国一直以发展中国家作为定位，把自身作为全球经济的参与者和规则的追随者，不断接纳国际规则，享受全球经济发展对自身的推动作用。随着中国综合国力的日益加强，中国有责任与义务为国际社会提供更多的公共产品，“一带一路”战略的提出表明了中国从被动的追随者转变为主动的引领者，为世界的发展贡献了中国责任，为世界各国提供一种可资选择的新的游戏规则，使中国发展的红利惠及周边国家乃至全世界。

同时，“一带一路”战略修正了对外开放三十多年来存在的一些问题和不足，为中国未来的全方位开放拓宽了道路。长期以来，对外开放一直是政府主导下的行为，国家在战略中发挥着极大的作用，推行“企业走出去”的战略也无法摆脱政府在企业背后的影响。这样的特点成为“中国威胁论”持续发酵的温床，中国企业的对外行为很容易被其他国家看作是中国政府主导下的行为，从而对双边合作产生难以互信的影响。特别地，经济利益主导下的对外开放与政府主导下的企业行为相交织，使得一些普通的商业行为泛政治化，一些商业争端也摆脱不了政府在背后的影子。在这样的情况下，中国商人所带有的国家背景使得投资的难度加大，例如，2011 年，中国中坤投资集团董事长黄怒波曾希望购买冰岛东北部的一块土地，经过冰岛政府的多次延搁、“改买为租”等多次波折之后，这一计划还是宣告流产。同样的情况也发生在 2014 年黄怒波购买挪威北极圈内的一处土地的进程之中。挪威当地报纸《北极光报》的一篇评论表示：“不必怀疑，亿万富翁黄怒波是中国共产党及中国当局的挡箭牌。”[①] 挪威极地科学研究院院长维利·奥斯特伦也认为渴望得到能源的中国已经“公开宣布了其北极野心”[②]。而“一带一路”战略承接中国政府提出的新义利观，努力消除政治因素在经济、文化等诸多领域的影响，努力发挥企业自主性，使中外企业能够在开放交流中发挥更好的主体作用。随着中国成为资本净输出国，投资的对外开放结构也需要摆脱原有的粗放型特点，通过与相关国家的互联互通更好地进行资本国际化运作。

第二，“一带一路”战略丰富了中国对外开放的布局，特别是在地域上为中国西部和南部的对外开放提供了新的机遇。实行对外开放战略以来，我国相继实施沿海、沿江、沿边开放政策，逐渐形成“陆海统筹、东西两向”的全面开放格局。在对外开放的进程中，我国并没有采取全国同步开放的方针，而是采取多层次、滚动式、逐步向广度和深度发展的方针。由于我国地区经济发展很不平衡，地理条件差异较大，特别是在长期实行封闭型的高度集中的计划经济体制、价格体系和产业结构同世界经济割裂的情况下，实行由点到面逐步推进对外开放发展的战略是符合我国国情的和能够促进经济快速发展的，但这也使得我国各个地区的对外开放水平在起点上便是不一致的。在对外开放的发展进程中，沿海、沿江、沿边三种开放政策的实施受到了地域特征等诸多因素的影响，其实际效果也是有差别的。我国不均衡的开放战略也导致了各地区对外贸易及吸引外资发展的不平衡。在这之中，受沿边地区经济发展落后、产业支撑不足、周边国际政治环

---

① 《外媒：黄怒波在挪威北部地区购地引起轩然大波》，参考消息网，2014 年 9 月 29 日。

② 《外媒：黄怒波在挪威北部地区购地引起轩然大波》，参考消息网，2014 年 9 月 29 日。

境复杂等因素的影响，与东部沿海地区相比，沿边开放的整体水平还不高，对外开放总体呈现“东强西弱、海强边弱”的局面。2012年，由国家发展和改革委员会首次发布的《中国区域对外开放指数研究报告》也印证了我国对外开放发展格局的直观判断，反映了中国区域对外开放的差别和不平衡情况。中国区域对外开放指数设置经济、技术、社会三个一级指标，全面评估区域对外开放水平，根据报告，上海、北京、广东位居排行榜前三位，而贵州、青海和西藏则排名垫底。特别地，作为对外开放前沿阵地的上海在经济开放度方面较大幅度领先于北京和广东，体现了上海作为中国经济、金融和航运中心在外向型经济方面的优势。虽然，对外开放三十多年来，东部沿海地区作为开放的前沿阵地，对中国经济的发展和内地产业的转型升级都起到了积极的促进作用，推动中国成为亚洲第一大、世界第二大经济体。在总体上，我国经济的发展速度并没有因为对外开放格局的不平衡而有所减缓，一直保持着较高的增速。但是，近年来，中国经济发展遭遇阻力，增速明显放缓，中国经济开始进入新常态。没有中西部特别是西部边疆省区的发展，中国将会因东西部地区经济发展水平的落差抑制整体的发展水平，这种经济发展水平的落差将会使得东西部地区经济社会发展呈现出更加不平衡的态势，进而威胁已经发展起来的东部省区，使得国家经济发展呈现出一种病态的不平衡。因此，“一带一路”战略将会对在对外开放政策推行中形成的不平衡的发展态势进行必要的政策性调整，是实现东西部地区、沿海与内陆地区经济社会平衡发展以及中国经济社会的整体发展而作出的战略决策，将会为中国的东部和中西部地区带来对外开放的新机遇，在地域上形成全方位协调对外开放的新局面。

“一带一路”战略为东部沿海地区提供了产业转型升级的机遇。

自对外开放战略推行以来，东部地区无论从起点上还是发展速度上都处在国内的领先地位，对外开放水平和经济发展速度也处于国内的前列，但是，这并不等于东部沿海地区的开放模式是完美无缺的，随着国内国际经济发展格局的变化和对外开放亟须进一步深化，东部沿海地区的对外开放也暴露出一些问题。虽然我国已经成为高技术产品的贸易大国，但是贸易顺差不能代表产业国际分工地位的高水平，我国在国际分工中所处的层次还比较低，这一点在东部沿海地区的产业布局上体现得较为明显。在东部沿海地区的产业布局上，第一、第二产业比重偏高，第三产业比重虽有扩大但仍偏低，而在高新技术产品出口领域，更是仅仅发挥着劳动力、土地、资源等要素的低成本比较优势，这也使得东部沿海地区仍然处在国际垂直分工的低端位置，难以掌握较高水平的核心竞争力，在与其他国家进行竞争时处在弱势的地位。具体到某个产业中，东部沿海各省份政府出于收益周期的考量，较多地发展劳动密集型产业，忽视了技术密集型产业的发展，对于高新技术的引进力度仍显不足。

“一带一路”战略在地域上涵盖了中国所有地区、中亚、东南亚、南亚、西亚、欧洲等多个区域，在战略中既包含了日本、韩国、新加坡等发达国家，同时也包含了越南、菲律宾、哈萨克斯坦等发展中国家，甚至包含了孟加拉国、马尔代夫、缅甸等最不发达国家，在国家分布上有着较大的层次特点，这也有利于东部沿海地区的产业转型和技术引进。从产业转型的角度而言，“一带一路”战略扩展了产业转移的发展空间，东部沿海地区可以将一些劳动密集型、资源消耗型产业向国内和国际两个方向转移，既可以带动相对落后地区的经济发展，也在一定程度上为东部沿海地区的产业升级清除了障碍。从技术引进的角度而言，“一带一路”所提供的更多在于一个产业交流的平台。在“一带一路”构建互联互通网络的基础上，国家间的技术交流也会步入一个新高度。特别是在中国经济新常态下强调了从要素驱动、投资驱动转向创新驱动，东部沿海地区可以以此为契机，拓展产业技术交流的深度与广度，加大高新技术的引进力度，利用产业转移的空间加速技术密集型产业的发展。

“一带一路”战略为中西部内陆地区提供了加速对外开放的机遇。从起点上讲，直到1992年，我国对外开放的步伐才逐步由沿海向沿江及内陆和沿边城市延伸，对外开放的时间比东部沿海地区晚了十余年；从发展速度上讲，由于受中西部内陆地区经济发展水平相对落后、相关产业的支撑相对不足、周边国家政治经济环境相对复杂等因素的影响，中西部地区经济发展速度相对缓慢，特别是沿边开发的力度相对不足，导致了中西部对外开放程度相对较低。

丝绸之路经济带战略致力于解决这些问题。中国中西部地区与诸多邻国接壤，如果仅仅考虑中国自身的发展，片面地追求内陆地区的对外开放，则会将中国中西部地区与周围国家的经济社会发展水平进一步拉大，不利于区域内的经济合作与贸易往来。因此，丝绸之路经济带战略并不局限于中国自身的发展，也将带动中国周边国家的发展，将中国的中西部地区与中亚、南亚等地区打造成为一个利益共同体，以中西部地区自身的发展促进区域内经济发展，以区域内经济的协调发展保障中西部地区经济发展的稳定性。中西部地区，特别是与周边国家接壤的地区，安全环境成为限制对外开放程度的制约因素。“一带一路”战略虽然在本质上并非军事安全战略，但是为经济发展打造良好的安全环境也是其目标之一。“一带一路”战略将会以上海合作组织在中亚地区的打击恐怖主义联合行动为依托，努力消除西部边境地区安全环境中的不稳定因素，为中国与周边国家的经济合作打造安全稳定的战略空间。

限制中西部地区对外开放程度的重要因素在于与经济发展相配套的基础产业、基础设施建设、相关政策协调性的相对不足。在“一带一路”战略的实施中，先行的交通基础设施互联互通，被具体化为公路、铁路、航运等领域的联通项目，给中西部地区和相关国家的基础设施建设企业带来了庞大的市场机会。中国商务部部长高虎城在《人民日报》撰文表示：“统筹谋划陆上、海上、航空基础设施互联互通，积极推进亚欧大陆桥、新亚欧大陆桥、孟中印缅经济走廊、中巴经济走廊等骨干通道建设，努力打通缺失路段、畅通瓶颈路段，加强海上港口建设及运营管理，增加海上航线和班次，畅通陆水联运通道，拓展建立民航全面合作的平台和机制。”①2013 年 10 月，中国倡议筹建亚洲基础设施投资银行，愿向包括东盟国家在内的本地区发展中国家基础设施建设提供资金支持，这也成为基础设施建设的重要经济基础。此外，通关便利化是提升沿边开放水平的重要手段，但当前的便利化程度不高，仍有许多地方需要不断改善。“一带一路”含有的对话与协调机制将会解决这一问题，各国政府将针对在对外开放中存在的口岸开放不对等、通关能力受限、出入境手续繁杂等问题展开对话协商，以双边和多边协调的方式应对相关政策协调性的相对不足的问题，为中西部地区的对外开放扫清障碍。

此外，虽然中西部地区在应对产业转移中是作为接收产业的一方，但这并不代表中西部地区处在被动的地位。“一带一路”战略根据各地域的不同特点形成了因地制宜的发展战略，中西部地区各地政府在接收政策指导的同时也应充分发挥各地的比较优势，增强对外开

① 参见高虎城：《深化经贸合作　共创新的辉煌》，《人民日报》2014 年 7 月 2 日。

放的自主性。“一带一路”战略延展了对外开放中的主体，将此前很大程度上由中央政府主导下的对外开放拓展到了各地方政府、企业甚至个人，他们都可以在对外开放体系中发挥自主性。中西部在承接东部产业转移过程中，应当有选择、有条件地进行产业承接，大力发展与东部地区以及周边国家的跨区域产业技术创新联盟，促进中西部地区完善产业技术创新体系。同时，要保护好土地资源，防止对环境资源的破坏，对一些不能够适应可持续发展理念的产业坚决予以淘汰，在产业转移进程中保持与东部地区、周边相关国家战略的协调性。

第三，“一带一路”战略为对外开放中产业和领域的拓展提供了良好的机遇。经贸合作依然是“一带一路”建设的基础和先导，在“一带一路”建设中要着力发挥好经贸合作的先导作用，推动沿线国家形成宽领域、深层次、高水平、全方位的合作格局。① 从这个角度来看，经贸合作仍然是“一带一路”战略和整个对外开放新格局的核心，通过经贸合作，扩大资源要素的配置空间，充分释放沿线各国的发展潜力，既有助于给沿线各国人民带来实实在在的好处，也能为其他领域的合作奠定基础。但是，在谈及实现“一带一路”战略具体措施时，党和政府强调，“一带一路”建设的主要内容是政策沟通、设施联通、贸易畅通、资金融通、民心相通，这也正是“一带一路”战略在全方位开放中为产业和领域的拓展提供的良好机遇。政策沟通、设施联通、贸易畅通、资金融通承接经贸合作，表明了我国在经贸合作中由原来的利益导向转变为更加注重经贸往来的协调可持续发展；而“民心相通”则概括了在“一带一路”战略中不仅仅局限于经贸合作一处，要将文化、教育、旅游、医疗卫生等诸多领域纳入“一带一

① 参见高虎城：《深化经贸合作　共创新的辉煌》，《人民日报》2014 年 7 月 2 日。

路"战略之中，提升全方位开放中领域的广度。

长期以来，对外开放中的经贸合作存在着一些问题，由于自身和外部的一些原因，导致了很多贸易争端和贸易摩擦的产生，中欧纺织品、光伏产品等的贸易摩擦即是其中的例证。虽然贸易摩擦源自双方的因素，但是在经贸合作中我国存在着一些固有的问题。我国的对外贸易战略是引起中欧贸易摩擦的基本原因。长期以来，我国在外贸战略上奉行"出口至上主义"，这既恶化了贸易条件也加剧了国际贸易摩擦①，在与国际通行规则进行对接时往往会产生一些政策上的不协调。政府和企业往往只进行利益方面的考量，忽视了规则的约束作用和行业自律，在经贸合作中过分强调政府的作用，宏观调控的手段需要适应市场化的形势。而"一带一路"战略则从这个问题出发，在强调自身经济发展的同时更注重平等互利、共同繁荣，重视正确义利观在经贸合作中的作用，优化政府宏观调控的手段，注重发挥市场的调节作用和企业在经贸合作中的自主性。一方面，继续重视经贸合作对新常态下中国经济的推动作用；另一方面，在战略中打造利益共同体和命运共同体概念，设身处地地理解沿线国家面临转变发展模式、增强发展动力的共同任务以及密切经贸联系、扩大经贸合作的共同愿望，"秉承和弘扬团结互信、平等互利、包容互鉴、合作共赢的丝路精神，紧密结合各国各方发展实际"②，强调经贸合作领域的战略互信，将贸易摩擦消灭在萌芽状态。

同时，在这一战略推行的过程中，中国各级政府摒除利益优先的态度，不再把经贸合作看作是孤立的产业，而是从相关支撑产业发

---

① 参见党军：《中欧贸易摩擦分析及对策建议》，《西安财经学院学报》2006 年第 4 期。

② 高虎城：《深化经贸合作　共创新的辉煌》，《人民日报》2014 年 7 月 2 日。

展、贸易便利化政策、交通及基础设施建设等方面入手，为打造健康可持续的经贸合作作出努力，注重在经贸合作中真正为相关国家带来国家发展与繁荣，以经贸合作带动其他产业内的国际合作与对外开放。第一，促进中国与相关国家的双向投资。打破过去简单的商品贸易局面，促进与沿线国家的合作向相互投资转变，贸易和投资都成为对外经济开放中的一环，两项并举，共同发展。第二，推进区域基础设施互联互通。[①] 上文提及的亚欧大陆桥、新亚欧大陆桥、孟中印缅经济走廊、中巴经济走廊等骨干通道都将成为基础设施建设的重点，而基础设施的互联互通已经取得了一定的成果。值得注意的是，基础设施建设不是孤立的产业，更不是单凭中国一己之力就可以完成的。基础设施建设上要共同合作，这将会促进能源开发、金融合作、海港、物流交通等领域的战略互信，从而实现“以交通基础设施为突破，实现亚洲互联互通的早期收获”的愿景。第三，建立融资平台，展现中国的大国担当。2014 年 11 月，习近平宣布，中国将出资 400 亿美元成立丝路基金。丝路基金是开放的，欢迎亚洲域内外的投资者积极参与。丝路基金将为“一带一路”沿线国基础设施建设、资源开发、产业合作等有关项目提供投融资支持。作为世界第二大经济体的中国首先在资金上作出了自己的贡献，丝路基金将与亚洲基础设施投资银行一起成为“一带一路”建设互联互通的经济基础。第四，注重沟通机制，推进贸易便利化政策。在经贸合作中，双边或多边中的政策不协调、贸易不便利成为阻碍合作进行的关键因素，也是引发贸易争端和贸易摩擦的关键点。在过去粗放型的对外开放中，中国往往强调自身国情的特点，忽视了国际通行规则及与贸易对象国之间政策的

---

① 高虎城：《深化经贸合作　共创新的辉煌》，《人民日报》2014 年 7 月 2 日。

协调。“一带一路”作为一个开放性的平台，其本身就具有双边和多边磋商机制，能够及时协商解决项目执行过程中遇到的问题，在海关、质检、电子商务、过境运输等影响贸易便利化的重点领域能够及时开展沟通与政策协调。

在致力于经贸合作及其相关基础产业合作的同时，“一带一路”也扩展了对外开放的领域，为文化、教育、旅游、医疗卫生等诸多领域的对外开放带来了机遇。从本质上讲，“丝绸之路经济带”和“21世纪海上丝绸之路”两大战略的提出都是有着深厚历史和文化基础的，战略本身而言也有着文化先行的理念。2014年6月，中国、哈萨克斯坦、吉尔吉斯斯坦三国联合申报的古丝绸之路的东段——“丝绸之路：长安—天山廊道的路网”成功申报世界文化遗产，成为首例跨国合作、成功申遗的项目。“丝绸之路经济带”的提法承接了自古以来的丝绸之路，“21世纪海上丝绸之路”的提法也承接了“海上丝绸之路”的概念，一起发掘沿线国家深厚的文化底蕴，继承和弘扬“丝绸之路”这一“具有广泛亲和力和深刻感召力的文化符号”①。

“一带一路”倡议致力于强调历史传承，以文化先行化解世界对于“一带一路”的误解，推进相关国家对战略的认同感，从而促进其他领域合作的有效性。随着“一带一路”倡议逐步落实到项目规划，特别是中国出资建立丝绸之路基金以来，对于“一带一路”倡议的误解不绝于耳，来自西方的误读把“一带一路”倡议称作“中国版的马歇尔计划”，把中国推行这一战略的努力解读为在亚太地区谋求控制力乃至霸权。对于这种出于国家立场不同而产生的误读，从经济领域进行互惠战略的构建是远远不够的，在“一带一路”倡

① 蔡武：《坚持文化先行　建设“一带一路”》，新华网，2014年5月5日。

议推行中要以文化先行。中国倡导的“一带一路”以发展为目标，弘扬的是“和平合作、开放包容、互学互鉴、互利共赢”的新丝路精神，对合作不附加任何政治条件。通过将历史与现实的对接，表明了中国长期以来都在古代丝绸之路的基础上进行和平友好、平等互利的经贸往来和人文交流，推进相关国家对战略的认同感，消除对中国谋求霸权的疑虑。

“一带一路”倡议为文化、教育、旅游、医疗卫生等诸多领域的对外开放带来了机遇。文化在对外关系发展中起桥梁作用，是一个国家核心竞争力的重要组成部分，搞好“一带一路”战略中的文化交流可以拓展我国的国际影响力，加强各国、各领域、各阶层、各宗教信仰的交往与交流是中国和相关国家进行全方位合作的基础。在文化领域，中国与沿线各国已经有了一些交流的平台，中国与沿线大部分国家都签署了政府间文化交流合作协定及执行计划，与上合组织、东盟、阿拉伯国家联盟等多个组织成员国及中东欧地区都建立了人文合作委员会、文化联委会机制，这是“一带一路”战略推进文化交流的平台和基础。具体而言，文化年、艺术节、电影周和旅游推介活动等都是文化交流中可以灵活运用的方式方法，而中国政府更是提出，“在未来5年，将为周边国家提供2万个互联互通领域的培训名额，帮助周边国家培养自己的专家队伍。中国也愿派出更多留学生、专家学者到周边国家学习交流”①。从整个文化交流战略层面上看，我国政府在未来将会致力于“制定政府文化交流的中长期战略规划，落实好与‘一带一路’沿线国家的政府间文化合作协定和年度执行计划，视

① 习近平：《联通引领发展　伙伴聚焦合作——在“加强互联互通伙伴关系”东道主伙伴对话会上的讲话》，《人民日报》2014年11月9日。

情况在相关计划中纳入共建‘丝绸之路’的内容，为中国与沿线国家开展文化交流与合作提供法律保障”①，真正把“一带一路”战略打造成为对外开放中的文化交流品牌，为中华文化“走出去”和拓展国际影响力提供新的战略机遇。

（二）周边外交机遇

经过多年的外交实践，中国外交形成了“大国是关键，周边是首要，发展中国家是基础，多边是重要舞台”的全方位外交布局。其中，“周边是首要”的提法也体现出周边外交在中国外交格局中的首要地位。特别是自2013年以来，周边外交在国家总体布局中的地位被空前重视。2013年10月24—25日，周边外交工作座谈会在北京召开，这是新中国成立64年来第一次召开周边外交工作会议，也是新一届党中央召开的第一个重大外事工作会议。这反映出以习近平同志为核心的新一代中央领导集体对于周边外交工作的重视。从实践层面来看，中国与周边国家领导人高层互访日益频繁，中国与土库曼斯坦、塔吉克斯坦、吉尔吉斯斯坦等多个国家建立或者升级了双边战略伙伴关系。2014年8月，中国国家主席习近平在访问蒙古时表示，中国愿意为周边国家提供共同发展的机遇和空间，欢迎大家搭乘中国发展的列车，搭快车也好，搭便车也好，我们都欢迎，这更是展现了中国希望与周边国家发展日益紧密的外交关系的良好愿望。

更进一步地，在中国经济进入新常态之际，中国周边外交也进

① 蔡武：《坚持文化先行　建设“一带一路”》，新华网，2014年5月5日。

入了新常态，呈现出一些与以往不同的特点。首先，党中央认识到了周边形势与周边环境的变化。我国同周边国家的经贸联系更加紧密、互动空前密切，这使得我国的周边外交工作也需要因时而变，与时俱进，要以周边形势的变化为导向，提出周边外交工作中的新思路和新方法，“一带一路”战略即是符合时代变化而作出的工作创新。其次，党中央进一步明确了周边外交的基本方针，强调“坚持与邻为善、以邻为伴，坚持睦邻、安邻、富邻，突出体现亲、诚、惠、容的理念，发展同周边国家睦邻友好关系”，在周边外交中强调睦邻友好、以诚待人、互惠互利、开放包容。这也贯穿于“一带一路”战略的始终，中国希望与周边国家共同努力，加快基础设施互联互通，加快沿边地区开放，深化沿边省区同周边国家的互利合作。第三，在周边外交中强调互信、互利、平等、协作的新安全观，开始在周边外交中重视共同安全的建构，注重区域安全合作和战略互信的建构。最后，突出强调公共外交、民间外交、人文交流等低级政治层面的对外交往，与“一带一路”战略中的“民心相通”形成对接，巩固和扩大我国同周边国家关系长远发展的社会和民意基础，更好地培育周边国家间的命运共同体意识。

未来 5 年，中国将进口 10 万亿美元的商品，对外投资超过 5000 亿美元，出境游客约 5 亿人次，中国的周边国家以及丝绸之路沿线国家将率先受益。

具体而言，下文针对“一带一路”战略发展的几个方向，探寻其中分别为东亚、中亚、东南亚、南亚等不同区域的外交发展带来的新机遇。

1. 周边外交机遇在东亚

(1) 中韩关系发展与中韩自贸区建设：为"一带一路"沿线自贸区提供样本

自2013年以来，东北亚局势发生了一些变化，日本政界右倾化思维日益加深、美日同盟进一步巩固、朝鲜半岛局势仍不明朗、日朝关系趋于接近，这些新形势都在重新塑造着中韩关系。同时，中韩关系也受到朝鲜半岛无核化问题悬而未决、韩美关系进一步发展的不利影响。同样，中韩两国国内的外交政策也发生了一定的转向，中国政府推行的亲、诚、惠、容的周边外交理念与韩国政府提出的"信任外交"理念有着一定的共通性，在建立战略互信上两国有了进一步的发展。韩国方面强调中国的"一带一路"与朴槿惠政府的"欧亚倡议"(Euraisa Initiatve) 殊途同归，希望"一带一路"从海上向北延伸，与之对接。

2013年6月和2014年7月中韩两国首脑相继互访，双方共同签署了《中华人民共和国和大韩民国联合声明》。在这份联合声明中，中韩两国的战略伙伴关系未来的发展目标被定位为"实现共同发展的伙伴、致力地区和平的伙伴、携手振兴亚洲的伙伴、促进世界繁荣的伙伴"，丰富了中韩战略合作伙伴关系的内涵。具体而言，中韩战略伙伴关系的发展集中在以下四个领域：以互信为基础，为增进朝鲜半岛和东北亚的和平与稳定加强合作；致力于扩展双边经贸和产业合作，成为东亚区域一体化和全球经济复苏的引领力量；拓展人文交流的广度与深度，将2015年和2016年分别确定为"中国旅游年"和"韩国旅游年"，定期举办由引领两国未来的青年精英参与的"中韩青年领导者论坛"；就朝鲜半岛核问题和朝鲜半岛统一问题达成广泛共识，再次确认反对半岛核武器开发的坚定立场。

而在中韩关系中最为突出的是中韩自贸区建设。2015 年 2 月 25 日，中韩双方完成中韩自贸协定全部文本的草签，对协定内容进行了确认。至此，中韩自贸区完成全部谈判。中韩自贸区谈判于 2012 年 5 月启动，是我国迄今为止对外商谈的覆盖领域最广、涉及国别贸易额最大的自贸区。根据谈判成果，在开放水平方面，双方货物贸易自由化比例均超过“税目 90%、贸易额 85%”。中韩自贸区的正式成立，成为“一带一路”战略提出后在自贸区建设领域的第一个成果，不仅将带动中韩企业间的互动，也将与中国—东盟自贸区形成相互呼应的效果，成为“一带一路”沿线自贸区的样本和突破口。

(2)“一带一路”战略与转型中的中日关系：中日关系缓和的契机

相比于同处东北亚地区的中韩关系，中日关系自 2013 年以来呈现出更多的是彼此冷淡、“政冷经冷”的特点。日本政界右倾化思维严重，安倍政府推行“价值观外交”，构建旨在遏制中国的“自由与繁荣之弧”，同时致力于“日本国家正常化”，突破战后数十年以来行使集体自卫权有关的政府解释，日本政府的对外政策难以与中国形成契合点。更为严重的是，两国关系中的不稳定因素呈现着上升的态势，在历史认识、台湾问题、领土主权及海洋权益等问题上相继出现矛盾，特别是在钓鱼岛主权争端、参拜靖国神社、东海防空识别区等问题上存在着完全对立的尖锐冲突。在经贸领域，双边政治关系的恶化进一步导致双边关系“政冷经冷”，2013 年中日贸易额比上一年下降 6.5%，为连续两年下滑。据中国海关统计，2013 年度中日贸易总额为 3125.5 亿美元，其中，中国对日出口 1502.8 亿美元，比上一年同比下降 0.9%，由日进口 1622.7 亿美元，同比下降 8.7%。[①] 由于政治和经贸领域双边关系的持续恶化，中日双方人员交流也陷入低谷。

从“政冷经热”到“政冷经冷”，中日关系目前面临着转型期。“一带一路”战略应当成为两国关系缓和与进一步发展的契机，其中，民间交流应当成为突破口。国内的民意往往是一个国家对外政策的基础和反映，而中日民间互信基础非常脆弱，其原因在于中日双方民众对彼此的了解太少以及新闻媒体在其中的推波助澜。实际上，中日两国民间交流有着较长的历史，两国关系正常化也来自于此前广泛的民间往来。就当前的形势而言，中日民间交流应当注重文化交流的独特功能，推动中国文化与日本文化的相互理解，切实推进青少年的文化交流和民间往来，在民间形成中日战略互信的基础。同时，中日双方在环保与节能减排、新能源开发、区域经济一体化、海洋开发等诸多领域有着广泛的利益共同点，中韩自贸区的建成将为处于僵局的中日韩自贸区提供发展的契机，也将成为“一带一路”战略中中日双方经贸关系的突破口。

2. 周边外交机遇在东盟

中国和东盟对话始于 1991 年，中国 1996 年成为东盟的全面对话伙伴国。1999 年，中国政府提出了加强与东盟自由贸易区联系的愿望。2001 年 11 月，中国与东盟各国签署了《南海各方行为宣言》，在当年“10+1”领导人会议上，中国与东盟达成了自贸区共识。2002 年 11 月 4 日，《中国与东盟全面经济合作框架协议》签署，自贸区建

① 参见李向阳编:《亚太蓝皮书：亚太地区发展报告（2015)》，社会科学文献出版社 2015 年版，第 172 页。

设正式启动。经历了近8年时间的谈判，2010年1月1日，拥有19亿人口、GDP接近6万亿美元、世界最大的自由贸易区——中国—东盟自由贸易区正式建立。目前，中国—东盟自由贸易区的发展已经进入了第五年，发展速度也呈现出上升的态势，2014年双方贸易额达4804亿美元，较上年增长8.3%，比中国对外贸易3.4%的平均增幅快了一倍多。中国—东盟自贸区，已经成为日趋成熟的经贸发展及人文交流的平台，成为“21世纪海上丝绸之路”建设中可以运用的平台基础。

但是，中国与东盟间存在着一定的矛盾，将在一定程度上制约双边关系的发展。首先，中国与东盟内部国家间的贸易呈现不平衡的态势。新加坡、马来西亚、泰国、印尼、菲律宾、越南与中国的贸易额占中国—东盟总贸易额的95%以上，而中国与缅甸、柬埔寨、文莱、老挝的贸易额仅占不足5%。这种贸易结构上的不平衡将对中国—东盟经贸关系的进一步发展造成内部的不协调。其次，亚洲区域经济一体化进程的加速使得区域全面经济伙伴关系协定（RCEP）、跨太平洋战略伙伴关系协定（TPP）等一系列旨在塑造区域经济新格局的贸易规则涌入亚太地区，对中国—东盟自贸区形成了一定的冲击。特别是由美国主导的TPP，吸引了新加坡、文莱、越南、马来西亚四个东盟国家参与谈判。在2012年提出的“美国—东盟扩大经济合作”倡议的推动下，TPP在东盟的影响力不断扩展，将放大中国与东盟对美日市场的出口竞争，同时也会呈现出美日投资向东盟国家转移的趋势，与中国争夺东盟市场。此外，南海问题也是影响中国—东盟经贸关系发展不可忽视的因素。在越南、菲律宾等东盟内部国家和美国等一些域外国家的合力推动下，东盟对南海问题的立场呈现出“从过去的中立转向积极介入”，南海问题在东盟议程上正逐渐“从边缘转向中心”[1]，南海问题呈现出“东盟化”的趋势。虽然东盟并没有使南海问题进一步扩大为国际化的意愿，但是仍然与中国政府的立场有一定的冲突，中国方面一贯致力于与当事国通过友好协商和谈判解决争议，并认为南海问题不是中国与东盟之间的问题，而是中国与特定争议国家间的问题。同时，中国与相关国家在领土、经济区、油气资源等问题上的争夺将会直接影响双边经贸关系的发展，对中国—东盟经贸关系也会造成不利影响。

“一带一路”战略，在对中国—东盟自由贸易区这一双边交往平台运用的基础上，将会重塑中国—东盟双边关系，为双方带来增进彼此战略互信的机遇。“一带一路”战略将会改变以往过分关注经济效益的价值取向，与贸易伙伴在基础设施、物流、交通、人文交流等领域展开更加广阔的合作。而随着交通领域互联互通的完善、基础设施及相关配套产业的完善，不仅将会推进新加坡、马来西亚、泰国、印尼、菲律宾、越南与中国间的交往与贸易往来，也将极大地改善缅甸、柬埔寨、文莱、老挝的贸易及投资环境，优化中国的投资结构，使得中国与东盟国家间的交往呈现出更加协调的态势。针对南海问题，直接对抗的零和解决模式将会对各参与方造成消极的影响，而经贸往来、人文交流等领域交往的增加将会对双方关系起到推动作用。东盟也将会成为各当事国对话与协商的平台，而非某些国家借以维护本国利益的工具。而TPP，虽然在客观上与“一带一路”及中国—东盟自由贸易区是一种竞争关系，但是随着全球经济一体化进程的深入，中国—东盟间的双边关系无法排斥域外国家的影响。中国所不支

---

① 参见赵国军：《论南海问题“东盟化”的发展——东盟政策演变与中国应对》，《国际展望》2013年第2期。

持的是由美国完全主导下的亚太格局，而“一带一路”作为亚太地区重塑经济政治关系的新模式，不仅将会增强区域内国家间的战略互信，也可以此为基础与域外国家、其他经济协议国展开对话，化竞争关系为伙伴关系，共同推动亚太区域经济一体化的进程。

3. 周边外交机遇在南亚

相比于业已成熟的中韩自贸区、中国—东盟自贸区，中国并没有同整个南亚地区形成一些成熟的交往平台，与南亚各国间的具体关系也显得较为复杂，南亚各国对“一带一路”战略也持有不同的态度。

（1）斯里兰卡：“21 世纪海上丝绸之路”上的明珠

斯里兰卡，位于孟加拉湾和阿拉伯海之间的枢纽地带，位于印度洋主航道中心线附近，战略位置极其重要，被誉为“东西方十字路口”，在“一带一路”战略中有着重要的地位。在印度洋上，斯里兰卡与中国都面临着印度的竞争关系，这使得中斯双方在战略上相互接近。2013 年 5 月，斯里兰卡总统马欣达·拉贾帕克萨访华，两国决定将斯里兰卡和中国的关系提升到“战略合作伙伴关系”。2014 年 9 月，中国国家主席习近平应邀访问斯里兰卡，双方同意深化战略合作伙伴关系，并签署了多项合作协议，涵盖经济、科技和人文等多个领域，斯里兰卡也成为首个以政府声明形式支持“一带一路”战略倡议的国家。而在 2015 年 2 月 27 日，中国外交部长王毅在北京同斯里兰卡外长萨马拉维拉举行会晤，王毅表示，“中斯双方已同意建立海岸带和海洋合作联委会，探讨在港口、海洋资源管理、生态保护、海上搜救等领域开展合作。相信中斯合作将成为新时期海上合作的样板，期待斯里兰卡成为‘21世纪海上丝绸之路’上耀眼的明珠。”① 中国同斯里兰卡的关系逐渐深入，斯里兰卡已经成为中国“一带一路”战略在印度洋上的支点。

具体而言，目前中斯在“一带一路”领域上的合作主要体现在汉班托塔港和科伦坡港的建设之中。2012年，由中国投资兴建的汉班托塔港正式启用，为中国在中东和非洲航线的安全提供了保障；而在2014年10月，中斯双方就港口高速公路工程达成建设意向，将进一步完善港口的基础设施建设。2015年2月，虽然历经斯里兰卡政府更迭的波折，但由中国交建承建的科伦坡港口城项目仍将继续推进。港口、道路等基础设施建设将为中斯关系和“一带一路”战略提供基础性保证，而斯里兰卡已经成为中国印度洋战略中的重要合作伙伴，是中国建设“21世纪海上丝绸之路”在印度洋上的重要一环。

(2) 巴基斯坦：继续发展“更加紧密的战略合作伙伴关系”

巴基斯坦是中国的全天候朋友，处于“一带一路”海外路线的交汇点上，中巴经济走廊贯通后能把南亚、中亚、北非、海湾国家等通过经济、能源领域的合作紧密联合在一起，巴基斯坦将在“一带一路”战略中起到桥梁性作用。2002年，中国政府应穆沙拉夫总统的请求为瓜达尔港建设提供资金和技术援助，2015年2月，瓜达尔港基本竣工，2015年4月中旬全面投入运营。瓜达尔港的启用，将会加强中国的能源安全与国际影响力，并且保持在印度洋地区的战略存在。作为阿拉伯海中的重要港口，在南海局势尚不稳定的外部条件和

① 王毅：《期待斯里兰卡成为“21世纪海上丝绸之路”上的明珠》，新华网，2015年2月28日。

瓜达尔港紧邻能源运输重要通道霍尔木兹海峡的自身优势下，将会成为中国西北能源的安全通道，也将带动巴基斯坦经济的发展。未来中国与巴基斯坦之间的合作也将围绕瓜达尔港和中巴经济走廊展开，针对电力供应、铁路建设、反对恐怖主义等突出问题展开合作。

（3）印度：竞争与合作

“21 世纪海上丝绸之路”建设将使中国的触角超越西太平洋海域，向南深入南太平洋、向西开辟进入印度洋通道。而在印度看来，印度洋是其本国的势力范围，对中国保持着警惕的态度。虽然在 2014 年，中国国家主席习近平访问印度并与印度领导人就“一带一路”战略进行了探讨，但是印度方面始终没有明确表态支持“一带一路”建设，对于中国威胁其地区战略利益的行为抱有消极抵触的态度。特别是在中国与印度周边的巴基斯坦、斯里兰卡、缅甸、马尔代夫等国深入开展合作的背景下，印度更是把这种双边关系的发展视作在陆上与海上对其进行的“合围”。更进一步地，2015 年 2 月，在第 17 届亚洲安全大会（ASC）上，印度更是推出了“季节”计划（“Mausam Project”），规划了一个由“印度主导的海洋世界”，重建古印度文明圈，对中国的“一带一路”战略进行反制。

在印度洋地区的安全和贸易中，印度是该区域秩序的组织者，其地位和作用是独一无二的。一个缺少了印度参与的“一带一路”战略无疑是不完善的，而印度对中国产生的战略警惕也是出于自身利益的考量，是应当被充分理解的。因此，如何与印度建立更深层次的战略互信应当成为中国—印度关系的突破口。针对印度怀有的警惕态度，孟中印缅经济走廊的建设可以成为突破口。随着中国经济步入新常态，印度经济却呈现出高速度的增长态势，中印双方可以就此展开优势互补，以孟中印缅经济走廊的建设为契机，打造东亚与南亚两大区域的互联互通。此外，孟中印缅经济走廊的建设是中印之间少有的由学术界推动，最终被两国官方接受并接过主导权的外交案例。在双边政治关系陷入困局之时，民间的、地方的交往可以成为中印两国关系发展的补充。同时，印度推出的“季节”计划，其出发点也可以追随到印度早期文明，这与中国“一带一路”的倡议有着一定的共通点。中印双方可以以双边历史交往为契机，倡导文明共通，从战略的历史溯源上减少相互的战略互疑，为经贸和政治领域的战略互信奠定基础。

4. 周边外交机遇在中东

伊朗驻华大使马赫迪·萨法里认为，由于伊朗在“一带一路”的角色和位置都相对处于核心地带，丝绸之路经济带的建设可以从中国的西部开始，穿越中亚国家，到达伊朗。并从伊朗开始，向三个方向继续延伸：向南覆盖波斯湾国家并穿过公海到达欧洲、拉丁美洲和北美洲地区；向西通过伊拉克和叙利亚到达地中海进而延伸到地中海周边和欧洲疆域；向东穿过阿富汗、巴基斯坦、印度等南亚次大陆国家。伊朗对与中国的全方位战略合作非常期待。①

中国已成为中东地区石油进口最大国家。将来，中东地区的石油人民币业务、亚欧非交通要冲地位将进一步凸显。中国中东问题特使宫小生表示，中东地区会是“一带一路”倡议推进的重点地区，可能成为这一倡议落地最好、最早的地区之一。中东地区各国与中国关

① 参见中国人民大学重阳金融研究院编：《欧亚时代——丝绸之路经济带研究蓝皮书 2014—2015》，中国经济出版社 2014 年版。

系良好，外交上没有分歧。在他长年外交生涯与阿拉伯官员接触的过程中，感受到双方唯一的分歧只是“中文和阿拉伯文哪一种是世界上最难的语言”。同时，中阿双方经济互补性强，阿拉伯国家现阶段经济发展的重点之一是加快铁路、机场、港口等基础设施建设，这为中阿经贸合作奠定了良好基础。随着中国—海湾合作组织自由贸易区（FTA）的建立，中东特别是海湾国家具有雄厚的经济实力，市场发育比较完善，应该说是“一带一路”倡议落地现实可能性最大的地区之一。中国企业在高铁、通讯、基础设施建设等方面在这一市场面临巨大机遇。过去，这一市场主要被美国、日本等发达国家占领，中国企业作为后来者，其技术被认可和接受需要一个过程，也需要一系列政策配套。

5. 周边外交机遇在中亚

中亚地区联通了亚太地区与欧洲地区，是“丝绸之路经济带”的中心地带。中亚五国——哈萨克斯坦、乌兹别克斯坦、吉尔吉斯斯坦、塔吉克斯坦和土库曼斯坦拥有丰富的石油、天然气、矿产等资源，但受限于内陆的地缘环境和不便的交通状况，地区经济发展水平与亚太地区和欧洲地区的广大国家都存在着差距。深处亚欧大陆的腹地、中亚地区缺少出海口的地缘特征，一直成为其经济发展的瓶颈。而“一带一路”战略的提出，将把中亚地区建成连接欧亚的战略通道，扩展中亚各国与外界的联系，促进中亚国家经济的快速发展。

资源及产业结构的互补性成为中亚地区参与“一带一路”战略的基础。中国与中亚地区国家在资源构成、产业结构和工农业产品等方面有着较强的互补性，商业贸易和服务业贸易也有着良好的合作基础。中国将为中亚国家提供广阔的市场，带动油气资源、矿产及其相关产业的发展。

而中亚地区的互联互通已经成为“一带一路”建设的先锋。目前，针对中亚地区国家交通不便的现实特点，作为新亚欧大陆桥重要组成部分的陇海铁路、兰新铁路深入中亚地区，成为资源运输的铁路干线。2015 年 2 月，中亚班列（连云港—阿拉木图）正式首发，中亚地区国际物流过境运输业务得到快速发展。中国对于丝路基金、亚洲基础设施投资银行等具体投资平台的设立也将从资金上为中亚地区的基础设施建设提供保障。

此外，中亚地区的恐怖主义势力一直较为猖獗，这不仅影响了中亚地区的投资环境和运输线路的安全，同时也对中国、中亚地区乃至整个世界的安全构成了威胁。针对这一现状，上海合作组织为中国与中亚地区国家反对恐怖主义的合作提供了良好的战略平台。《上海合作组织反恐怖主义公约》的签署与生效也将为“一带一路”战略在反对恐怖主义领域提供良好的外部规则的引导，为各国在中亚地区的经贸安全、战略利益提供良好的保障。

（三）地区合作机遇

“一带一路”战略虽然是由中国政府提出的倡议，但是该战略倡导的是从中国和整个亚太地区出发、辐射全世界的发展方式。“一带一路”战略中所倡导的互联互通理念、利益共同体和命运共同体意识，将推动地区合作进入新的层次和新的高度，并将强化多边合作机制作用，更好发挥上海合作组织（SCO）、中国—东盟“10+1”、亚太经合组织（APEC）、亚欧会议（ASEM）、亚洲合作对话（ACD）、亚信会议（CICA）、中阿合作论坛、中国—海合会战略对话、大湄公河次区域（GMS）经济合作、中亚区域经济合作（CAREC）等现有多边合作机制作用。

1. 推动经贸关系发展，加速区域经济一体化建设

“一带一路”贯穿欧亚大陆，连接了亚太经济圈和欧洲经济圈，沿线总人口约44亿，经济总量约21万亿美元，分别约占全球的63%和29%。沿线国家既有欧洲和亚太地区的发达国家，也有包括中国在内的广大发展中国家，还包括着少数最不发达国家，国家间的经济结构、资源储备、贸易结构比较优势差异明显，相互之间的互补性较强。“一带一路”一以贯之的互联互通理念反对仅仅出于国家利益而作出的战略决策，而是倡导一种以地区合作整体利益作为决策出发点的战略思考，这也要求沿线各国在互利共赢的基础上广泛开展合作。同时，“一带一路”沿线地区大多是新兴经济体和发展中国家，普遍处于经济发展的上升期，对于区域内的经贸往来和对外投资有着良好的发展愿望。“一带一路”战略的推进也将在基础设施建设、道路交通、物流、商品产业链等领域进行更加完善的建设，推动贸易投资自由化、便利化水平。经贸关系的发展也将是“一带一路”建设的基础和先导，推动沿线国家形成“宽领域、深层次、高水平、全方位”的合作格局。

随着经济全球化的深入发展，贸易和投资结构都有着较大的调整，沿线国家面临着经济转型升级的共同问题，区域经济一体化是各国间的共同愿望。中国国家主席习近平在APEC领导人非正式会议第一阶段会议上也表示，“中国是区域合作的受益者，更是区域合作的积极倡导者和推进者，我们愿意积极推进本地区贸易投资自由化便利化，加快区域经济一体化，携手推动亚太地区发展繁荣”，这也体

现了中国倡导区域经济一体化的决心。在欧洲地区，欧盟作为日益成熟的经济政治一体化组织，在整合区域经济一体化建设中有着良好的示范效应。而在广大的亚太地区，出于区域经济一体化的共同愿望，包括中韩自贸区、中国—东盟自贸区、TPP在内的多个经贸协议共存于整个亚太地区，在区域经济一体化中既发挥了推动的作用，又带来了贸易规则间的竞争与冲突。中国推进“一带一路”战略旨在通过经贸往来和文化互通更好地整合整个亚太地区的经贸关系，为区域经济一体化带来新的发展模式。

2. 推进地区安全合作，携手打击恐怖主义

亚太地区面临着错综复杂的安全问题，难以保持长期稳定的周边环境也是亚太地区经济及其他领域发展的制约因素之一。作为亚太地区重要的外贸和能源运输通道，马六甲海峡一直面临着海盗和海上恐怖主义的问题，对周边国家乃至整个世界的能源安全构成了威胁；南亚地区部分国家国内还面临着反政府武装及恐怖主义的威胁，国内政局的稳定都受到威胁；中亚及中国西部地区一直受到暴力恐怖势力、民族分裂势力、宗教极端势力的威胁，不仅投资环境受到较大的影响，国家安全与地区稳定也受到影响。

在应对这些地区中的不稳定因素时，各国政策的合作与互动性显得较弱，难以形成有效反对恐怖主义的国际合作平台，难以形成携手建设地区安全的合力。为此，中国政府已经通过上海合作组织这一平台建立了联合反恐演习、大型国际活动安保、情报交流会议、打击网络恐怖主义联合工作小组等合作机制，成为联合打击恐怖主义、建立地区安全的机制基础。“一带一路”战略也将沿用上合组织的合作平台，并为这一平台增添更多域内外的合作伙伴，促进反对

恐怖主义的联动效应。在“一带一路”战略中，中国在反恐合作中实质上起到一个核心的作用，能够有效减少各国间相互推诿责任局面的出现。除了马六甲海峡这一条传统运输线外，印度洋上瓜达尔港、科伦坡港等战略性港口的相继建成，将为中国和整个亚太地区的资源运输提供新的道路选择，既能减轻马六甲海峡的运输压力，也能在一定程度上使地区内的国家增添资源运输的选择，有效保障国家的能源安全。

3. 推动人民币国际化

“一带一路”倡导资金融通，助力人民币国际化。人民币国际化和人民币离岸中心的发展作为“一带一路”规划中跨境贸易与资金融通的重要路径，无疑会推动国际投资与区域合作的进程。

在国际金融市场联动、全球各国货币政策及财政政策相机抉择的背景下，货币互换协议的功能已从应对危机转向支持双边贸易和投资，有助于降低汇率风险，为金融机构的海外分支机构以及海外中国企业提供流动性支持，以人民币国际化推进国际经济、贸易和投资合作的进程。同时，中国与多国建立双边本币互换协议，也就相当于建立了一个以人民币为中心的“一对多”的交换、融资、清算系统，有利于推动人民币成为全球主要的贸易、金融和储备货币。

无论是金砖国家开发银行、亚洲基础设施投资银行，还是丝路基金，共同目的都是通过支持所在区域尤其是“一带一路”沿线的公路、通信管网、港口物流等基础设施建设，最终实现资本输出。

4. 推动民心相通，夯实民意基础

目前，对于中国提出的“一带一路”战略倡议，虽然地区内的

相关国家都表示肯定与支持，但是也不乏反对和质疑的声音。一些国家把中国推行这一战略的目的解读为寻求在区域内的主导权和追求自身的势力范围，中国寻求合作的行为也被曲解为在区域内维系自身的主导地位，中国推进投资和建立丝路基金的行为更是被肆意曲解为“中国版的马歇尔计划”，被视为“中国威胁论”。虽然这些错误认识可以从“一带一路”战略的理论上予以批驳，但是我们必须意识到这种错误解读的背后是有一定社会基础的。在这种民间认识中，中国被更多地塑造为对手而非合作伙伴，而在媒体层面，媒体的对华报道总体呈现出一种较为负面的态度：针对中国的崛起，各国媒体倾向于认为这意味着其他国家在亚太地区地位的衰落，把中国的发展更多地看作是挑战和威胁而不是机遇。媒体所营造的舆论环境影响了普通民众，在这样的环境下，民众无法接触到真正的中国，只能随着媒体的负面报道形成对“一带一路”战略和中国形象的消极态度。

在“一带一路”战略制定和发展的过程中，中国政府也意识到了问题所在，摆脱了单纯考虑经济利益的惯常思维，倡导民心相通在合作中的基础性作用，重视文化交往和人文交流在战略中的作用。通过战略初期的一些具体实践，中国政府和中国企业得以正面面对其他国家的民众，在战略实施过程中展示出一种负责任大国的形象，消除民众对于中国威胁的担忧。具体而言，这种民心相通不仅要靠民间交往作出努力，也要求中国各级政府、各企业能够向作为战略合作伙伴的亚欧地区广大国家展示一个全面、立体的中国。各地方政府主体也可以充分发挥自身的自主性，在城市外交层面推动中国国家形象的建构与传播，为“一带一路”战略夯实民意基础。

5. 整合亚欧市场，推进亚欧合作

目前，亚太经济圈和欧洲经济圈由于交通、物流等一系列原因，相互间的往来显得较为缺乏，贯通亚欧的“一带一路”将为亚欧市场的整合和亚欧合作的深入开展提供契机。

从欧盟层面来看，2014年3月31日，中欧双方发表了《关于深化互利共赢的中欧全面战略伙伴关系的联合声明》。在这份联合声明中，中欧双方认识到“加强交通运输关系潜力巨大”，决定“共同挖掘丝绸之路经济带与欧盟政策的契合点”，探讨“在丝绸之路经济带沿线开展合作的共同倡议”，这成为在较长一段时间内中欧针对“一带一路”战略进行合作的基石。2015年作为中欧建交40周年，将为欧盟与中国的对话与合作提供有利的契机，3000亿欧元投资计划步入正轨后也将激发欧洲经济的活力，为中欧多领域合作提供机遇。中欧、中英两大人文交流机制的建成也为欧洲更好地参与“一带一路”建设起到基础性作用，欧盟也将为亚欧经济整合和亚欧市场的共同建设提供推动力。

而针对目前亚欧往来中存在的道路交通、物流等基础设施方面的问题，“一带一路”战略也有着良好的应对措施。作为世界第四大经济体和欧洲最大的经济体，德国在欧盟和中欧合作战略中有着举足轻重的地位，同样，这也体现在“一带一路”战略的实践之中。习近平访德不仅将两国关系提升为“全方位战略伙伴关系”，探索了在能源、生态、环境治理等领域合作的可能性，更是亲自考察了渝新欧国际铁路联运大通道的终点杜伊斯堡港，指出了“中德位于丝绸之路经济带两端，是亚欧两大经济体和增长极，也是渝新欧铁路的起点和终点。两国应该加强合作，推进丝绸之路经济带建设。杜伊斯堡港是世

界最大内河港和欧洲重要交通物流枢纽，希望它能为促进中德、中欧合作发展发挥更大作用”①。目前已经投入运营的新亚欧大陆桥，由中国陇海和兰新铁路与哈萨克斯坦铁路接轨，经俄罗斯、白俄罗斯、波兰、德国，到达荷兰鹿特丹港，是目前亚欧大陆东西最为便捷的通道。除了 2013 年运营的中国成都至波兰罗兹的定期货列外，武汉开往捷克帕尔杜比采、自中国重庆开往德国杜伊斯堡、自郑州开往德国汉堡、自呼和浩特开往德国法兰克福等多次货列，成为中欧互联互通的前驱。2009 年 10 月，中国远洋运输集团在与希腊进行了比雷埃夫斯港码头经营权交接，获比雷埃夫斯港 2 号、3 号码头 35 年特许经营权，并在随后和未来的时间里参与比雷埃夫斯港港务局私有化项目。第三次中国—中东欧国家领导人会晤期间，中欧有关方面达成依托匈塞铁路、希腊比雷埃夫斯港等打造亚欧海陆联运新通道的共识，再次证明欧洲在“一带一路”建设中的关键地位。中东欧地区和中亚地区在交通设施进一步完备的基础上可以成为“一带一路”的枢纽，贯通亚欧的“一带一路”将为亚欧市场的整合和亚欧合作的深入开展提供契机。

概括起来，中国的“一带一路”计划给欧洲带来八大机遇：

一是欧洲经济振兴的机遇。欧洲经济尚未完全走出欧债危机的影响，又遭受乌克兰危机的打击，欧洲央行不得不推出欧版量化宽松政策，导致欧元不断贬值。为提振欧洲经济，提升欧洲经济竞争力，欧委会提出 3510 亿欧元的战略基础设施投资计划——容克计划，完全可以和“一带一路”对接，推动欧亚互联互通建设，帮助欧洲经济复苏，进一步延伸欧洲市场。英国、法国、德国、意大利、卢森堡、

① 《丝绸之路赋予中欧合作新契机》，新华网，2014 年 9 月 5 日。

瑞士等欧洲国家看好亚投行机遇，不顾美国的反对而纷纷加入，成为亚投行创始会员国，就是欧洲抓住“一带一路”战略机遇，提升英镑、欧元和瑞士法郎影响力的现实举措。据布隆伯格分析，2050年“一带一路”将创造30亿中产阶级。未来十年可让中国同60多个沿线国家的年贸易额突破2.5万亿美元，其中就包括中东欧国家，而且合作会产生外溢效应，使欧洲受益。

二是欧亚大市场建设和文明复兴的机遇。历史上，亚欧大陆一直是世界文明中心，至少在埃及文明衰落之后如此。随着欧洲人开启全球化进程，海洋成为国际社会的主导型力量，大陆文明衰落。欧洲的海洋文明扩张直至二战结束，美国成为海上霸主，欧洲海外殖民地纷纷独立，欧洲被迫回归大陆，通过一体化达到联合自强的目标。然而，欧债危机、乌克兰危机严重冲击欧洲大市场建设成果，欧洲人日渐认识到，只有涵盖俄罗斯的欧亚大市场建设才能平衡好安全与发展的问题，以欧亚文明复兴带动欧洲振兴，是历史的选择。

三是欧洲地区融合的机遇。长期以来，欧盟在“东部伙伴计划”、“地中海伙伴计划”孰重孰轻上纠结，实施效果也各有各的问题，现在的乌克兰危机又在撕裂欧洲。看来，加强欧洲地区融合眼光不能局限在欧洲，即便欧洲内部也要创新思路。“一带一路”的实施，使得中东欧成为中国在欧洲的新门户，尤其是在波兰、希腊、巴尔干，匈塞铁路、比雷埃夫斯港成为“16+1”合作的拳头产品，成为连接陆上与海上丝绸之路的桥梁。“一带一路”倡导的包容性发展是欧洲地区融合的机遇，它促使中国沿边十几个省份，尤其是内陆边疆省份，建立起与欧洲各地区的紧密的经贸、投资联系。

四是欧俄和解的机遇。战后以来，北约的成立，明确将“Keep Russia out”（把俄罗斯排除在外）作为战略目标，今天的乌克兰危机就是这种战略的恶果。事实上，欧俄和解是欧洲稳定的基石。“一带一路”超越古代丝绸之路，特别注重将俄罗斯的远东大开发项目等包容进来，取道莫斯科，与欧亚经济联盟、独联体集体安全组织、上海合作组织等地区架构兼容，目的在于“Keep Russia in”（把俄罗斯包容进来）。德国总理默克尔认识到，邻居是无法选择的，表示应将欧亚经济联盟与欧盟对接，这是化解乌克兰危机，求得欧洲长治久安的明智之举。“一带一路”为欧俄和解开启了机遇。

五是欧盟更便捷参与亚太事务的机遇。美国提出“重返亚太”战略后，欧盟表示出明显的战略焦虑，担心被边缘化，于是加速推进与亚洲国家的自由贸易区战略，然而进展不尽如人意。“一带一路”让欧洲从陆上、海上同时与亚洲铆合在一起，增加了欧洲参与亚太事务的便利性，也将增加欧盟抓住亚太发展机遇的能力，拓展欧盟在亚太地区的影响力。

六是欧盟全球影响力提升的机遇。“一带一路”沿线国家，不少是欧洲的前殖民地，因此强调与欧盟的大周边战略对接。这样，汲取欧洲在全球治理、地区治理方面的经验、做法十分必要。中欧合作开发、经营第三方市场，比如西亚非洲、印度洋、中亚等地，在“一带一路”框架下有了更多的成功机遇。欧洲的经验、标准、历史文化影响力，为中国所十分看重。“一带一路”秉承和弘扬团结互信、平等互利、包容互鉴、合作共赢的丝路精神，与欧盟的理念相通，与欧盟的规范性力量产生共鸣，共同提升中欧全球影响力。

七是中欧全面战略伙伴关系转型升级的机遇。中欧建交 40 年，尤其是中欧建立战略伙伴关系十年来，中欧关系迎来全方位、宽领域合作的机遇，《中欧合作 2020 战略规划》就是集中体现。如今，中欧正在谈判双边投资协定（BIT），甚至考虑在此基础上研究中欧 FTA

可行性。“一带一路”计划为此带来更大动力，渝新欧、郑新欧、义新欧等 13 条欧亚快线铁路网越来越将中欧铆在一起发展，建立合作共赢的新型伙伴关系。

八是跨大西洋关系平衡发展的机遇。战后以来，欧盟倚重跨大西洋关系，但难以摆脱与美国竞争和合作中所处的不对称地位，“以一个声音说话”始终是可望而不可即的尴尬。“一带一路”强调开放、包容，不排斥域外国家，不谋求势力范围，不搞军事扩张，主张把美国包容进来，这就超越了 TTIP 的双边排他性，并在实施过程中推动中欧合作维护丝路安全，促使北约的欧洲化，改变欧洲相对于美国的被动地位，平衡发展跨大西洋关系。

欧洲是古代丝绸之路的终点站，也是 13 条欧亚快线的终点站，对“一带一路”应该非常积极。然而，欧盟总是慢半拍，对中国的“一带一路”战略，欧洲公众认知不够。“一带一路”战略将很快影响到更多的国家。对于欧洲国家来说，他们最关心四个方面的问题：第一，这一战略的本质是什么？是否对欧洲国家有利？第二，多少欧洲国家受到中国新战略的影响？影响程度如何？又会以何种形式受到影响？第三，对于中国的新战略，欧盟将扮演怎样的角色？若欧盟成员国受到该战略影响，欧盟与中国在开展经济合作与贸易方面的协作有多密切？第四，中国的新战略在规则制定方面有多大的影响力？将对中国在国际经济合作中制定规则有多大程度的帮助？

“一带一路”包括铁路、公路等基础设施，还有油气管道、电网、互联网、航线等等，是多元网络，是中国对接欧洲，连接成欧亚大市场的重要计划。

除了陆上的铁路物流外，中欧海上合作将成为今后亮点。欧盟拥有全球 41% 的海洋运力，居世界首位，是海运领域领军者。同时，海运是欧盟经济重要组成部分，承担了欧盟货物贸易运输的40%，提供了18万个就业岗位，而其二氧化碳排放量仅为公路货运的1/18—1/15。为发展海运，欧盟曾于2003年推出“马可·波罗计划”，但由于没有对船舶公司给予足够支持，该计划并未达到预期目标。欧盟为发展短程海洋运输，建立“海上高速公路”，应采取加强港口基础设施建设，完善港口间以及港口与河运、公路、铁路间的交通网络，发展海运工业，提高欧盟安全标准等措施。

欧盟的海上能力与发展需求，正好对接中国走向海洋的大势。中欧在海洋观、海洋政策等方面具有广泛的共通性、共同性，中欧海洋合作完全可以成为中欧合作的新亮点。打造“和平的伙伴、增长的伙伴、改革的伙伴、文明的伙伴”等四大伙伴关系，海洋合作是新抓手。针对海洋经济发展的中欧合作，“一带一路”建设也有着重要的意义。中国提出的“一带一路”战略是和欧盟海洋战略、欧洲各国的海洋战略之间的有效对接，特别是希腊将会成为中国到欧洲的重要门户、中国—中东欧合作的桥头堡。

以上分析表明，“一带一路”并非中国的独奏，而是沿线国家的交响曲，尤其是中欧携手经营欧亚大市场的合奏。

“得欧洲者得天下，得中国者得天下”。这是对中欧合作共赢的形象描述。中欧合作不仅造福双方百姓，帮助实现各自的复兴与振兴，而且通过共同开发、经营第三方市场，提升双边合作的潜力与世界影响力。实现地区融合与全球化的包容性发展，是中欧的共同期待。欧洲应抓住“一带一路”所开启的第二次中国机遇，实现欧洲梦与中国梦的相得益彰。

（四）全球发展机遇

“一带一路”倡议是中国政府在全球和中国经济发生重大调整转型背景下提出的战略构想。中国经济进入新常态为“一带一路”战略赋予新的内涵，“一带一路”战略的推进将为沿线各国和全球发展带来新机遇。由于中国提出“一带一路”战略的初衷并不是建立一个封闭的、利己的合作体系，而是一个开放性的合作平台，契合沿线国家的共同需求，任何认同并且有意愿参与进这一战略的国家都可以随时加入，“一带一路”战略的倡议具有相当大的兼容性。

首先，“一带一路”战略所展示的是一个崭新的中国形象，将会重塑世界对中国的认识与定位。改革开放三十多年以来，中国经济、政治、社会、文化等领域发生着全方位的变化，人民生活水平显著提高，中国也已成为世界第二大经济体。但是长期以来，在中国的对外宣传中，依然强调中国“长期处在发展中阶段”，将自己定位为“世界最大的发展中国家”，不愿意承担更多的国际责任。这种表面上的推诿态度将极大地影响其他国家对中国形象的定位。在世界多极化的今天，相比于简单的宣传，更多地参与国际事务、承担起更多国际责任将会更加有力地向世界展示中国有能力、有担当的国际形象。“一带一路”倡议的提出所展现的便是这种“中国担当”。中国作为“一带一路”战略的发起国，主动提供丝路基金的资金来源，但却主动表示“并不谋求在战略中的主导地位”，提出“亲、诚、惠、容”的周边外交新理念，在战略的发起上追溯历史，以古代的丝绸之路映射现代的和谐发展机遇，将会有力地消除世界对于“中国威胁论”的猜忌，从而更加有效地带动中国与世界的相互合作与交流。

其次，“一带一路”战略作为连接中国与世界的新的桥梁，将会使中国模式和中国红利惠及世界。当前的世界经济尚未从危机中走出，受限于经济中的结构矛盾和各国经济的不均衡发展，世界经济呈现出复苏乏力的特点。同时，更为关键的是，各国政府受限于经济乏力，在基础设施建设和公共事业领域的投资显著减少，这将形成一种消极的恶性循环，对世界经济未来的发展起到阻碍作用。而处在经济结构转型期和经济新常态下的中国，在基础设施建设、物流链建设、高速铁路等领域有着飞速的发展，成为中国对外投资的新增长点。中国不仅将基础设施建设列入 2014 年亚太经合组织第 22 届领导人会议的三大议题之一，也把基础设施联通列入“五通”理念之中。在“一带一路”战略之下，中国敏锐地把握住世界经济复苏乏力的命脉，既为世界经济发展提供新的模式和新的选择，也为亚欧地区经济的互联互通提供了基础设施上的便利条件，为解决世界经济未来发展动力缺乏问题注入了新动力。

再次，“一带一路”加强了世界的联通，将世界各国经济发展纳入了同一个平台之中。随着经济危机的发生和全球经济面临转型调整期，各国国内的贸易保护主义也有所抬头。在专注于本国经济和本国国家利益的同时，对全球经济发展的责任则显示出有意识的规避。但是，世界经济全球化依然是不可阻挡的发展趋势，而“一带一路”正是打破以邻为壑的思维定式、为全球经济合作提供新平台的战略。通过“一带一路”战略，不仅亚欧经济可以实现整合和优势互补，包括非洲、南美洲等在地理上较为远离“一带一路”区域的国家也将被纳入整个战略的轨道之中，发挥本国的比较优势，创造一种互利共赢的国际经济合作新模式。

最后，在全球经济整合中，不同国家和国际组织提出了各自的方案和思路，由东盟主导的区域全面经济伙伴关系协定（RCEP）、由美国主导的跨太平洋战略经济伙伴关系协定（TPP）、各国家间的自由贸易协定（FTA）等一系列方案，加上中国倡导的“一带一路”战略，都立足于推进区域经济一体化，从而带动世界经济的整合和结构性升级。从出发点上看，各国间的目标是一致的。更进一步地，相比于明确排斥一些国家参与的协议，“一带一路”战略在开放性和包容性上有着明显的优势。因此，对于“一带一路”战略的态度应当是伙伴性大于竞争性，提出“一带一路”战略的中国并不是旨在争夺区域内的主导权，而是倡导一种命运共同体思维，更好地为全球经济整合服务。而针对由美国主导的TPP，中国政府对美国在亚太区域经济一体化进程中的主导权保持谨慎是必要的，但是TPP在打破传统FTA模式、更加注重贸易协议新标准中工人和环境问题等议题上有着不可替代的优势，也将为亚太区域和世界的经济整合提供机遇。因此，无论是哪一方，对他方所提出的不同模式应当积极思考，寻找合作点，而不是对他国进行“霸权主义”的标签化定义。各方应当努力探寻各区域经济整合模式中的共通点和利益共同点，从而带动模式间的协调、互补与合作，为全球经济整合和全球发展提供新的增长点。

全球伙伴网络是“一带一路”建设的政治保障。在“一带一路”沿线，中国几乎都建立起各式伙伴关系：

必须说明的是，“一带一路”是开放的，不限于表3中的国家。比如，德国的杜伊斯堡、西班牙的马德里分别是渝新欧、义新欧铁路的终点站，是“一带一路”的积极参与者。英国加入“亚投行”表明，“一带一路”是中国提供的全球机遇。

表3 “一带一路”涉及的64个国家分类（不包括中国）

俄罗斯蒙古中亚5国	东南亚11国	南亚8国	中东欧16国	西亚北非16国	独联体其他5国及格鲁吉亚
蒙古	印度尼西亚	尼泊尔	波兰	伊朗	白俄罗斯
俄罗斯	柬埔寨	不丹	黑山	叙利亚	乌克兰
哈萨克斯坦	东帝汶	马尔代夫	马其顿	约旦	阿塞拜疆
塔吉克斯坦	马来西亚	阿富汗	波黑	以色列	摩尔多瓦
吉尔吉斯斯坦	菲律宾	巴基斯坦	阿尔巴尼亚	伊拉克	亚美尼亚
乌兹别克斯坦	新加坡	印度	立陶宛	黎巴嫩	格鲁吉亚
土库曼斯坦	泰国	孟加拉国	拉脱维亚	巴勒斯坦	
	文莱	斯里兰卡	爱沙尼亚	埃及	
	越南		捷克共和国	土耳其	
	老挝		斯洛伐克共和国	沙特阿拉伯	
	缅甸		匈牙利	阿拉伯联合酋长国	
			斯洛文尼亚	阿曼	
			克罗地亚共和国	科威特	
			罗马尼亚	卡塔尔	
			保加利亚	巴林	
			塞尔维亚	也门共和国	

三、"一带一路"的挑战

法国历史学家托克维尔曾精辟地分析过大国与小国的不同。他极具洞见地指出:"小国的目标是国民自由、富足、幸福地生活，而大国则命定要创造伟大和永恒，同时承担责任与痛苦。"①

伟大的事业总是面临风险。"一带一路"战略要克服的风险可能并非前无古人，也未必后无来者，但在当代首屈一指。"一带一路"为什么会面临风险？面临的是哪些风险？

首先，"一带一路"多是基础设施大项目，投资周期长，资金大，运行、维护不易。

表 4　已公布的部分基础设施项目概览

领域	规划或施工中的项目
跨境高铁	√欧亚高铁（从伦敦出发，经巴黎、柏林、华沙、基辅、过莫斯科后分成两支，一支入哈萨克斯坦，另一只指向俄远东，之后进入中国境内的满洲里） √中亚高铁（从乌鲁木齐出发，经乌兹别克斯坦、土库曼斯坦、伊朗、土耳其到德国） √泛亚高铁（从云南昆明出发，主线经老挝、越南、柬埔寨、马来西亚至新加坡，另一条支线去泰国）

① ［法］托克维尔:《论美国的民主》第一卷，商务印书馆 1996 年版，第 181 页。

续表

领域	规划或施工中的项目
基建	√中国—中亚天然气管道D线建设 √改造升级印度铁路 √推进斯里兰卡港口建设运营，临港工业园开发建设
陆路跨境油气管道	√囊括西气东输三线、四线、五线工程 √中亚天然气管道D线 √中俄东线、西线天然气管道
通讯及电力	√中缅、中塔、中巴等未完成的跨境通信干线 √东南亚方向未开通的海底光缆项目 √西南电力信道，中俄电力信道进行规划建设或升级改造

这样看来，"一带一路"涉及的领域、地域都很庞大，正如当年欧洲人走向海洋一样，存在风险评估与规避的问题。

从国外来说，"一带一路"战略本身有限，但其影响无限。"一带一路"强调的"五通"紧密联系中国人民和世界人民，造成中华文明和世界各文明前所未有的大发展、大融合、大变革。

"一带一路"既容易被参与者和支持者无意误解，也容易被反对者和破坏者有意歪曲。

从国内来说，"一带一路"倡议虽然不是国内深化改革的外延，但却需要它来支撑。我国国内还存在许多破坏"一带一路"建设的势力和危害"一带一路"建设的问题。我们也缺乏经验。"一带一路"事业是全新的事业，需要新政策、新策略、新人才。这些有的现在就可以找到，有的只能在"一带一路"实践中摸索和培养。

大自然也向我们挑战。"一带一路"以交通网络为先导实现五通。我们过去在国内建设、对外援建、海外工程中虽然积累了许多经验，但"一带一路"沿线一定会有很多新情况、新问题。这就要求我们因地制宜，未雨绸缪。

这些风险首先是政治风险。

政治风险特指政治冲突及大国的政治角逐，包括国内政治变动；安全风险则指国内与国际安全挑战。尽管两者时常交织在一起，但鉴于“一带一路”涉及地区、国家众多，区分两类风险十分必要，尽管一些问题很难甄别，比如乌克兰危机既是政治风险，也是安全风险。

“一带一路”五通战略也确实面临着经济风险。可能对“一带一路”倡议构成政治风险的势力，有较强的经济斗争能力，可能以经济手段阻碍“一带一路”战略。而我国和“一带一路”沿线国家面临许多经济问题，需要在“一带一路”建设中解决，但解决不好反而可能使问题复杂化。

“一带一路”倡议受到世界人民欢迎，是由于符合人民的利益和要求。反对“一带一路”倡议的势力，会想方设法使人民群众疏远“一带一路”。如果我们自己在“一带一路”建设中不能密切联系国内外群众，那也会损害“一带一路”的形象。

这样看来，四种风险可以对应“一带一路”的“五通”。政治风险威胁政策沟通。设施联通需要应对安全风险。贸易畅通和资金融通受经济风险影响。民心不能相通，将陷“一带一路”于道德风险。而“一带一路”沿线国家和地区作为分析对象，可以按地理位置，划分为中亚、中东、东南亚、非洲几个区域，再单独分析个别国家和地区。

今天的中国和世界，面临着五十年、五百年、五千年未有之变局。“一带一路”倡议的伟大意义决定了它不会一帆风顺。阻挠、抵制、破坏、诽谤是在所难免的，而且只能通过“一带一路”本身的成功来消除。“从现在起就要有所准备”，下面就从政治风险开始，介绍

“一带一路”倡议面临的风险。

（一）政治风险

2015年3月28日，国家发展改革委、外交部、商务部联合发布了官方文件，名为《推动共建丝绸之路经济带和21世纪海上丝绸之路的愿景与行动》，在其中明确了“一带一路”所覆盖的地理范围，即丝绸之路经济带重点畅通中国经中亚、俄罗斯至欧洲（波罗的海）；中国经中亚、西亚至波斯湾、地中海；中国至东南亚、南亚、印度洋。21世纪海上丝绸之路重点方向是从中国沿海港口过南海到印度洋，延伸至欧洲；从中国沿海港口过南海到南太平洋。可见，“一带一路”地理覆盖范围广，贯穿欧亚大陆，辐射沿线，将欧亚非紧密地结合在一起。不能否认的是，在如此广袤的区域进行建设，必然面临各类政治方面的风险。

1. 政治风险总述

总体来讲，“一带一路”倡议面临的政治风险，既包括沿线国家的疑虑，也包括域外国家的阻挠。

试以海上丝绸之路为例。2015年2月12—13日，笔者赴福建泉州参加国新办主办的21世纪海上丝绸之路研讨会。会上，以阿拉伯国家为代表的与会沿线国家多积极欢迎、响应，但也有越南、印度等国学者质疑建设的风险及意图，体现出四种心态：

一是弱国心态。越南学者以东盟自居，认为海上丝绸之路建设无法绕开南海的主权争端问题，因而不看好其前景。菲律宾学者则对海上丝绸之路绕开菲律宾抱怨，认为中国作为大国应有大气度，跳出阿基诺政府的政策影响，将有关国家全部包容进来。

二是小国心态。阿拉伯国家对海上丝绸之路多予以积极响应，参观泉州海上交通史展览馆后纷纷感慨，中阿友谊源远流长，但现实中多表露出希望搭便车的心思，希望借21世纪海上丝绸之路的东风帮助本国发展。

三是大国心态。小组讨论期间，印度学者妄言，郑和下西洋并非是和平的，当年曾经把斯里兰卡国王掳走，与当地发生激烈冲突。笔者回答：印度朋友都应该知道有西游记的故事。唐僧带着他的徒弟孙悟空等去西天取经，经历九九八十一场磨难，孙悟空与各种妖魔鬼怪展开激烈搏斗，但是这能说明玄奘去西天取经不是和平的吗？郑和下西洋是公认的传播友谊，拓展贸易，尽管其中发生了一些对其商队的攻击而产生的自卫行为，谁也无法否认郑和下西洋的和平目的。但是印度学者仍然强调21世纪海上丝绸之路从印度洋对印构成C型包围圈，不尊重印度的地区大国地位，遏制印度成为世界大国。

四是强国心态。由于现实的处境和顾及中俄战略协作关系，俄罗斯代表表态较谨慎，但笔者私下与俄学者、记者聊天，仍然看出俄罗斯很担心“一带一路”动其奶酪，无论“丝绸之路经济带”的中亚地区还是“21世纪海上丝绸之路”的中东地区，有俄罗斯传统势力范围与现实利益，如何确保不损害之？“一带一路”建设是中国强势复兴之举，但俄罗斯也在强国复兴中，如何确保“一带一路”助推中俄同时复兴？

未派正式官方代表与会的美国，心态更为复杂。与会者也指出，美国是Elephant in the room（“屋里的大象”），大家都未明说而心知肚明。沿线国家不乏美国的盟国或习惯上指望美国的国家。他们的许多疑惑或不方便表态，都与美国未派代表参会、未对“一带一路”表态有关，比如，有代表问，中国奉行不结盟政策，没有海外军事基地，如何确保沿线安全？如何处理“一带一路”建设与现行国际合作架构的关系？概言之，就是，美国不表态，如何确保能建成？欧洲学者坦言，会议请美国媒体人做主旨发言，然而其国际名声不好，靠忽悠中国人捞取商业利益，中国应大大方方地邀请美国使领馆的官员、媒体参加，凡事多与美国沟通，其他国家就放心多了。

种种心态，折射出“一带一路”建设的地缘复杂性和地缘政治矛盾。这些地缘政治矛盾在世界上许多热点表现出来，那里不断爆发流血和不流血的政治冲突，对“一带一路”建设带来种种风险。

2. 政治风险表现

“一带一路”涉及欧亚大陆的广大区域，其中包括诸多国际热点区域，如中亚、中东、东南亚和非洲，这些区域由于宗教、资源、历史或者域外干涉等各类原因，对“一带一路”建设造成影响，同时每个地区都受到诸多域外势力的影响，给“一带一路”建设带来政治风险。在下文中，笔者将按区域，分类探讨“一带一路”建设在不同地区的政治风险表现。

(1) 中亚

中亚这个概念，最早由德国地理学家亚历山大·冯·洪堡在1843年提出，狭义的中亚国家主要包括土库曼斯坦、吉尔吉斯斯坦、乌兹别克斯坦、塔吉克斯坦、哈萨克斯坦和阿富汗这六个国家。中亚地区，在地缘上来看，处于欧亚大陆的中心位置，因此具有重要的战略意义，许多域外大国在此角逐；同时，加之其内部民族多样，各族之间历史问题残留，一定程度上影响了区域的稳定。目前来看，中亚国家经济的恢复比较缓慢，基础设施陈旧，过境能力有限，加上周边安全形势恶化，中亚国家间的经济合作很不顺畅，区域内的交通合作陷入困境。[①] 具体而言，“一带一路”在中亚面临的政治风险，主要包括三个方面，即颜色革命的影响，三股势力的影响以及中亚地区“平衡外交”带来的大国博弈。

第一，“一带一路”建设将面临颜色革命的影响。21 世纪初期，中亚国家同其他独联体国家一样，通过“颜色革命”实现了政权的更迭。目前来看，中亚地区在思想上依旧受到当时颜色革命的影响，虽然“一带一路”建设会促进中亚地区的繁荣与人民生活水平的提高，但由于该地区现代化程度不够发达，依旧给了极端分子以可乘之机。在此背景下，当地社会民众有可能受到“颜色革命”宣传的影响，进而影响到“一带一路”的建设。

具体而言，颜色革命对“一带一路”建设的影响，主要体现在以下两个方面。首先，颜色革命造成社会的不稳定，使得“一带一路”建设面临着当地复杂多变的政治局势，造成困境。由于颜色革命的目的在于促使政权的更迭，街头政治或者暴力冲突成为了较为常见的组织形式，这会破坏社会政治经济秩序，影响“一带一路”的实践。其次，颜色革命的发生必然会转移政府的注意力，极端势力可通过牵制政府的方式，使得政府难以同中方针对“一带一路”展开务实合作。除此之外，中亚地区的反对分子，还会将“颜色革命”同“民族主义”相结合。在他们看来，他们是地区秩序的捍卫者，“一带一路”的引入，会削弱自身民族的独特性，受制于中国发展模式的影

① 孙壮志：《“丝绸之路经济带”构想的背景、潜在挑战和未来趋势》，《欧亚经济》2014 年第 4 期。

响，易受到中方操纵而使自身民族的发展受到局限。通过此类结合，颜色革命发生的可能性大为提升，在此革命过程中，中方被描述成“侵略者”，远远地背离了中方和平发展、互利共赢的初衷。通过以上简要的分析可以看出颜色革命潜在性威胁与影响，如果颜色革命成功，随之而来是长期的混乱与衰退，将有损于“一带一路”事业的繁荣发展，中国同中亚各国都应该对此保持审慎。

第二，由于中亚民族、宗教众多，各国实行具有本国特色的政治制度，加之各国之间由于历史问题没能得到妥善解决，域内复杂多变，这就为“暴力恐怖势力”、“宗教极端势力”和“民族分裂势力”这三股势力的出现提供了便利。三股势力最早在2001年被提出，在上合组织签署的《打击恐怖主义、分裂主义和极端主义上海公约》中对其做出了明确的定义。具体来看，其威胁主要表现在以下两个方面。一方面，由于“一带一路”的建设将会使其存在的合理性面临威胁，因此现存的三股势力，将会通过各类行为活动，包括恐怖活动、投毒纵火以及制造骚动等各种形式影响“一带一路”的建设；另一方面，中方以及中亚各国一直致力于通过上海合作组织以及各国国际合作解决地区三股势力问题，而此次“一带一路”建设进入中亚地区，更加强化了两方的这一战略诉求，将进一步深化合作机制，加强打击力度。与此相对应的，面对生存环境受到挑战的威胁，“三股势力”也绝不会坐以待毙，会在“一带一路”建设过程中，不断向其发难，阻碍“一带一路”进程的顺利实现。

第三，伴随着苏联的解体，中亚地区出现了权力的真空，加之其在资源方面的优势与其重要的战略地位，成为了各域外国家企图影响的对象。在这样的背景下，中亚各国，结合自身需要，试图通过“平衡外交”的手段，通过最大程度地同各国合作使得自身利益最大化。中亚各国在积极参与国际社会活动的同时，采取主动姿态吸引外部势力进入本地区，试图借助大国实现中亚在防止大规模杀伤性武器扩散、遏制宗教极端势力蔓延、建立中亚战略缓冲区等方面的重大关切，并注重调动不同属性的力量在地区内形成制衡，以便从中获得自我发展的机会和空间，或直接得到安全和经济上的援助。[①] 具体而言，伴随着中亚“平衡外交”的实施，中国的“一带一路”战略很有可能在域外各国相互竞争的过程中，实用性大为削弱。由于大国之间在此区域的博弈，中亚国家有可能在其他国家所提供的利益面前减少对于“一带一路”建设的关切，对于“一带一路”建设造成影响。

除上述的三点，还有一类特殊的政治风险将中亚和中东联系起来，那就是叙利亚和伊朗的政权不稳定有可能使中东极端分子进入中亚，从而引起中俄防范，美国介入。目前来看，阿富汗和中东的极端分子，已经成为中亚三股势力的中坚力量，加之目前美国撤军、叙利亚内战、伊斯兰国兴起等众多域内问题，导致地区动荡。诸多地区极端组织利用这一局势一面不断进攻，一面积蓄力量，这对于“一带一路”的建设将带来巨大挑战。作为目前世界上的超级大国，美国为保证其区域利益，也会介入中亚地区，而美方的介入同中国“一带一路”的开展存在一定程度的矛盾。美国可能制定重返中亚的政策，这同中方的战略设计在时间和空间上存在重合，美方可能打着打击极端势力的口号进入此区域，从而影响到“一带一路”建设的持续性。从历史上看，针对叙利亚和阿富汗问题，美国曾公然蔑视中亚国家主权，派空军甚至陆军越境进入中亚。伴随着“一带一路”建设的推进，美国也可能借机重新使用玛纳斯空军基地等在中

① 许涛：《中亚地缘政治变化与地区安全趋势》，《现代国际关系》2012 年第 1 期。

亚的军事设施，从而打击中方在此的建树，中方应对此保持警惕和清醒的认识。

同时，还有一个重要的因素，那就是中亚各国政府换届可能引发的不稳定对于“一带一路”建设的影响。一方面，政权更替后能否保持政策的持续性受到质疑，在某些地区，很有可能由于政府的易权而造成既有政策的实施受到限制。另一方面，一个新的政府要经历一个较长的脆弱时期才能迎来长期稳定。而这一脆弱期，正是颜色革命和三股势力的重要机遇期，为了在这一期间最大程度地保持“一带一路”建设的顺利开展，中方应加强同中亚国家的政策沟通，中方在《推动共建丝绸之路经济带和21世纪海上丝绸之路的愿景与行动》官方文件指出，加强政策沟通是“一带一路”建设的重要保障。加强政府间合作，积极构建多层次政府间宏观政策沟通交流机制，深化利益融合，促进政治互信，达成合作新共识。我国政府同地区政府的良好政策沟通必然会打击地区势力，在维护地区稳定，应对“颜色革命”与“三股势力”方面发挥积极作用，同时对中亚地区的“平衡外交”战略保持关注，增强中亚地区国家对我国的政治信任，同中亚各国共同应对地区挑战，从而保证“一带一路”建设的顺利进行。

（2）中东

中东，在地缘上讲主要指的是从地中海东部到波斯湾的大部分地区。这一地域，域内自然资源丰富，是世界上石油的重要产区，在官方文件中，将加强能源基础设施互联互通合作，共同维护输油、输气管道等运输通道安全，推进跨境电力与输电通道建设作为重要任务，而中东由于其地缘位置的特殊性，同我国目标的实现密切相关，需予以重视。但是由于域内民族众多，宗教林立，水资源匮乏，各区域之间历史遗留问题多，地区的持续性动荡使得“一带一路”在此区域的建设充满变数。因此，“一带一路”在中东地区，机遇与挑战并存。

中东地区的不稳定，一方面表现为暴力冲突，另一方面则表现为社会的无序。究其原因，主要包括以下两个方面。第一，国别与宗教争端引起社会动乱。阿拉伯国家同西方和以色列之间的既有矛盾由来已久。同时，伊斯兰教内部教派冲突不断，什叶派与逊尼派之间争端此起彼伏。除此之外，阿拉伯世界内部极端主义思想和极端主义团体存在由来已久，而一部分人又在西方支持下在阿富汗开展“圣战”活动，这进一步深化了各派别业已存在的矛盾，造成中东地区在思想上难以统一，组织机构混乱。第二，促使中东地区不稳定的直接原因则是1991年海湾战争之后的几场战争，如伊拉克战争、阿富汗战争以及利比亚战争。这几场战争触动了阿富汗的割据状态，使得伊拉克和利比亚的世俗政权遭到破坏，极端思潮在战争中得以复辟并建立起自己的武装和政权。这些战争，在破坏既有的政治格局的同时，没能建立起新的更具生命力与适应力的新政权，因而造成各势力为争夺统治权而相互倾轧，难以稳定。具体来看，叙利亚国内巴沙尔政权同国内反政府武装斗争依旧处于胶着状态；埃及大选很难从根本上解决问题，政府能否稳定局面，还需进一步观察；伊拉克境内恐怖主义袭击、各教派政治斗争屡见不鲜；伊朗核问题的解决也非朝夕之事。加之目前伊斯兰国的扩大膨胀，中国在中东地区的投资面临着严峻的由于地区不稳定所带来的政治风险。

目前来看，一些问题已经逐步显现出来。例如，中国企业职工在海外遭遇过多次绑架，所幸这些绑架者的目的往往只是索取赎金，没有提出不可以接受的政治条件，加之在实际解救过程中我国同当地政府和军警的积极有效的配合，因此并没有造成大范围的冲突动乱。但是，美日等国家已经发生了其国民被极端势力挟持，惨遭杀害的事件，我国应对此保持警惕。

同时，中东地区由于其重要的地缘战略意义，域内的诸多问题均受大国关注。例如在伊朗核问题方面，中东地区基本形成了一个“反美和亲美”的地缘政治二元结构。具体表现为：以埃及和沙特为核心，包括伊拉克、约旦及其他海湾阿拉伯国家在内的亲美阵营；针锋相对的是以伊朗为核心，包括叙利亚、真主党、哈马斯等在内的反美阵营，二者尖锐对立，互不相让。① 同此相似的还有阿以冲突问题。伴随着犹太人的复国运动，阿拉伯国家（包括巴勒斯坦）同以色列之间针锋相对，矛盾重重，领土争端悬而未决。历史上，伴随着每次阿以冲突，都会有大国干预的局面，对于区域内部的发展造成影响。无论是伊朗核问题还是阿以冲突，其背后正是大国之间的角逐，而中国由于“一带一路”建设，进入中东地区，为了保证其政策的持续性，也不得不面临各国之间的博弈，这需要我国结合自身利益要求与区域实际情况，审慎处理，一切以“一带一路”建设为重。

为应对中东地区的不稳定局势，同时处理好同其域内域外大国之间的关系，保证“一带一路”建设的顺利实施，中方可以寻求同域内外政府的务实合作，但伴随着区域局势的日益复杂，这并非一劳永逸的方法，不能只靠政府层面的协商和斡旋来保证“一带一路”安全。同时，目前中东地区既存的极端组织，不管是思想还是行为，都比以前脱胎于传统部族和部落的武装组织更为极端，它们首先是宗教

① 陈俊华：《中东地缘政治新格局与伊朗核危机》，《世界地理研究》2013 年第 3 期。

极端势力，然后才是世俗割据势力。目前来看，美国从阿富汗和伊拉克撤军后，使得当地许多武装组织在寻找新的目标。中国反对极端思想，“一带一路”项目目前在该区域又缺乏保护，很有可能成为目标。因此，除政府协同外，我国也应该在国内制定相关的法律规定，保障我国域外公民的安全，同时和各类非政府组织合作，共同维护中东和平稳定。除此之外，由于中东地区资源丰富，成为域外势力争夺的重点区域，因此我国在该地区的建设还将会面临域外势力的干涉阻挠。对此，我国在推进“一带一路”建设的情况下，应力图扩大同各国之间的合作，寻求不同政策的契合点，互利共赢。

中东地区，作为“一带一路”建设的又一关键区域，在“一带一路”能源方面的建设过程中发挥重大作用，但该地区局势动荡，想要使得“一带一路”建设在该地区顺利运行，并非易事。

（3）东南亚

东南亚，位于亚洲的东南部，国家众多，地处亚洲与大洋洲、太平洋与印度洋的“十字路口”，域内马六甲海峡为重要的“战略咽喉”，地区地缘优势明显。我国“21世纪海上丝绸之路”的建设，必经东南亚，加之其位于中国周边，因此对于我国“一带一路”建设意义重大。在历史上，域内众多国家长期沦为殖民地，受西方影响深刻，在政治上难以摆脱对西方的依赖，加之目前美国重返亚太脚步加快，东南亚诸国在中美之间摇摆不定，许多国家经济上依靠中国，安全上依靠美国。中国崛起效应的影响，引起了新一轮的大国战略考量，并在美国的推力下，其他几个大国借着新时期南海问题、缅甸民主化等地缘环境的变化，调整了对东南亚的战略布局，从而加剧了东南亚地区大国互动关系的复杂化和大国战略博弈的炽热化，对我国

“一带一路”建设造成影响。[①] 下文试以中美在东南亚地区的关系为例，来展现我国在此区域所面临的地缘挑战。

美国重返亚太，既有美国的原因，也有东南亚国家的原因。当地一些国家曾是欧洲殖民地，菲律宾是前美国殖民地。冷战期间，一部分国家和地区的政府受到美国控制，成为美国的“反共基地”。直到今天，美国也一直与这些国家保持着极其密切的政治、经济、军事联系，在其境内建有军事基地，而且能够影响其政府高层，号令其国内的亲美势力。在诸多东南亚国家的心目中，美国过去是，现在也是世界的霸主，而且至少在今后一段时间内，也还会如此。中国虽然长期领导东亚朝贡体系，却在近代败于西方列强沦为半殖民地半封建社会。加之目前西方社会大力宣扬“中国威胁论”，东南亚诸国难以培养起对中国真正的“战略互信”，对中国崛起后的意图存在质疑，恐惧“修昔底德陷阱”的出现。因此，大多数东南亚国家转而依靠美国，来保护自身的安全，力图借助美国的势力，增强自身政治力量和国际话语权，从而最大程度上应对中国崛起对其自身的影响。

为应对我国“一带一路”建设的挑战，美国在东南亚地区，主要从以下几个方面对我国战略进行压制。第一，拉拢东南亚国家，加强对地区的控制，在改善传统盟友关系的同时发展新的盟友关系。同时，美国还积极支持东南亚一些国家在南海的错误举动，力图以此方式拉拢。例如沸沸扬扬的南海争端，不可避免地会影响我国“一带一路”政策的实施，这首先是因为一些东南亚国家为了南海经济利益，跑马圈地，侵犯中国主权。但问题的扩大与美国的积极支持密不可

---

① 参见方天建、何跃：《冷战后东南亚地缘政治变化中的大国战略调整述评》，《世界地理研究》2013 年第 9 期。

分，美方相继抛出了“保障自由航行权”等说辞混淆视听，同时增兵东南亚，促使南海局势进一步扑朔迷离。对于此问题，中方则以平等协商的态度，力求独立自主地解决南海问题，反对域外干涉，真诚地寻求问题的解决。第二，在经济上，美国力图主导TPP谈判，并通过提高准入准则，限制中国的加入，以应对中国崛起对其地区主导权的挑战。第三，美国还将澳大利亚作为重要的战略盟友，与澳大利亚相呼应，以求在最大程度上建立其地区主导权。澳大利亚近年来政治上逐步靠拢美国，允许美国增加驻澳军队，将澳大利亚军事基地化。从战略上来看，美国一贯重视以所谓第一岛链和第二岛链封闭中国出海口，澳大利亚是美国岛链战略的重要环节，而澳方态度对我国“一带一路”建设意义重大。

就美方重返亚太的影响而言，不仅影响到诸多东南亚国家，而且为中国“一带一路”建设增加了政治风险。

就东南亚国家而言，它们不可避免地受到美国战略的影响。具体来看，一方面，东南亚一些国家政策摇摆，不能真正参与“一带一路”。目前来看，中国与这些国家贸易兴旺，但政治互信程度不高。如果缺乏政治互信和政策沟通，“一带一路”剩下的四通也难以深入。另一方面，美方的介入影响了东南亚不同国家的世界观和义利观，在当今东亚一体化进程加快的今天，不利于域内各国的协调合作、平等交流，难以真正地推进一体化进程。

美国的战略也导致了中国“一带一路”建设的政治风险。一方面，美国的驻军战略导致南海军事化。东南亚国家在其非法侵占的岛礁上修筑大量军事设施，中国也被迫扩大岛礁，增加驻军。正常的资源开发活动难以进行，981号钻井平台事件就是典型例子。我国一向坚持的“搁置争议，共同开发”政策在本区域难以真正落实，这与美国背后的军舰“保护”不无关系。除此之外，同中国相比，东南亚诸国将自己视为小国，力图在国际舆论中占据话语权，制造有利局面，西方媒体同样与其步调一致，使得中方在该地区的能动性下降，面临着域内外的双重压力。总体来看，东南亚地区，尽管同中国一衣带水，但东南亚诸国对中国缺乏政治与安全信任，加之南海等岛屿主权争端问题，使得“一带一路”建设在此地区面临压力。另一方面，美国军舰驻在东南亚，随时可以切断“一带一路”的海上交通线，加之美方在此情报系统发达，不利于“一带一路”持续性建构。

综上所述，东南亚国家首先受美国控制程度高，加之在殖民时期，受西方价值观影响程度深，因此容易被现在的“中国威胁论”所迷惑，在安全与政治方面倒向美国。有可能造成的情况是，美方在重返亚太的背景下，将中方“一带一路”建设视为对其地区事务主导权的挑战，因此力图削弱“一带一路”的影响，东南亚诸国则会在美国的影响下对“一带一路”的地区建构施加压力。

对于上述问题，中国已经明确表示，“一带一路”尊重已经存在的合作机制，愿意与其对接，中国并不是想要通过“一带一路”的方式谋求主导权，而是作为号召者，力图分享自身发展红利，推动域内的共同繁荣，中国和东盟国家要使双方成为兴衰相伴、安危与共、同舟共济的好邻居、好朋友、好伙伴。[①] 因此，对于目前同东南亚地区的诸多争端，中方采取审时度势的态度，真诚地寻求同各国的沟通，发挥现存的政治机制的作用，扩大共识，逐步推动问题的解决。具体来看，一方面应宣传我国和平崛起的态势，将“中国梦”同“世界梦”结合起来，逐步实现政治互信，应对“中国威胁论”；另一方面，

① 参见袁新涛：《“一带一路”建设的国家战略分析》，《理论月刊》2014 年第 11 期。

可以继续保持目前“经热”的态势，将经济作为解决问题的突破口，共同促进贸易畅通，加大彼此的投资贸易合作，推动自贸区建设，消除贸易壁垒，进一步深化现存的中国东盟合作机制，在合作的过程中，展示中方诚意，逐步改变地区内部固有思维，在“经贸通”、“货币通”的基础上，实现“民心相通”，推进“一带一路”建设。

（4）非洲

“一带一路”官方文件指出，“一带一路”应该坚持开放合作，“相关的国家基于但不限于古代丝绸之路的范围，各国和国际、地区组织均可参与，让共建成果惠及更广泛的区域；同时提出，我国将通过“一带一路”逐步形成连接亚洲各次区域以及亚欧非之间的基础设施网络。由此可见，虽然非洲并非“一带一路”的重要沿线区域，但是非洲作为我国重要的合作对象，必然会受到“一带一路”战略的重大影响，受其辐射而获得发展。同时，中方也欢迎非洲兄弟的参与。从地缘方面来看，非洲土地广阔，资源丰富，人口众多，在全球化日益深化的今天，迎来了重要的战略发展机遇期。但是，非洲各个国家和地区发展水平差别很大，战乱频繁，政府控制力差，非洲过去的世俗战乱，使得一些国家事实上处于无政府状态，中央政府控制不了地方的部落和割据势力。世俗政治导致的战争还没有结束，宗教旗号下的战争却又开始。而非洲的地缘优势不仅吸引了西方各势力的角逐，而且还吸引了中东的极端组织前来招兵买马，划分地盘，以上对我国“一带一路”建设造成不利影响。具体而言，非洲的问题主要体现在以下几个方面。

首先，从域外势力来讲，美国、欧洲、日本等在政治上越来越看重非洲，而且经常针对中国调整自己的对非政策，这之间的大国博弈在所难免。例如，2008 年美国成立了非洲司令部，很大程度上是为了抗衡中国在非洲的影响力。目前来看，西方国家与各类非政府组织努力经营非洲，包括援助协作等手段，但都没能从根本上解决非洲问题，而中国在此时，积极发展对非贸易，为非提供无偿援助，提供了一条不同于西方国家的新的发展道路，从而引起西方国家的警惕，甚至提出“新殖民主义”来片面解读我国政策。随着“一带一路”建设铺开，西方可能针对中国加紧调整非洲政策。例如，在经济上可能整合其资源企业，并在劳动密集型产业上与中国开展竞争。另一方面通过非政府组织，力图制定高标准，限制中国企业的准入和发展。伴随着中国的转型升级，西方同样会做出调整，有可能更加强调其对“环境”、“人权”、“管理”的重视，试图挽回形象。对此，中方在官方文件中指出在投资贸易中应突出生态文明理念，共建绿色丝绸之路，这也是我国对西方强有力的回应，体现了大国的责任感与风范。总体来讲，我国在非洲地区“一带一路”的建构与辐射，面临着来自西方国家特别是欧洲所施加的压力。但是，这并不意味着中欧之间在非洲只能进行竞争。现在中国一些企业在非洲本地招募员工，经营劳动密集型产业，效果非常好。西方制造业经验丰富，品牌强势，技术先进，如将其在东南亚、墨西哥等地的企业迁移或拓展到非洲，将颇有竞争力。也就是说，中西方在非洲均享有重要的发展机遇，在此背景下，如果中欧能够协同共进，将会是惠及三方的幸事。

其次，非洲自身的问题影响“一带一路”的建设。最近有一种说法，认为西方企业正在集体逃离非洲。虽然还远远达不到逃离非洲的程度，但究其原因，一是因为政治不稳定和近期的埃博拉疫情等，二是因为非洲地区管理不便。这两类问题同样会影响“一带一路”的建设。具体来看，第一个因素是暂时的，但第二个因素则预示着战略调整，意味着企业和非政府组织间需要更好的配合。

再次，我国在非洲地区需重视非政府组织的影响，预防其所带来的威胁。西方的非政府组织通过配合其国内政治经济战略影响到我国“一带一路”的开展。这些组织在非洲经营多年，它们作为政治组织，具有很强的动员能力，善于组织示威、抗议等活动。同时，此类组织能够通过操控大众传媒的方式，引导区域舆论导向，如果不断煽动“中国威胁论”，将不利于我国“一带一路”的建设。西方非政府组织在发展中国家干扰中国工程项目施工的例子并不少，最典型的是缅甸密松水电站。事实证明，非政府组织虽然非政府，但绝不是非专业，特别是在有当地反对势力配合的情况下，会造成不良影响。也就是说，非政府组织既能为“一带一路”的建设施加压力，又善于为自己开脱。因为它们既有所谓“普世价值”，又是唯一的新闻报料人，而且自己便是媒体或者拥有媒体资源，这就相当于一个人在法庭上身兼法官、律师和陪审团。具体来看，“一带一路”建设在非洲展开后，这些非政府组织可能侧重于宣传中国企业劳动时间长，劳动条件差，掠夺非洲资源，破坏生态环境等，以此作为对比，来体现西方产业的优势。在实际行动上，非政府组织一方面可能鼓动道路、厂矿建设项目附近的居民对中国企业和当地政府进行示威，要求更多的补偿；另一方面抓住“一带一路”建设规模前所未有这一点，将“一带一路”政策同“中国威胁论”相结合，宣扬“新殖民主义”，从而增加同中国在非洲进行争夺的砝码。

最后，目前非洲的极端主义势力也日渐抬头，威胁“一带一路”建设。长期的贫困和战乱，使非洲许多人转而向宗教寻找解脱，而旧的部落传统加速解体，国家的控制力又还不够，各种政治势力都以宗教为名义扩大自身的势力。非洲过去就有基督教极端主义，现在又增添了伊斯兰教极端主义。同时非洲以外中东等地的宗教极端主义者，也把目标指向了非洲。从这个角度说，非洲和中亚、中东一样，正处在一个重要的转折点，即旧的条件和限制瓦解了，新的因素还正在增长，一时给极端势力留下了空间，这给我国“一带一路”的建设增加了巨大的不确定性。为应对非洲极端势力的挑战，西方国家从不同方面对其进行了干涉，力图维持地区稳定。但以实际效用来看，西方过去的“援助”，在非洲的“非政府组织”，向非洲各国推销的所谓“顶层设计”，并不能从根本上消灭非洲战乱和极端思想的基础。因此，我国在建设“一带一路”的过程中，应吸取西方经验，进行创新，立足于设施联通和基础设施建设，以物质的力量武装非洲国家和非洲人民，从而应对极端势力的威胁。

3. 政治风险应对

“一带一路”沿途、沿线诸多国家中，目前表态支持的有50多个，但是无条件支持的并不多。多数国家指望“一带一路”给他们带来收益，并未准备好投入，一些国家的势力甚至公开恐吓，“支持不足而捣乱有余”，可能配合外界干扰“一带一路”建设。政局不稳或对华关系紧张，更导致立场的逆转。基础设施投资都是战略性、长期性的，有赖于沿途国家的政局稳定、对华关系稳定。要防止可能的颜色革命干扰和对华挑拨。

如何确保“一带一路”的安全？换言之，如何将利益共同体变成利益+安全共同体？中国如何与有关国家合作，提供安全公共产品？针对“一带一路”的政策、设施、贸易、资金、民心“五通”的政治风险，首要的要处理好以下挑战：

（1）美国的战略围堵

“一带一路”是需要几代人持续不断的艰苦努力才能建成的伟大事业，如何处理好与美国主导的现行国际体系及全球化关系？美国可能的破坏包括：一是美国的联盟体系破坏“一带一路”建设：与沙特的特殊关系怂恿三股势力搅局。二是为维护海上霸权，不断强化印太战略，加强亚太、印度洋军力，重点利用东亚海洋领土争端，挑唆声索国制造事端，企图“以邻制华”、“困龙浅滩”，遏阻中国“海洋崛起”。三是策动沿途国家（尤其是缅甸、越南、中亚国家）的颜色革命。四是加紧通过利益集团代言人对我施加影响，策划推动“五独”势力的合流，推动台湾加入 TPP。五是与日本一道，借助基础设施建设的环保、劳工标准等，利用亚行阻止亚洲基础设施投资银行，败坏“一带一路”声誉。

当然，战略分析总是从最坏处着眼，追求最好。现实表现中，美国并非一味反对，或围堵我“一带一路”战略。未雨绸缪，必须以中美新型大国关系建构，化解美国的战略疑虑，破解美国可能的战略围堵。美国是实用主义的国家，美国公司、个人可能率先参与“一带一路”战略规划、实施，推动美国政府更新观念，转变看法。我们也尽可能将美国利益融进来，引导、塑造美国对“一带一路”的认识，并以其盟国态度反推美国立场变化，使之朝向有利于、至少不妨碍或少妨碍“一带一路”建设的方向发展。

（2）俄罗斯的战略猜疑

历史上，丝绸之路的兴衰与俄罗斯、奥斯曼帝国的兴衰密切相连。“一带一路”的关键挑战，在海上是美国，在陆上是俄罗斯。欧亚经济联盟 2015 年 1 月 1 日起正式投入运营，其成员国包括俄罗斯、白俄斯和哈萨克斯坦。根据条约，俄白哈三国将在2025年前实现商品、服务、资本和劳动力的自由流动，终极目标是建立类似于欧盟的经济联盟，形成一个有1.7亿人口的统一市场。该组织还将吸纳新成员，2015年，亚美尼亚、吉尔吉斯斯坦加入欧亚经济联盟，不排除塔吉克斯坦和乌兹别克斯坦在未来加入的可能性。如果算上吉尔吉斯斯坦，现有三个联盟成员国与中国接壤。其中哈、吉均为中国“丝绸之路经济带”上的重要国家。普京曾表示，经济联盟将成为独联体地区的一个经济引擎，成为一个新的世界经济中心。

俄罗斯对“丝绸之路经济带”的态度一度是警惕和紧张的，一是怕绕过俄罗斯；二是怕与欧亚经济联盟相对立；三是怕取代上合组织。经过不断做俄罗斯政府工作，终于取得其支持，并将其远东开放和远东铁路改造项目融进“丝绸之路经济带”建设，以中蒙俄经济走廊带动俄罗斯经济发展，并且同意将欧亚经济联盟与“一带一路”对接。在具体规划、实施中，需要中方始终考虑俄方利益，寻找丝绸之路经济带项目和欧亚经济联盟之间可行的契合点。因此，俄罗斯对丝绸之路经济带可能带来的麻烦不只是以其主导的地区合作组织分化有关国家，更在于欧亚经济联盟的不接轨，不是按照市场经济规律办事，与“一带一路”理念、体制不兼容——铁轨的不兼容还是技术层面的，观念上的不兼容更麻烦。

(3) 印度的战略不合作

在2014年底于中国人民大学演讲中，印度著名中国问题专家谢刚称，印度未表态支持“一带一路”理由有三：一是成本巨大（要8万亿美元大规模投入），印度不愿投入，担心无法获益。二是所经地区争议、动荡，比如经过克什米尔地区，孟中印缅经济走廊经过缅甸不稳定地区，中巴经济走廊经过不稳定弧等。三是担心被中国包围，尤其是从海上、陆上恶化印度安全环境，担心美国的介入影响其独立自主性等。

但是，印度并未公开反对“一带一路”战略，甚至赞同将东北邦开放融入孟中印缅经济走廊建设，对中国的工业园区、经济特区建设经验十分看重，是可以争取的。针对印度的大国心态与安全关切，中印可效仿中日21世纪友好委员会机制建立中印21世纪友好委员会，加强战略磋商、地方交流，推动民间智库联系，探讨中印在印度洋、南海合作开发、经营的可能性。

（4）日本的战略搅局

作为美国的盟国和中国的战略竞争者，日本一定不会坐视“一带一路”成功，可能成为美国联盟“使绊战略”的排头兵。日本在丝路沿途国家经营多年，“一带一路”动其奶酪，可能采取如下措施破坏：一是在中南半岛、孟加拉湾搞互联互通与我唱反调；二是利用其对外直接投资（FDI）优势搅局；三是通过非政府组织破坏我项目；四是利用亚行基建项目与我竞争。

当然，日本并非不能争取。中日韩自贸区、外长会晤以及中美新型大国关系建构，都在化解日本可能的战略搅局。“21世纪海上丝绸之路”向北部延伸，联通韩日，是东北亚和平稳定的希望。

如何应对有关风险？应确立两容、两分、两轨思路：

所谓“两容”，一是与当地已有合作架构的兼容，尽量不另起炉灶；二是与域外力量的包容，不是排挤俄美欧日等域外势力。美国的比较优势是军事联盟体系，中国的比较优势是人、技术、经验和地缘，可以参照北约与欧盟的合作模式——北约提供欧洲的硬安全、欧盟提供软安全服务，避免重复、竞争——实现中美新型大国关系在“一带一路”的兼容。

所谓“两分”，就是分好工、分好责，不能全包。金融投资不能央行托底，安全风险不能解放军托底，必须让当地利益攸关方和社会力量对接上，把我要维护安全变成他们要维护安全，把我们的风险变成他们的风险。

所谓“两轨”，就是针对沿线及域外国家的各种心态，在以下方面同时推进：

一是安全与经济双轨：与有关国家的领海主权争端通过双边谈判的方式予以解决，但不影响海上丝绸之路的推进。美国提出 TPP，并没有人质疑美国与这些国家还有双边的利益冲突。这就提醒我们，应该强调海上丝绸之路作为推进区域合作倡议和国际公共产品的价值，不受历史和现实冲突的干扰，避免把它说成是中国单方面推进的战略；

二是双边与多边双轨：与沿线国家的双边合作，比如自贸区、投资协定谈判很重要，多边的经济走廊，如孟中印缅经济走廊很重要，是联系海上与陆上丝绸之路的纽带，两者相辅相成、相得益彰，共同拓展经济合作、互利共赢新模式；

三是南海与印度洋双轨：南海是海上丝绸之路的重要一站，印度洋是古代海上丝绸之路的终点站，对于联系亚非欧大陆至关重要，两者都是通达欧洲终点站的必经之道。通过瓜达尔港、克拉运河绕开马六甲海峡，是双轨推进南海、印度洋的可行举措。

当然，双轨是形式，不是目的，最终要实现双轨统合，一盘棋推进。从外部环境讲，美国仍然是牛鼻子，要摒弃绕开美国的侥幸心态；俄罗斯、海湾国家合作组织、印度、伊朗、土耳其等是关键节点，欧盟是抓手。除了与陆上丝绸之路精神相通内容外，海上丝绸之路更强调开放、包容、透明原则。海上丝绸之路合作要照顾各方关切，才能成为中国对外关系的新亮点。

最后，要抓住欧洲。“一带一路”并非我单向推，终点站是欧洲，需要西头来主动对接。尤其是要借助欧洲运筹好中美俄大三角关系，调停乌克兰危机。以中欧新型全面战略伙伴关系，推动中欧海洋合作、第三方合作、网络合作，共同致力于政策、设施、贸易、资金、民心等“五通”，管控好“一带一路”风险。推动欧盟加入“海上合作组织”；与欧洲国家合作共同经营中亚、中东、西亚北非市场。提升互联网国际治理的话语权；抓住美国放弃全球互联网域名管理权的时机，联手欧洲推动互联网国际治理民主化。

（二）安全风险

“一带一路”覆盖地域广，涉及诸多地区利益关系复杂，面临各类政治风险，而这些政治风险同安全风险又具有密切的联系。“一带一路”战略不仅是战略家的事情，更是千千万万建设者的事情，是中国人民和沿线国家人民的事情，是世界人民的事情。这一伟大的倡议，必须通过欧亚大陆各国人民的实践才能变为现实。在实际的建设过程中，将会面临各类安全威胁。因此，在“一带一路”建设过程中，需要高度关注各类安全问题，未雨绸缪，为“一带一路”的顺利开展保驾护航。具体而言，各类安全风险如下。

1. 传统安全与非传统安全

所谓的传统安全，主要指的是军事、政治、外交等方面的安全，同国家之间的军事冲突相联系。在中国和平崛起的今天，绝不会贸然发动针对沿线国家的军事行动。但是在中东等某些热点区域，有可能面临域内国家武装冲突所造成的威胁，使得“一带一路”建设放缓。但是，在实际建设过程中，所面临的更多的是非传统安全的威胁，即在战争之外所面临的威胁，其覆盖面广泛，例如恐怖主义威胁、生态污染、信息安全、资源安全等。由于和平与发展逐步成为时代主题，世界上大规模战争爆发的可能性微乎其微，因此中国在应对非传统安全方面应给予重点关注。具体而言，中国在“一带一路”建设的过程中遇到的非传统安全主要包括以下几个方面。

（1）自然风险

“一带一路”建设首先是与大自然作斗争。“一带一路”建设，横亘广袤的欧亚大陆，自然条件多样，多样性的地貌特征也带来了多样性的自然风险，并且大多数灾害同气候条件等密切相关，如泥石流、滑坡等，具有不可预测性与突发性。一旦自然灾害发生，一方面会影响“一带一路”工程进度、工程质量和建设者的安全，另一方面影响竣工后的运行和维护。如果“一带一路”项目运营不善，还可能破坏环境。这些问题不仅会造成财富流失，而且还将损害“一带一路”战略的声誉。自然风险同地理因素密切相关，多为不可抗因素所引起的安全风险，对于此类风险，应该加强监测，强化预警机制。

（2）环境风险

在我国的官方文件中，创新性地提出了“绿色丝绸之路”这一发展思路。这意味着，在“一带一路”建设的过程中，应重视对环境的保护，本着负责任的态度，合理开发，适度开发，采取科技手段应对环境威胁，在发展经济的同时建设绿水青山。目前来看，“一带一路”许多沿线国家生态环境脆弱，缺乏治理的经验和技术，一旦发生环境破坏，破坏性强，影响范围广。例如，草原荒漠化一旦发生就会自行扩展，必须投入大量人力物力治理；公路铁路建设需深入人迹罕至的地区，这一方面可能阻碍野生动物迁徙，另一方面公路上司机和乘客丢弃的垃圾，日积月累，也会造成污染。这就需要沿线国家加强协调，制定“一带一路”建设过程中的环境标准，并严格执行。除此之外，“一带一路”建设的其他工农业建设项目也有环境风险。粗放型的开矿可能会破坏土地，造成粉尘、废水、废渣污染；其他的工业项目也存在风险，如电解铝污染空气，纺织印染污染河流等；农业生产中，过度放牧，盲目开垦森林，盲目建造大型农业项目等，都可能破坏当地的生态环境。

尤其需要注意的是，自然风险可能导致政治风险。例如，东南亚一些流经多国的河流遭到污染，可能造成跨国问题。又如中亚一些地区过度用水、捕捞，加重了中亚地区已经严重的水资源问题。以上行为，不仅破坏环境，而且损害“一带一路”沿线国家内部的团结，因此在实际开采过程中，需树立“一损俱损，一荣俱荣”的共同体意识。

(3）极端势力的威胁

“一带一路”沿线有大量的极端势力，其中一些有相当的力量和作战经验，例如目前活跃在中东地区的伊斯兰国极端势力（ISIS），“伊斯兰国”组织利用叙利亚、伊拉克乱局迅速崛起，已构成国际恐暴势力主干，不仅威胁叙伊两国政权，而且催生“溢出效应”，对地区和全球安全构成挑战。① 我国在中东地区“一带一路”的建设，也很可能受到“伊斯兰国”组织的影响而放缓。

目前来看，中亚、非洲、东南亚地区的“中东化”危险加剧。“一带一路”沿线国家的极端分子在“一带一路”倡议之前就已经存在。在其内部，各极端组织在意识形态和力量上都不一样。就其分类而言，中亚和中东地区狂热的宗教组织较多，东南亚和非洲地区世俗化的极端组织较多。

极其狂热的宗教极端组织，其成员从上到下都相信宗教极端思想，这就导致它们对现实中的政治利害关系考虑较少，常常四面出击，也就四面受敌。这就造成它们吸纳新成员困难，而且被迫频繁移动，所以往往规模不会太大，但战斗力和战斗意志较强。

世俗化的极端组织虽然也打着宗教旗号，但上层领导人实际上只是利用极端主义思想来招兵买马，因此这类组织可以吸引更多成员，而且在政策上也较为灵活，生存能力较强。它们在认为袭击得不偿失时，可能放弃。因为庞大而松散，组织发动袭击的能力下降，其成员的狂热程度和战斗力较差。

从军事素质上说，极端势力均具备一定程度的作战能力，因而对我国“一带一路”建设造成威胁。中亚中东等地的不少极端组织成员曾与苏、美、英等国军队作战，经验相当丰富，有一些还曾经参加过正规军队。特别是在美国出兵中东和阿富汗之后，它们获得了在高技术条件下对正规部队作战，特别是进攻车队和据点的经验，更有战斗力。东南亚的武装组织长期与各国政府军作战，特别善于利用当地的地形和气候进行伏击，也能在袭击之后迅速隐蔽，生存能力强。而

① 董漫远:《“伊斯兰国”崛起的影响及前景》,《国际问题研究》2014 年第 5 期。

非洲许多武装组织虽然人数众多，但缺乏训练，不敢打硬仗，也不善于攻坚，但机动性强，善于利用当地的政治和社会条件保存自己。

从“一带一路”的性质和作用来看，极端势力有可能阻碍“一带一路”建设。

首先，在意识形态方面，“一带一路”同各极端势力相冲突。“一带一路”意在实现地区富裕，财富共享，而各极端组织则以打击现存政权，掌握国家权力为目标，两者之间的冲突不言而喻。较世俗的极端组织，其头目可能不会冒险打击“一带一路”建设，但由于组织内部成员复杂，其手下的部分狂热分子很可能擅自行动。同时，某些地区内部极端组织众多，内讧在所难免，因此极端组织之间也存在竞争。在“一带一路”建设问题上，某些组织也可能会以保护“一带一路”建设为噱头，实现打击对手的目的。还应该考虑的是，在“一带一路”的建设过程中，需要加强同地区政府之间的合作，但是由于极端组织同地区政府之间存在矛盾，因此会将打击对象转而指向“一带一路”建设。

其次，从“一带一路”的作用来看，这一倡议对于极端组织的发展不利，因此会遭到其反扑。“一带一路”倡议进行政策沟通，同时修建道路，加强基础设施建设，这种包容式的发展方式，有利于推动各国共同富裕，增强了国家之间的相互交流与理解，对于减缓地区内部的民族、历史乃至政治争端大有裨益，有利于实现区域整体大环境的改善。对地区的繁荣发展来看，“一带一路”意义重大，但是这对于极端组织的建设来看，却极为不利。一方面，各国关系的逐步改善，使得可以被极端组织加以利用的各类矛盾减少，极端组织难以获得持续性发展，开展跨国界活动的可能性降低。同时，中国政府同各国政府的合作也会成为反对极端势力的重要力量；另一方面，作为极端组织重要组成部分的普通群众基数将会下降，在“一带一路”带动经济蓬勃发展，人民生活水平不断提高的前提下，极端组织难以通过笼络的手段俘获大批民众，存在的基础性受到威胁，也就是说其社会影响力将会逐步降低。以上两点，使得极端势力很难融入到“一带一路”的建设中去，在实际的操作过程中，应该对此严加防范。

(4) 非政府组织的威胁

我国在开展“一带一路”建设过程中还有可能会面临以西方为主的非政府组织发动群众、进行抗议的风险。“一带一路”倡议提出之前，我国的海外建设项目已经遭遇了抗议攻势。对此，我国应该加以重视。

这类抗议的群众基础，一般是以非政府组织为主体，在当地招募积极分子，发动群众运动。非政府组织的宣传策略十分高明，以学生、青年等为目标群体，以道义、人权为切入口，对其宣传西方理念，利用当地群众思想的不成熟之处，从而达到自己的目的。例如，“一带一路”建设一方面要建立很多资源企业，另一方面要发展交通运输业和轻重工业，就很可能被非政府组织指责为掠夺所在国资源，破坏生态环境，它们便可以此为由，发动群众，进行抵制。在“一带一路”建设之初，我们可能面临大规模的抗议。在政治不稳定的国家，甚至可能吸引各方势力参与，并进一步演化为大规模的动荡和颜色革命。

在实际的操作过程中，由于非政府组织难以提出解决问题的方案，因此其善于将矛盾引向政府。在“一带一路”的建设过程中，中国的善举很有可能被西方各类非政府组织曲解为“中国威胁论”下的地区主导权建构。这样一来，西方世界一方面将其对中国的阻挠，伪装成当地群众和政府与中国的矛盾。另一方面又将问题上升到所谓

“生态”、“人权”的高度，向当地灌输西方“普世价值”思想，将问题政治化、国际化，从而达到削减“一带一路”作用的目的。

就“一带一路”本身来说，抗议的影响主要表现在两个方面。首先，抗议将导致项目停工。“一带一路”以设施联通为先导，非政府组织可能煽动群众到交通干道上静坐，使其不能通车。早在苏联解体以前，要求脱离苏联的立陶宛等国民族主义者就是这样做的。如果在“一带一路”沿线国家首都附近发生这种情况，可能导致城内断粮，这就可能发生政治动荡。我们在这方面的经验不够，也没有制定出可行的预案。其次，这一类的活动还可能被极端势力利用。极端势力可能抓住机会积极参与抗议，并以抗议者作为掩护，使抗议暴乱化。如果极端势力对密集的抗议人群发动袭击，造成大量伤亡，影响将更恶劣。

“一带一路”建设有可能面临的抗议问题同极端主义问题一样，也要通过“一带一路”本身来解决。一方面，“一带一路”带来沿线整体经济发展，将解决所在国大量已有的社会矛盾。另一方面，“一带一路”建设者不应该把自己和当地群众隔离开来，而应该积极接触群众，了解他们的愿望和诉求，以包容的姿态欢迎当地群众广泛地参与到“一带一路”的建设之中。同时，在此过程中，从当地实际出发，为当地着想，让当地的群众特别是青年真正认识到中国人为何而来，“一带一路”倡议因何而起，把“一带一路”当作自己的道路。

（5）海上安全风险

我国“21 世纪海上丝绸之路”途经世界诸多著名海峡，在海上安全方面存在风险，以海盗问题为例，近年来，各国联手，共同应对海盗威胁，但都没能取得良好效果，海盗问题依旧屡见不鲜。在“一带一路”建设展开的过程中，我们应建立有效的监督机制，解决船上安保人员配置问题，同时在进入海盗猖獗水域时，应开展反海盗活动，加强同地区国家的合作，共同应对海盗风险。中欧携手在索马里地区反海盗，为应对此类威胁提供成功个案。

2. 国内安全与国际安全

（1）国内政策设计与实施

“一带一路”建设属于持续性建设的远期项目，在实际的机制设计之中，很难做到十全十美，下文是笔者对于项目建设的浅见，具体效果还需在实际的建设过程中，加以检验。

首先，从“一带一路”的项目设计来看，“一带一路”建设项目数量多，相关性配套保护措施少，如果针对机制的弱点集中力量打击，成本低，效果好。“一带一路”诸多项目的建设同时铺开，但其建设者自身往往既没有武装，也没有军事训练和战斗经验，保护每个项目的能力有限。例如，“一带一路”工地、矿山等往往位于居民稀少的地区，增援需要较长时间。如果突然遭到极端势力围攻，可能迅速被攻占。公路铁路等交通线动辄绵延成百上千公里，范围广阔，难以处处分兵把守，只要破坏一处，就可能全线瘫痪。

其次，“一带一路”由于需要大量的劳动力资源，这其中容易出现问题。一方面，由于中国需要协助当地进行基础设施的建设，因此需要对外输出人才，在这一过程中就存在着人才培养的问题。“一带一路”建设过程中专家与相关技术人才的培养，不仅需拥有过硬的技术水平，还需了解当地实际情况，能够快速且高效率地融入当地，集中力量进行建设。同时，还需要做好此类人群的安置工作，从国家战略设计层面保护其人身安全、财产安全。另一方面，“一带一路”建设需要吸纳地区诸多劳动力，如处理不当，也会造成诸多问题。例如，在实际的操作过程中，由于工作人员数量巨大，很难精准地统筹诸国工作人员，这就为极端组织成员进行干涉提供了可能性，他们可混入“一带一路”建设项目内部，平时收集情报，在袭击时则可充当内应，带来挑战。又如，极端势力有可能通过挟持人质的形式来威胁政府，要求政府妥协，以放缓我国实际建设进程，我国应关注此类非传统安全的问题。

在具体的解决路径上，关键在于将长期风险化为短期风险，正如在官方文件中所指出的，一年多来，中国政府积极推动“一带一路”建设，加强与沿线国家的沟通磋商，推动与沿线国家的务实合作，实施了一系列政策措施，努力收获早期成果。这样的思路还需进一步深化加强，不断完善机制架构与政策设计，同时在“一带一路”的建设过程中，一方面要建立同各国的安全合作机制，结合不同地区的现实情况进行政策设计，积极以政治手段应对风险，坚决打击极端分子。另一方面充分发挥“一带一路”的优势，继承传统丝路开放并包的精神，在分享中国发展红利的过程中，使当地群众感知“丝路”优势，促使民心相通。

同时，“一带一路”政策提出后，引起了国内外的重视，对“一带一路”政策做出了各类解释，但内外难以形成统一，对我国“一带一路”建设造成影响。

一方面，我国“一带一路”倡议提出之后，尽管我国在 2015 年 3 月 28 日发布官方文件，但是在此之前，西方世界已经针对“一带一路”进行了解读。在西方的解读中，许多国家将“一带一路”同“中国威胁论”挂钩，将“一带一路”与帝国主义、殖民主义、谋求地区主导权相挂钩，对中国的政策做出了不当解读。当今时代，西方社会享有巨大的发言权，而广大的发展中国家，很容易受到西方国家的影响，对中国的政策产生误解，影响“一带一路”的开展。对于西方对中国的片面看法，我国在文件中指出，在“一带一路”的建设过程中，我国会坚持互利共赢，也就是兼顾各方利益和关切，寻求利益契合点和合作最大公约数，体现各方智慧和创意，各施所长，各尽所能，把各方优势和潜力充分发挥出来。中方愿同各国合作，以自身的实际行动，使世界看到中方的努力与诚意，改善舆论环境，实现共同发展。

另一方面，就我国国内而言，国内各省份，争相搭上“一带一路”的快车，希望能够从这一政策中获益，很多省份，包括新疆、陕西、甘肃、宁夏、青海、重庆、云南、四川、山西、浙江、江苏、山东、湖北、福建、河南、贵州和西藏等17个省区市将丝绸之路经济带列入了2014年度政府工作报告之中。这17个省区市经济规模之和占全国比重高达55.9%。[①] 在这些省份之中，存在着部分条款重合，机制重叠的现象，造成了不必要的财力与人力浪费。具体而言，各省应按照官方文件中不同地区目标定位，结合自身实际情况制定政策，而非一味地跟风随潮，真正地发挥“一带一路”在促进地区经济发展，缩小东西差距，深化我国改革开放方面的积极作用。

以上为国内政策设计的风险。除此之外，在实施的过程中，还有可能面临各类问题，引发事故，从而影响“一带一路”的建设。

“一带一路”建设要求做到设施联通，但如上文所述，沿线各国自然条件多样，要实现真正的“互通”还需攻克诸多难题。在国内，伴随着我国铁路事业的迅猛发展，我国在沙漠、亚热带丛林、高原、

① 郭芳、谢玮：《“一带一路”：新全球化时代的经济》，《中国经济周刊》2014年8月。

高寒地带均有路轨修筑经验，但是，这难以照搬至诸国，每个国家乃至每个具体的施工地点，都有其自身的情况，都可能出现意想不到的问题。在“一带一路”建设中，高铁、公路、铁路、矿山及一切工程建设项目，都对设计施工质量有着严格的要求，因为这关系到人民群众的生命安全，任何事故都有可能变成政治事故，给“一带一路”建设带来冲击。

应当考虑到，我国在国外的施工面临诸多问题。第一，材料搜集困难。在国内施工很容易获得地质资料、气象水文资料等必要的材料，和有关部门协作也较为便捷。但是，在国外，资料搜集难度大，开发经验少，在一些不发达的国家和地区，可能由于勘察能力有限，大型工程修建较少，有许多潜在的自然风险，并且没有被发觉，因此就可能在工程竣工之后带来事故。中国方面，一旦同意勘察和规划，就需要担负起发现风险及解决问题的责任。需要格外注意的是，国内抑或国际所通行的“标准”，未必符合当地的特殊情况。我国在施工过程中，应该因地制宜，根据不同地区的实际情况，制定相关性政策，避免事故的发生，这就对我国勘察、设计和施工提出了更高的要求。第二，选址的特殊性。工程建设中可能会发生事故。“一带一路”工程项目特别是采矿、采油等，本身就有一定的危险性，工程选址往往不仅是在基础设施较差的国家，而且是在远离人烟的地区。一旦发生事故，如何及时救治伤员，特别是如何将大量伤员送至医院，需做充分准备。如何对参加工程建设的当地职工进行岗位安全教育，也要预先考虑。

我国应当考虑到运营中的事故问题，主要表现在以下三个方面。第一，从设施联通来看，公路、铁路特别是高铁建成之后，由于全线地理覆盖范围广，存在着突发性自然灾害的可能性，这就需要第一时间发现问题并及时解决问题，保证道路畅通。除此之外，道路基础设施可能老化损坏，如降雨和洪水导致电气设备短路或冲毁公路路基，泥石流阻断铁路等。在草原和丛林地带，时刻可能有野生动物从各处横穿线路，撞击铁路，从而引发事故。以高铁为例，伴随着"高铁外交"的兴起，高铁也成为了我国重要的对外建设项目，对于"一带一路"建设意义重大。高铁，尽管能够促进不同区域之间的互联互通，便利财富与人员的流动，但在实际的建设过程中，却面临诸如人员培训、铁路维护与应急处理等诸多问题。对此，我们必须一方面加强人员培训，布置训练有素的巡线、调度、驾驶和维修、维护力量；另一方面利用先进手段改进设备，增强可靠性，在交通线全线设置有效的监控网络，同时定期展开铁路维护，最大可能地解除事故隐患。除此之外，还需要我国加强与当地铁路部门的沟通，以协作的方式，定期检查，组织双边培训，共同保证铁路的顺利运行。第二，在水上交通方面，虽然我们对于"一带一路"沿线港口已经比较熟悉，但事故的可能性依旧存在。虽然目前船舶配有各种专用和兼用的呼救设备，但一旦发生问题，部分国家实际的救援力量却很薄弱，这就要求在"一带一路"的建设中，应致力于在沿线各港口建立起规范有效的救援力量。第三，开发不当可能永久毁坏自然资源。如煤矿火灾可能造成地下煤层着火，不仅浪费煤炭资源，阻碍开采，而且破坏地表植被，造成严重的空气污染。而开采石油、天然气等也都伴随着各自的环境风险。我国、美国、印度、印尼等国有这方面的教训。治理煤层着火需要大量的资金、技术、物资与人力，而且是一项长期工程。一旦发生，对于"一带一路"建设和所在国都是很大的打击。

(2) 各区域的打击与联结

"一带一路"建设遍及全世界，沿线沿路国家自然社会条件复杂，各类势力层出不穷，这些极端力量如果进行联合，在“一带一路”沿线不同区域与国家，同时展开行动，这对于我国“一带一路”建设，将会造成不小的打击。

一方面，从各区域来看，每个区域都存在着对我国“一带一路”建设进行打击的可能性。

中亚、中东有很多一马平川、难于设防的地区，而不少交通要道要通过地形崎岖，适合伏击的山区。以平原地区为例，一方面，平原有利于增强机动性。极端分子可以平时分散，准备袭击时迅速集结，实现最大的打击力度。同高原山地比，行动效率大为提升；另一方面，平原地区便利了极端分子的伪装。在平时，他们可以伪装成牧民，一方面简化了后勤，另一方面也使我方难以确认其身份，增强了隐蔽性。

东南亚很多地方山高林密，其地理气候特点导致交通线两侧和工程项目四周密林遍布，缺少缓冲地带，车队或列车容易遭到突袭。同时，应该考虑到，建筑以及道路，一旦在热带、亚热带丛林中遭到破坏，其修复难度较大，不利于“一带一路”的开展。东南亚地区内河航运也面临着类似的问题。东南亚一部分地区河道弯曲，水流平缓，两岸都是密林。这一方面导致不管是商船还是巡逻船，都只能低速行驶，难以躲避突袭。另一方面，河盗可以在河岸上依托植被和工事就近隐蔽大量兵力，弥补其射程和兵员素质的劣势，对船运构成极大的威胁。如果同时在河道内敷设水雷或障碍物，或将河盗船甚至爆破艇伪装成民船、渔船袭击，拦阻我船队，破坏性更大。

非洲的地形和气候综合了中东、中亚和东南亚的特点，也就综合了这几个地区的问题。而且由于非洲广大的面积，极端势力可能实现跨国流窜，问题变得更加严重。

另一方面，我国还需应对不同区域或者域内极端势力的结合对我国"一带一路"建设所造成的影响。下面，试以上文所提到的中亚地区的"颜色革命"与"三股势力"为例来进一步阐述这一问题。"颜色革命"与"三股势力"在地缘上导致了区域的不稳定，但更为重要的是，随着"一带一路"建设如火如荼地开展，必然会对"颜色革命"与"三股势力"造成打击，这就为两者的"合流"创造了条件，影响我国"一带一路"建设。需要注意的是，"三股势力"和"颜色革命"虽然可能勾结，但不一定公开勾结，马上勾结。具体而言，一方面，从"颜色革命"方面讲，它们的口号是"民主自由"和"西方文明"。公开同"三股势力"相合流，就要脱下"非暴力"的外衣，这样不仅可能失去追随者，而且将遭到直接打击，还将引起西方不悦。因此，同"三股势力"集中性的整合并不能使其利益最大化。另一方面，从"三股势力"的角度讲，"三股势力"多为恐怖主义、分裂主义、极端主义力量，目前来看，还具有充分的活动空间，如果此时同"颜色革命"势力相合流，反而会受制于"颜色革命"导致活动难以开展。虽然以上原因导致"颜色革命"和"三股势力"近期难以公开联合，但是随着"一带一路"建设的不断发展，社会格局不断稳定，经济日趋繁荣，这意味着"颜色革命"和"三股势力"的活动空间会被大幅压缩。因此，为了保持其自身活动的持续性，从长期看，两者会在具体问题上日趋合作。以中国在中亚的工程项目与企业为例，中国目前在中亚地区，将诸多工程项目投资作为"一带一路"建设的重要切入口，在促进实现"贸易通"与"货币通"，加强基础设施建设方面，发挥着重要的作用，这对于极端势力是极为不利的。因此，无论是"颜色革命"抑或"三股势力"都会将"一带一路"中的诸类经贸建设作为重点领域进行防范，这就为两者的合流提供了现实的条件。双方在不同程度上的防范打击，一方面分散了各国政府以及上合组织的资源，使得“一带一路”建设难以在短时期内聚集人力、财力，使得工期拉长，进程放缓。另一方面使“一带一路”的声誉受损，不利于“民心相通”的实现。

总体来讲，本章从传统与非传统、国内与国际这两个维度，论述了“一带一路”建设中的安全风险。但是，在“一带一路”建设开展的过程中，面临的风险是多样的，笔者以上仅仅阐述了问题中的一些典型表现。随着“一带一路”的深入开展，各类经济、政治、文化等问题也会逐步凸显，我国需保持审慎的态度，按照不同地区的实际情况，真诚地同各国沟通，共同促使问题的解决。

（三）经济风险

“一带一路”愿景与行动将以创新的经济发展模式，通过“丝绸之路经济带”，把欧亚大陆整合起来，连接世界上最具活力的两大经济圈，力求在分享中国经济发展福利的同时，实现整体的繁荣发展。正如“一带一路”愿景与行动文件中所指出的，中国将一以贯之地坚持对外开放的基本国策，构建全方位开放新格局，深度地融入世界经济体系中。

1. 经济风险总述

全球经济在2014年的增长略有改善，但增速依然持续在低位徘徊，仅为2.6%①，绝大多数经济体国内生产总值增幅较国际金融危机之前相比明显偏低，而且发达国家经济分化加剧，发展中国家发展增

① 参见联合国《2015年世界经济形势与展望》报告。

速明显放缓。21世纪是以和平、发展、合作、共赢为主题的新时代，“一带一路”致力于亚非欧大陆及附近海洋的互联互通，构建全方位、多层次、复合型的互联互通网络，实现沿线各国多元、自主、平衡、可持续性的发展，因此，面对复苏乏力的全球经济新形势和纷繁复杂的国际与地区局面，我们需要更加警惕和防范“一带一路”建设过程中的经济风险，守护“一带一路”给全球经济带来的贡献和成果。

(1) 短期来看，需警惕全球货币政策分化的风险

最近几年，全球经济不均衡增长，各主要经济体的货币政策也在走向分化。一方面，美联储于2014年10月底正式推出QE，并预计在2015年下半年加息；另一方面，日本实施了规模空前的量化宽松政策QQE，继瑞士、丹麦、加拿大、土耳其等国相继降息后，欧央行于3月9日起正式启动欧版量化宽松货币政策，每月采购600亿欧元资产，直至欧元区通胀回升到2%，全球低利率的时代并未因美联储退出QE而结束。

2007年国际金融危机以来，发达经济体宽松的货币政策导致大量国际资本流入新兴市场，一旦美联储加息，新兴经济体将面临资本外流和本币贬值等多重压力，其对新兴经济体的冲击不容小觑。“一带一路”沿线多为发展中国家，存在金融基础设施薄弱、资本监管不到位等问题，容易受到发达经济体货币政策变动的影响。部分经济体，比如印尼、俄罗斯和土耳其等，存在严重的经常账户赤字和信贷过度增长问题，外国投资者对本地债券市场的参与度较高，其抵御外部风险的综合能力较差。发达经济体货币政策的突然“变脸”很有可能会给这些沿线国家资本市场带来巨大的损失，甚至给跨境资本流动带来风险。

而主要经济体的货币政策走向分化必将导致资金走向分化，大剂量常规和非常规的货币政策带来的“流动性盛宴”，虽然暂时性地解决了危机问题，但是这些资金也会给新兴经济体的经济金融造成了不稳定性。作为“一带一路”的提出和实施国以及最大的新兴经济体，中国不仅需要警惕欧美日等发达经济体货币政策变化给中国带来的资本流入和流出风险，而且还要警惕，在“一带一路”建设过程中沿线国家因受欧、美、日等各主要经济体国家货币政策分化及变化所带来的风险传导给中国。

此外，受世界主要国家分化的货币政策影响，全球外汇市场走势各异，2014 年美元指数上涨 12.5%，欧元对一揽子货币的贸易加权汇率下跌了 12%，俄罗斯卢布贬值超过 73%，许多“一带一路”沿线国家也成为货币贬值的重灾区。企业在俄罗斯和其他“一带一路”沿线国家进行投资贸易可能会出现巨额汇兑损失。理论上，我们可以运用避险工具管理风险，但是，俄罗斯和“一带一路”沿线多数国家属于资本管制国家，金融工具不足，企业很难找到对冲工具，这就需要注意防范风险。未来各国汇率在受全球货币政策分化的影响下将会走出跌宕起伏行情。而在“一带一路”建设中，应加强对全球货币政策分化引起的汇率风险的警惕性，避免汇率波动带来的损失。

（2）从中长期来看，需警惕未来全球经济结构调整的风险

我们不难发现，当前全球货币政策和资金走向分化的背后是经济金融结构的差异，可以预期的是，无论是发达经济体还是新兴经济体的经济结构都将进入一个深层次调整的时代，这在一定程度上会给全球经济前景造成一些不确定性风险。尤其是在金融危机之后，无论是发达国家还是发展中国家，大多数经济体的经济结构已无法支持其

经济像危机之前那样迅速发展，面临着潜在增长率下降的风险。比如，欧债危机爆发后，面对巨大的债务压力，希腊政府被迫接受“三驾马车”① 开出的以“财政紧缩”为核心的改革药方，陷入财政紧缩加经济衰退的恶性循环当中至今难以自拔，加剧了社会对紧缩政策的不满情绪，一度引起大众对希腊退出欧盟的猜想。

欧债危机至今阴霾未除，希腊债务风波表明，欧盟、欧洲央行和国际货币基金组织过于强调财政紧缩政策而非最佳的选择，其需要的不是短暂的救助，而是从根本上调整其经济结构。希腊所在的欧元区经济虽然在欧央行的量化宽松的货币措施的刺激下有所改善，但经济复苏前景依然堪忧。包括美国在内的众多发达国家，都面临着在短期内如何平衡以财政支出支撑总需求和长期保证财政可持续性的问题。另一方面，对于发展中国家而言，其面临着实体经济部门弱势发展的循环，资本流入的逆转等问题，未来经济增长将进一步放缓或长期缓慢增长。未来全球各经济体需要及时调整其经济结构，发掘并发展新的经济增长点，这也就意味着全球已经到了需要经历一次集体性的结构调整的时期。

“一带一路”建设是一项系统工程，涉及到不同发展水平和不同经济结构的诸多国家，在与各国合作的过程中，中国不仅需要积极主动地推进经济结构调整，而且需要时刻跟踪和评估各国经济结构调整步伐，警惕因各国经济结构调整冲击“一带一路”建设的风险。

(3) 在实践过程中需警惕和防范投融资风险

资金融通是“一带一路”建设的重要支撑。“一带一路”沿线

① 这里是指欧盟委员会、欧洲央行、国际货币基金组织。

国家在基础设施建设上存在巨大的资金缺口，据亚洲开发银行测算，2020年前亚洲地区每年基础设施投资需求将高达7300亿美元，然而，现有的多边机构无法提供如此巨额的资金。目前，支持“一带一路”建设的主要资金来源有亚洲基础设施投资银行（AIIB）、丝路基金、金砖国家开发银行、上合组织开发银行和“一带一路”融资平台。3月28日，由国家发展改革委、外交部、商务部经国务院授权联合发布的《推动共建丝绸之路经济带和21世纪海上丝绸之路的愿景与行动》（简称“一带一路”愿景与行动）文件指出：“支持沿线国家政府和信用等级较高的企业以及金融机构在中国境内发行人民币债券，符合条件的中国境内金融机构和企业可以在境外发行人民币债券和外币债券，鼓励在沿线国家使用所筹资金。”

在资金融通当中，还包括加强金融监管合作，推动签署双边监管合作谅解备忘录，逐步在区域内建立高效监管协调机制。完善风险应对和危机处置制度安排，构建区域性金融风险预警系统，形成应对跨境风险和危机处置的交流合作机制。加强征信管理部门、征信机构和评级机构之间的跨境交流与合作。充分发挥丝路基金以及各国主权基金作用，引导商业性股权投资基金和社会资金共同参与“一带一路”重点项目建设。

（4）防范主权债务和地方债务风险

目前欧洲仍有一些国家的政府债务率和赤字率分别处于60%和3%警戒线以上的水平，“一带一路”沿线国家和地区的主权债务风险需要关注，而国内在地方政府债务不低的情况下，推进“一带一路”建设增加基础设施等投融资，或将进一步推高债务水平。当然随着经济增长和金融改革的深入，地方政府债务的水平有望降低。

当前，国内多数地区重视推进“一带一路”建设以及国企改革，有些地区准备制定具体的财税扶持政策，培养新经济增长点，PPP（政府和社会资本合作）模式受到地方高度重视，社会资本参与基建投资的机会有望增多。然而，一方面国内地方偿债高峰未过，另一方面因“一带一路”建设带动的新融资需求不断跟进，这可能会进一步推高我国地方政府的债务水平。另外，博鳌亚洲论坛秘书长周文重表示，全球债务规模的增长速度远高于全球 GDP 增速。因此，在推进“一带一路”建设过程中，我们不仅需要警惕国内债务居高不下的局面，而且还要对合作对象逐一具体分析，防范全球债务风险冲击“一带一路”建设。

在投资方面，需要防范投资的资金亏损的风险，“一带一路”建设涉及许多基础设施项目，投入量大，而回报期长，其是否盈利以及会面临哪些风险，在投资前都要认真评估，比如，“义新欧”集装箱专列满载而出，在通关上耗时较长，能否压缩通关时间，加速周转降低成本。同时，还会面临因沿线各国政局变动引起的资金无法收回或被无理取消合作的风险，比如中泰高铁、中缅水电站事件，以及希腊叫停出售比雷埃夫斯港口事件等。这些需要我们加强政策沟通，以及与当地政府和居民的多方面协调，避免出现中缅密松水电站项目搁置、吉尔吉斯斯坦金矿开采项目上与当地居民发生冲突等类似情况。

此外，在“一带一路”建设过程中，我们还要警惕因地缘政治等因素给宏观经济带来的影响。目前，俄乌冲突、中东局势等地缘政治形势恶化，一方面，造成了该区域的不稳定，打压投资者信心，使国际资本撤离该地区，造成国内国外资本的损失；另一方面，也会导致与该地区相关大宗商品走势不稳定，如能源、矿产等，这些都是

“一带一路”建设过程中需要重点关注的部分。

目前来看，全球经济增速复苏曲折，发达经济体与新兴市场国家经济增长态势分化。国际贸易的萎缩、对外直接投资的减少、大宗商品价格的波动、能源短缺货币疲软等因素，将会直接影响“一带一路”沿线国家的经济增长。

2. 经济风险表现

中国作为未来亚洲乃至全球的经济增长引擎，要通过合作共赢、共同发展、共同分享经济发展的成果，就必须首先考虑沿线区域及各国的宏观经济风险。在政策制定与执行层面，应对经济风险保持清醒的认识，以求规避其风险，最大程度地发挥丝路优势。

首先，作为资金提供者，我国可能面临资金无法收回的风险。如果资金接受方发生政局变动，那么如何收回资金就是需要提前进行研究的现实问题。因此，我们应当加强与发达国家之间的政策协调，尤其是要注意发挥出口信用保险的作用，积极参与“巴黎俱乐部”和“伯尔尼协会”等相关机制的国际协调与合作，按照文件要求，将合作的蛋糕“做大”，更要“做好”。

其次，国家和企业可能面临技术创新动力不足的风险。尽管我国会向外转移自身产业，但是这不意味着我国产业机制已经足够完善，我国还需不断创新，以求适应不同地区的具体需求。同时，伴随着“一带一路”建设的不断深入，我国产品销售的市场将会不断扩大，企业盈利的增加将有可能伴随着科技创新脚步的放缓，从而出现创新动力不足的现象。

除此之外，由于我国缺乏纳税人意识和监督约束机制，如果一哄而起，可能会形成新的债务隐患。如果说，十五年前，我国的债务人主要是国有企业，今天我国的债务人主要是地方政府的话，那么，倘若我们不从现在起就注意加强风险管控，十五年后的主要债务人就很有可能变成了外国政府或企业，到时候我们又将如何来化解债务风险呢？①

这些经济风险具体表现在以下几大类：

（1）宏观风险

经济全球化融合加快是21世纪以来全球经济的最大趋势。“一带一路”是中国从“引进来”到“引进来”和“走出去”重要转变过程，也是与沿线国家合作加深、相互影响加深的重要过程。对外开放并融入全球经济是唯一的选择，但负面影响便是本国经济会过多地暴露在外部经济波动冲击的风险之下。在这样的背景下，各国的经济体制、经济运行机制、经济素质、开放程度、管制程度、经济与国际接轨及稳定程度等这些宏观经济因素，就成为“一带一路”建设必须要考虑的内容。而各国的经济体制、运行机制、监管力度等各不相同，在与每一个国家的合作中，需要面对的不确定性也不同。

而在涉及多边合作的项目上，情况会更加复杂。特别是，“一带一路”沿线国家由于较小的面积、人口、经济总量，以及对经济自主权的担忧等，对中国这一庞大的经济体会心存疑虑。因而在前期合作过程中，进程未必会很快。

从宏观来看，“一带一路”建设的重要资金来源即为“亚洲基础设施投资银行”以及“丝路基金”，我国需要应对两者在建构的过程

① 魏加宁：《警惕“一带一路”战略可能面临的风险》，《21世纪经济报道》2015年3月11日。

中可能出现的各类问题。

2013 年，习近平主席在访问印度尼西亚时首次提及建设亚投行，时隔1年后，包括中国、印度、新加坡等21个国家，在北京签署《筹建亚洲基础设施投资银行的政府间框架备忘录》，截至 2015 年 4 月 15 日，亚投行意向创始成员国增至 57 个，包括奥地利、澳大利亚、阿塞拜疆、孟加拉国、巴西、文莱、柬埔寨、中国、丹麦、埃及、法国、芬兰、格鲁吉亚、德国、冰岛、印度、印度尼西亚、伊朗、以色列、意大利、约旦、哈萨克斯坦、韩国、科威特、吉尔吉斯斯坦、老挝、卢森堡、马来西亚、马尔代夫、马耳他、蒙古、缅甸、尼泊尔、荷兰、新西兰、挪威、阿曼、巴基斯坦、菲律宾、波兰、葡萄牙、卡塔尔、俄罗斯、沙特阿拉伯、新加坡、南非、西班牙、斯里兰卡、瑞典、瑞士、塔吉克斯坦、泰国、土耳其、阿联酋、英国、乌兹别克斯坦和越南。亚投行，为政府间亚洲区域多边开发机构，按照多边开发银行模式和原则运营，重点支持亚洲地区基础设施建设。亚投行将与世行、亚行等其他多边及双边开发机构密切合作，促进区域合作与伙伴关系，共同解决发展领域面临的挑战，能够提高资金使用效率，增强基础设施建设融资能力，推动实现发展中国家的互利共赢。但是，亚投行作为我国的创举之一，在实际运行中会面临诸多经济问题的挑战，例如随着欧洲国家的参与，必然为其自身利益争取更大的控股权，而能否平衡好各群体之间的股份构成，考验着我国智慧；又如，亚投行内的亚洲国家经济发展水平同西方国家相比较为落后，基础设施薄弱，亚投行的回报率也成为了我国面临的重要问题；同时，亚投行的出现，必然会影响到美日的利益，挑战美元的霸权，有可能引起我国同美日之间的经济矛盾。因此，在亚投行的建设过程中，中方需要最大程度地团结各国，利用自身娴熟的外交技巧寻求各国合作的最大公约数，保证亚投行的顺利建设，并以此推动“一带一路”建设的深入发展。

2014年11月8日，习近平在APEC领导人非正式会议上发表了题为《联通引领发展，伙伴聚焦合作》的讲话，宣布中国将出资400亿美元成立丝路基金，以保证“一带一路”事业的顺利开展。同亚投行相类似，丝路基金在解决资金难题方面意义重大，但是同样面临经济问题。诸如，我方应平衡好“丝路基金”这一经济手段同“一带一路”这一政治战略之间的关系，既要考虑到政治方面，也要考虑到经济方面；同时，在“丝路基金”管理的经验方面，虽然过去存在中非基金等类似项目，但在实际经济操作中依旧缺乏指导，在基金的支出利用、预算制定、财务审批等流程易出现经济问题，我方应重点关注。

以上论述的诸多宏观层面的不确定性和担忧，最终会成为合作过程中的障碍和摩擦。在“一带一路”走出去的过程中，必须要充分考虑目标国家的宏观经济状况，充分考量宏观经济风险点的所在。对外投资企业应当具备宏观经济和国际关系视野，建立足够的风险应对机制。

（2）产业风险

“一带一路”是中国的国家战略，但同时也是世界发展战略。“一带一路”建设不仅仅肩负着化解我国产能过剩问题、产业走出去问题的责任，还肩负着实现沿线国家产业提升、经济共同发展的重任。所以“一带一路”建设要充分考虑我国的产业走出去的顺序，同时必须考虑沿线国家的产业结构、市场容量、产业升级趋势及未来市场变化。据此而言，片面投资导致“一带一路”沿线国家产业结构畸形的风险，也值得关注。

经济发展离不开平衡的经济结构，这就要求农工商并举，特别是让当地的优势产业、传统产业焕发活力。中国现在是经济大国，政治强国，但有些人的思想始终不能独立，始终不能越西方经济学教科书的雷池一步。他们过去按照西方的思维，将中国想当然地视为商品市场和原料产地，现在又开始将“一带一路”沿线国家和整个第三世界视为商品市场和原料产地，最大限度地追求生产要素。

我们应当知道，“一带一路”沿线国家都有各自的传统优势产业。如中亚曾经有相当发达的工业，这一地区不仅制造业面临转型升级，而且农业和其他产业也有广阔空间。在中亚、中东、非洲、东南亚的广阔地区，战乱和动荡使得农业凋敝，人民困苦，国家动乱，造成恶性循环。在经济发展模式上，如果仅仅是开采当地资源，加工后返销中国或者在当地出售，经济总量虽然增长，当地大部分群众却没有获益，只有制造业工人收入增加。如果不能正确增加效益，而是仍然依靠低工资，当地群众就不能从经济发展中获益，从而导致所在国的经济缺乏自身活力，制造业发展也只能依靠中国不断投资。这种现象一方面使所在国政府面临指责；另一方面不能使群众真正感受到“一带一路”对于促进国内发展，提高自身生活水平所发挥的作用，从而降低了“一带一路”的效应。

如何实现制造业和农工商业的协调发展，考验着我们的义利观。农业是立国之本，可以使人民安居乐业，一个国家只有先解决吃饭问题，才能谈今后的发展。这是我们从中国和世界历史中得出的结论，永不过时。帮助“一带一路”沿线国家农工商业全面发展，特别是发展其传统优势产业，是“一带一路”倡议诚意的试金石。这一点直接关系到“一带一路”倡议能不能区别于援助计划、撒钱计划、吞并计划、马歇尔计划等种种臆测和攻击。

从《推动共建丝绸之路经济带和21世纪海上丝绸之路的愿景

与行动》之中可以看出，我国产业合作可挖掘程度深、范围广。按照文件要求，开展产业合作应该重视拓宽贸易领域，优化贸易结构，一方面致力于将挖掘贸易新增长点，促进贸易平衡作为基础，在贸易稳定的基础下，致力于拓展相互投资领域，从农林牧渔等传统产业到新能源、新材料等新兴产业，优势互补、互利共赢，深化彼此产业创新合作。另一方面，文件中明确指出，应优化产业链分工布局，推动上下游产业链和关联产业协同发展，鼓励建立研发、生产和营销体系，提升区域产业配套能力和综合竞争力。同时，我国创新性地提出了“绿色丝绸之路”计划，主要意在加强对生态环境的治理，维护生物多样性，同世界各国一道共同应对气候变化，这既是国内“生态建设”的体现，又是我国承担国际责任，推动全球治理的体现。

(3）风险应对机制缺失

中国全面深化改革需要释放产能，需要让中国的经济力量更多地触及国外市场，特别是资本，以前需要外国的资本进来，现在需要中国的资本出去。而中国企业走出去的过程中，受到国际视野、国际法律及管理的熟知、国际人才储备等方面薄弱的影响，对沿线国家缺乏深度的了解，导致缺乏足够的国际经营的风险意识，因此更不能建立起相应的风险应对机制。从大的方面讲，在国际投资过程中也缺乏足够的保险机制。特别是“一带一路”建设包含相当大规模的基础设施建设等投资规模大、投入周期长、投资见效慢的项目。对这些项目可能发生的风险如何应对，从而降低我国企业的损失，是必须要解决的问题。

(4) 现代服务业配套不足

现代服务业是经济全球化的一项重要内容，其竞争比较优势也日益突出。而现代服务业，特别是其熟悉国际管理、西方会计制度、税例的商业管理与顾问、会计及审计咨询，是“走出去”中不可或缺的。而我国现代服务业国际比较优势不突出，其中重要的表现就是：利用外资水平较低，主要集中于传统旅游和劳务输出，知识密集型和技术密集型服务等比重较低，我国服务企业的管理水平、营销水平、企业规模与国际服务企业相比存在相当大的差距。我国企业“走出去”的过程中，需要有国际化程度高的专业服务，来帮助其尽快熟悉国际惯例、适应国际经营。

(四) 法律风险

法律能够对活动双方的行为起到重要的约束作用，在“一带一路”建设的过程中，以法律为框架对主体行为进行规范意义重大。过去一年，我国与部分沿线国家签署了共建“一带一路”合作备忘录，与一些毗邻国家签署了地区合作和边境合作的备忘录以及经贸合作中长期发展规划，但这些文件的落实都需要双方遵守法律，按照法律的要求开展业务。因此，“一带一路”建设应该以法律为保障。但是，在实际的操作过程中，法律还不够完备，存在诸多法律风险。

1. 法律风险产生的原因

“一带一路”战略涉及到我国与沿线诸国的战略合作、交通对接、国际贸易、能源合作、金融合作等多个方面。近年来中国在海外投资方面呈现不断增长的态势。从其发展过程来看，截至2013年底，中国1.53万家境内投资者在国（境）外设立2.54万家对外直接投资企业，分布在全球184个国家（地区），中国对外直接投资累计净额（存量）达6604.8亿美元，位居全球第11位。截至2014年底，中国对外投资存量在3万亿人民币规模。但与此同时，由于境外尤其是“一带一路”沿线各国和地区复杂的政治局势以及国际金融危机、债务危机等的巨大影响，海外投资趋势的不断增长，从而使得在法律层面面临各项风险和挑战。

首先，“一带一路”战略涉及超过60多个国家，其法律体系与我国不同，有的国家与我国甚至不属于同一法系，从而产生法律信息不对称的风险。

其次，有的国家的立法也不够完备，法律条款经常修改，在执法力度上也往往对于外国或外资企业有所歧视，甚至会基于本国政治、经济利益的考虑有针对性地对某些跨国公司或者海外企业进行一定程度的法律管制。

当今世界部分地区贸易保护主义势力抬头，经济发展缺乏活力，因此“一带一路”战略所面临的国际形势不容乐观。因此，如果对法律问题不够重视，不熟悉外国法律，迷信国际惯例，或是缺乏专门的针对性法律人才，都可能导致无意间触犯或违反当地法律法规，这些都是“一带一路”建设过程中所面临的法律风险。

2.“一带一路”涉及各国的法律体系情况

“一带一路”战略所涉及的各个国家，依照其法系不同，主要分为大陆法系和英美法系两大类，而在“一带一路”沿线国家和地区还有一些属于伊斯兰法系。

“一带一路”沿线国家和地区多数国家的法律体系属于大陆法

系，根据“一带一路”所涵盖的范围，蒙古、韩国、日本等东亚国家，除阿富汗外的中亚国家，缅甸、泰国、老挝等东南亚国家，俄罗斯、伊拉克以及除英国、爱尔兰外的绝大多数欧洲国家，都属于大陆法系。

大陆法系沿袭罗马法，具有悠久的法典编纂传统，重视法典的编写，拥有详尽的成文法，强调法典的完整性，以致于每个法律范畴的每个细节，都在法典中有明文规定。大陆法系崇尚法理上的逻辑推理，并以此为依据实行司法审判，要求法官严格按照法条审判。但在大陆法系框架之内，各国各自立法仍有许多差别，不能一概而论。我国实行的是独特的社会主义法律体系，虽然接近于大陆法系，但是在具体法律规定上仍与其他国家有较大区别。

“一带一路”沿线当中也有不少属于英美法系的国家和地区。比如印度、巴基斯坦等亚洲国家，坦桑尼亚、肯尼亚等非洲国家，以及欧洲的英国和爱尔兰。英美法系因其起源，又称为不成文法系。同大陆法系偏重于法典相比，英美法系在司法审判原则上更“遵循先例”，即作为判例的先例对其后的案件具有法律约束力，成为日后法官审判的基本原则。英美法是判例法，而非制定法，法官在地方习惯法的基础上，归纳总结形成一整套适用于整个社会的法律体系，具有适应性和开放性的特点。在审判时，更注重采取当事人主义和陪审团制度。下级法庭必须遵从上级法庭以往的判例，同级的法官判例没有必然约束力，但一般会互相参考。而这种以个案判例的形式表现出法律规范的判例法一般不被大陆法系国家承认，最多只是具有辅助参考价值。

除了大陆法系和英美法系之外，“一带一路”沿线国家和地区还有一些是属于伊斯兰法系。伊斯兰法系是指以伊斯兰教法作为基本法律制度的诸国所形成的“法律传统”、“法律家族”或“法律集团”。主要内容包括穆斯林义务、土地所有权、债权法、家庭法、继承法、刑法等。例如，阿富汗以及除了伊拉克、以色列等少数国家之外的绝大部分中东国家，包括伊朗、沙特阿拉伯、约旦、叙利亚、土耳其等，均实行伊斯兰教法。

由上文分析可知，在“一带一路”建设沿线，不同国家分别隶属于不同法系，而法系的不同导致在出现法律争端时国家之间的处理方式不同，法律的适用性被削弱，从而带来一系列法律风险。

3. 法律风险分类

如果按照内容、领域及风险产生的形式，“一带一路”战略所涉及的法律风险大致可以划分为六个方面：

(1) 因投资面临的法律风险

“一带一路”建设将对外投资作为互联互通实现的重要一环，在此过程中，存在着法律上的风险。由于我国和沿线国的利益并不完全相同，因此，我国企业的地方投资面临市场准入限制风险。例如，有些国家法律规定，合营企业中外国投资者的股权不能占据多数，或是合营企业需要所在国政府及其委派的机构参与经营；又如，有的国家会制定“肯定清单”和“否定清单”，在投资范围和比例上有很多的限制要求。即便对于那些没有此类法律规定的国家，其政府也往往持有对合营企业重大决策的否决权。这便大大限制了我国在境外合营企业的自主权。此外，合营企业容易引起知识产权的纠纷，不利于保护我国参与合营的本国企业的商业秘密及专利技术等。即使是我国在境外成立的独资公司，虽然为所在国法人，但是由于其投资方是中国，在实际的发展过程中仍然可能会受到各类限制。

此外，有的“一带一路”国家通过法律对境外投资者的跨国并购投资提出特别要求，或是建立不透明的跨国并购审查程序，可能会大大增加中国企业跨国并购的难度。比如，马来西亚1974年的《资产收购、合并与接管管理规则》规定，拟议的资产或任何股权收购、合并或接管必须符合以下条件：一是直接或间接导致马来西亚人更加平等地拥有所有权与控制权；二是在以下方面直接或间接带来净经济利益，特别是马来西亚人的参与程度、所有权与管理、收入分配、增长、就业、出口、产品与服务的质量与品种、经济多元化、当地原材料的加工和提升、培训及研发活动；三是不应对国防、环境保护或区域发展等方面的国家政策产生负面影响，不应与新经济政策相抵触。

除此之外，出于意识形态、国家利益、安全等方面的考量，所在国在某些重要行业往往会对中国的境外投资进行限制，如对石油化工、国防、基础设施等行业实行控股比例的特殊限制。比如新加坡在一些敏感性产业对外资是严格限制甚至禁止的，例如交通、通讯、电气及新闻等公共事业部门禁止外资进入，金融业、保险业的外资进入则须事先取得政府许可。新加坡政府对于外国投资者收购上市公司有专门严格的规定，对高新技术出口导向型企业投资比例可达100%，但是商业部门的外资比例不得超过49%，即不允许外资控股。

当所在国对特定项目的中国投资抱有怀疑态度时，有时甚至会借助临时立法的方法限制中国企业的跨国并购，形成了较为严重的法律风险。2005年的“中石油并购PK公司案”当中，哈萨克斯坦下院于2005年10月5日一致通过议案，允许政府干预本国石油公司向外国公司出售股份。哈萨克斯坦总统纳扎尔巴耶夫于10月15日签署新法令，授予政府优先购买国家所有战略资源的权力，并有权撤销任何违反该法令的交易。最终，中石油被迫同意签署一份协议，以 14 亿美元将自己购得的 33% 的股份出售给哈萨克斯坦国有石油公司 KazMunaiGaz，哈萨克斯坦政府才批准了该项并购。可见，是哈萨克斯坦的紧急立法延缓了中石油的并购，且迫使中石油不能全资拥有 PK 公司。

在经过所在国政府审查批准之后，由于跨国并购可能会导致垄断，进而扰乱所在国及周边地区的市场秩序，甚至打压所在国及周边相关产业，因此，须接受所在国以及相关机构的反垄断审查。比如，在 2006 年中集集团对荷兰博格的收购当中，最大障碍是来自于欧盟委员会反垄断机构的反垄断调查。欧盟委员会曾一度否决此项收购，其理由是中集集团在全球罐式集装箱细分产品上的市场份额已经超过 50%。而根据欧盟合并准则此项收购构成准垄断，会引发阻碍有效竞争的后果。中集集团调整了收购策略，在比利时先设立全资子公司，与荷兰博格股东之一的彼特再在荷兰成立新公司 Newco（中集集团控股 80%，彼特占有 20% 股权），然后再对博格进行收购。此举剥离了有垄断嫌疑的标准罐箱业务，从而绕过欧盟的反垄断审查，最后成功收购。

此外，反垄断法还会涉及到与投资产业毫不相关的第三方，这是其域外效果，目前已经得到美国、澳大利亚、日本等国家的肯定，使得中国企业在海外投资的风险更高。

中国企业的跨国并购还面临着目标企业的反并购风险，以及并购程序合法性风险。很多国家都会鼓励被收购企业依据本公司章程采取反并购措施，比如通过相关金融法律进行股权回购、密切企业相互持股等；或根据公司法、证券法对企业并购的规定，抓住企业并购过程中的不合法之处，通过法律诉讼来防止并购。这同时也形成了并购协议以及并购程序合法性方面的风险。其中一个例子是，由于涉嫌违反刚果公司法规定，刚果政府宣布紫金矿业收购 Platinum Congo 的协议无效。

最后，被并购的目标企业可能会隐瞒自身涉及的担保、诉讼纠纷情况，造成信息不对称风险，会让跨国企业并购他国企业之后陷入法律诉讼的陷阱。

(2) 因劳工问题面临的法律风险

依照“一带一路”所覆盖的境外经营范围，需要注意在劳工雇佣关系方面的法律风险。首先，企业在所在国如果进行不平等的招工，忽视所在国特有的民族问题、性别问题等，容易违反平等劳动及反歧视相关的法律，面临罚款等处罚措施。其次，企业如果意识不到所在国法律规定的工会的权力，比如未能与当地工人及其工会形成良好关系，可能会面临罢工和激烈抗议的风险；在雇佣员工的待遇和福利保障方面，也容易触犯所在国劳动法，面临受到处罚、诉讼，甚至并购失败等风险。最后，企业对收购企业进行人员裁撤或是调整时，也要特别注意所在国关于裁员力度、裁撤员工补偿等方面的法律。

(3) 因环境问题而面临的法律风险

特别需要注意的是，世界各国对环境保护的标准和法律都越来越严格。很多国家制定了保护性法律，限制或禁止外商投资破坏资源、污染环境的企业项目。尤其是在欧洲，欧盟对于企业从厂房建设、生产环节到产品运输、销售各个环节，都会有着极为严厉的标准与法律规定，往往比中国的相关标准严格许多，让中国企业难以适应。例如，位于英国与荷兰的壳牌公司，因为对尼日尔三角洲造成了污染而被当地政府罚款15亿美元。“一带一路”战略的海外项目同样面临着巨大的环境方面的法律风险。一方面，企业需要遵守当地法律设定的环保标准，这可能会增加企业的成本；另一方面，企业如果不遵守环境标准，违反环境法律，将面临法律诉讼，甚至被迫关闭。例如，斯里兰卡在近日宣布暂停中方在科伦坡港口城项目的施工，这项施工为中国对斯最大的投资，高达15亿美元。究其原因，自2014年底斯里兰卡国内拉开总统竞选帷幕至今，科伦坡港口城项目一直处于风口浪尖上。去年就有斯里兰卡政客声称港口城项目会对环境造成危害，应当叫停。无论环境原因是否为中方企业在境外受限的真正原因，经验事实告诉我们企业应遵循“绿色丝绸之路”的思路，努力适应国外环境标准，减少生态环境所造成的法律争端。

(4) 因经营不善而面临的法律风险

中国企业普遍存在法律意识不强的问题，可能会因为在企业经营管理方面忽视相关法律而面临法律风险。这种风险主要分为以下几类。

首先，企业如果不了解、不重视、不深入研究所在国相关法律，则容易在日常的经营管理方面触犯到所在国的法律。

其次，企业管理中可能面临商业腐败等相关的法律风险。一方面，欧洲等国家对企业反腐败有严格法律规定，一旦发现企业有行贿、贪污等问题存在，企业声誉会毁于一旦，同时面临巨大的诉讼和制裁风险；另一方面，亚洲及非洲某些欠发达国家政治体系中腐败盛行，而中国企业如需推行有关项目则必须行贿，从而对今后的经营产生风险。

最后，各国税收的法律政策不同，不同的主权国家会根据其法律规定对同一纳税实体进行收税。在境外经营时，既要根据属人原则向我国政府纳税，又要根据属地原则向所在国政府纳税，面临着重复征税的风险。我国企业的纳税情况及避税手段如不符合所在国的税收相关法律，则会面临着税务方面的法律风险。

(5) 因沿线国法律不完善而面临的法律风险

“一带一路”涉及国家众多，其中有些国家法律设置并不完善，中国企业在域外经营的过程中，很有可能遇到无法可循的问题。此外，在没有相关法律规定的情况下，一旦中国企业与所在国执法部门发生冲突，所在国执法部门可能会出于本国利益，而使中国企业蒙受损失，从而造成风险。

所在国对某些企业经营相关的法律规定可能会与国际法或中国法律发生冲突，从而使我国企业在境外经营活动时，不得不在违反国际法或中国法律，以及违反所在国法律中二选其一，同样会造成我国企业的法律风险。

最后，如果所在国的法律或政策发生改变，如投资比例、范围以及市场开放程度等，会使中国海外投资企业面临更多的无法预料的法律风险。

(6) 因贸易而面临的法律风险

“一带一路”合作的重点在贸易畅通上，国际贸易实践中也面临着法律风险。从国际贸易的商品标准差异来说，“一带一路”战略中涉及的贸易伙伴，其设置的商品准入标准往往与中国不同，尤其是欧盟对于食品等商品所设置的标准尤为严格。因此，符合中国标准的商品在进入其他国家时，便面临着不符合当地标准的风险。从贸易壁垒来讲，"一带一路"战略中的贸易伙伴出于保护本国经济的考虑，往往会通过严格的法律来实行贸易保护政策。这些法律的限制主要体现在以下方面：① 关税及其管理，② 通关程序，③ 技术壁垒，④ 反倾销政策，⑤ 普惠待遇的取消。

4. 以南海问题为例解读"一带一路"面临的法律风险

为了进一步凸显法律在"一带一路"建设过程中的重要性，同时解释其在域外适用的过程中所面临的问题，下文特以南海问题为例，以此阐释法律风险，试图在探求南海问题的同时，为我国解决"一带一路"的法律争端提供启示。

南海争端不是法律问题，但含有法律问题。它本质上是主权问题，只有在确定了有关岛礁的主权归属之后，才产生出法律问题，才需要解决法律问题，但国际法又解决不了主权归宿问题。

东南亚声索国中最为活跃的菲律宾，曾在 2014 年初向《联合国海洋法公约》（以下简称"公约"）仲裁庭提交了近四千页的诉状。菲律宾将其所提仲裁事项主要归纳为以下三类：

第一，中国在《公约》规定的权利范围之外，对"九段线"（即中国的南海断续线）内的水域、海床和底土所主张的"历史性权利"与《公约》不符；

第二，中国依据南海若干岩礁、低潮高地和水下地物提出的 200 海里甚至更多权利主张与《公约》不符；

第三，中国在南海所主张和行使的权利非法干涉菲律宾基于《公约》所享有和行使的主权权利、管辖权以及航行权利和自由。

在这三类问题中，第一类问题实际上是主权问题。第二、第三类问题才涉及到具体的法律问题。所以 2014 年 12 月 7 日外交部发表

《中华人民共和国政府关于菲律宾共和国所提南海仲裁案管辖权问题的立场文件摘要》，指出“就本案而言，如果不确定中国对南海岛礁的领土主权，仲裁庭就无法确定中国依据《公约》在南海可以主张的海洋权利范围，更无从判断中国在南海的海洋权利主张是否超出《公约》允许的范围。然而，领土主权问题不属于《公约》调整的范畴。”而且“脱离了国家主权，岛礁本身不拥有任何海洋权利。只有对相关岛礁拥有主权的国家，才可以依据《公约》基于相关岛礁提出海洋权利主张”。

这就避免了把实际生活中的主权问题，即政治历史问题，变为抽象的所谓法律问题。菲律宾诉状的撰写者无疑具有一定的国际法知识，给我们挖下了一个陷阱。假如我们一开始就按照仲裁的所谓“法律解决”思路准备抗诉，那不论该仲裁庭是否公正，就等于放弃了有关岛礁的主权，就从根本上失败了。我们坚持主权问题与法律问题分开，实际上一方面维护了法治精神，另一方面避免了在所谓“仲裁”中受到损失。

明确了现阶段南海问题性质，法律工作者应当考虑如何利用自己的知识帮助解决主权问题。例如研究我国在南海的“九段线”究竟属于什么性质，应当叫做什么名字。以便在南海基建、巡逻、开发的同时，清楚有力地表达我们的主权要求。这就要求我们不仅善于利用国际法中的各种已有概念，而且可以根据实际建立新概念。国际法不是天降之物，而是实践的产物。中国要为世界做出更大的贡献，也不可能不对国际法做出贡献。

在南海的主权问题解决之后，才可能做到“有关各方承诺根据公认的国际法原则，包括1982年《联合国海洋法公约》，由直接有关的主权国家通过友好磋商和谈判，以和平方式解决它们的领土和管辖权争议，而不诉诸武力或以武力相威胁。”这时，南海问题才真正成为法律问题。各类法律人才都能发挥其专长，解决具体的法律问题，并为一系列新的国际法律做出自己的贡献。

所以法律工作者要为解决南海争端做贡献，就必须将其看作法律、政治、历史等问题的综合，当作不断变化的过程。首先要考虑现阶段问题是否是法律问题，如果不是，再考虑问题在什么情况下会变为或产生出法律问题。在问题变为法律问题或产生出法律问题之后，再考虑是在现行的国际法框架下解决问题，还是通过增加或改变国际法来解决问题。最后才应该发挥自己广博的法学知识，进行诉讼层面的工作，维护“一带一路”的利益。应当将法律工作看作整体工作的一部分，而不应该急于“法律解决”。

我们在南海问题上理通道直，历史和现实都证明了中国对南海诸岛及其附近海域无可争辩的主权。解决海洋争端在现阶段就是明确主权，而在这方面还有一些风险。

首先，我们不善于利用国际法主张自己的权利。典型的例子，是南海所谓“九段线”的性质和名称问题。对于南海岛礁及其附近海域的主权，在岛礁问题上没有任何模糊，但究竟包括哪些水域，现在似乎还没有定论。而南海这条U形线在划定岛礁附近海域方面，有重大作用。国际法研究界现在众说纷纭，有的认为该线是历史水域线，有的认为是岛礁归属线，有的认为是群岛水域线，不一而足，而且每种说法内部也有诸多不同意见。这显示出国际法研究界内部缺乏协调，研究力量分散，也使外界认为该线意义不明，地位不定。而我们要在全世界面前明确对于南海岛礁及其附近海域的主权，就必须明确该线的地位和名称。这项工作任何其他部门都无法代劳，只有依靠法律工作者，但还没有完成。结果是使部分国家更加有恃无恐，在U

形线内部开展非法活动。美国助理国务卿拉塞尔在国会听证会上也曾攻击九段线“其意义没有任何国际法解释或国际法基础”。九段线问题已经成为声索国和外部势力攻击的焦点，应对失当将致使不熟悉南海争端来龙去脉的人产生误解。

菲律宾等国也频繁对我国发起法律攻势。菲律宾的主张毫无事实根据，就希望通过滥用国际法来达到目的。而且这种手段得到外部势力的支持。傅崐成《从国际法看菲律宾的不义与我们应有的反制策略》一文就指出，菲律宾之所以能够在 2013 年提起仲裁，是“串通任期还有两年多的日本籍海洋法法庭庭长，利用公约《附件七》的规定，藉口要求‘解释《联合国海洋法公约》’这样的‘伪装的诉因面纱’，向法庭提出了强制仲裁的申请，以判定南海 U 形线的非法性。中国立刻断然退回了这一申诉。而日本庭长却配合菲律宾，很快就组成了这一强制仲裁庭”。而美国国务院也恰好在仲裁庭规定的所谓中国提交辩诉材料截止日期之前，发布名为《海洋界限——中国在南中国海的海洋主张》的报告，攻击中国的九段线。

我们面临着很大的外部压力。如果国际法研究界不积极宣传中国对南海诸岛及其附近海域的主权，无形的压力就将变为实际的困难。我们除了要解释好九段线，而且要宣传好九段线，这对法律工作者提出了迫切要求。因为许多阐述我们立场的机会不属于媒体，不属于宣传部门，而只属于法律工作者。而在这些场合宣传，远远胜过普通的宣传。如果我们自己不在国际学术会议上为九段线辩护，不在国际媒体采访时为九段线辩护，而只是将九段线问题作为国内讨论、学术讨论的话题，就会使中国被全世界误解。

法律工作者解释和宣传九段线乏力，又显示出更深刻的问题，那就是走不出象牙塔，不能从现实问题出发研究国际法问题，并且教条地对待国际法，迷信所谓国际法机构。

国际法治只是手段而不是目的，更不是国际关系的全部，而法律问题只是诸多实际问题的表现。所以法律问题绝不是学术问题，而是现实问题。如果我们离开事实，在虚幻的前提下讨论现实的国际法问题，国际法就有变成所谓“学者”圈子里智力游戏的风险，得出的结论也就无益于“一带一路”建设。

维护法治绝不意味着迷信法律，崇拜法律，而意味着不滥用法律，不在法律的名义下做违反法律的事情。我们面临着盲目迷信国际法，迷信国际法治现阶段效力的风险。一部分人长期崇拜欧美法学，一味追求所谓“接轨”和“全球化”。他们可能错误认为国际法真的超脱于各国利益之上，对其顶礼膜拜。甚至于为了所谓服从国际法的虚名和一些国外媒体表面的称赞，而损害了“一带一路”的利益。科学没有国界，但科学家有祖国的说法，同样适用于国际法。

国际法研究界为“一带一路”倡议提供的是最根本的理论支持。但理论必须和实践结合起来，仅仅阐述和宣传我国的主权还不够，还必须通过海上巡逻、执法等活动维护主权。目前我国维护南海主权的部门众多，但关键不在于数目，而在于加强协调，提高执法能力。南海情况复杂，渔业、能源、海盗等纠纷众多。而且各声索国正在增兵，法律风险可能变为安全风险、政治风险。如果我们缺乏执法力量，人力物力不充足，对如何依法处理各种新情况准备不足，就可能措手不及。

在南海争端上，我们还面临立法不足的风险。有法可依，方能执法必严。上文中曾经提到，没有海盗罪使我国陷入无法为海盗量刑的尴尬境地。目前南海地区声索国制造事端的手段不断翻新，在该地区执法需要立法机关迅速颁布或修订法律，以应对新情况。已经有的法律，也需要进一步加以解释，使其能处理新问题。

我们对南海争端的法律阐述和实际立法不够，整个“一带一路”倡议也可能会遇到类似的问题。对于我国，“一带一路”是包罗万象的战略，不需要太过严格的形式。而且如果在国际法领域延伸过远，很可能还会引起一些国家的顾虑，妨碍其参加。但“一带一路”战略在国内法领域也缺乏配套法律，特别是缺少能够奠定“一带一路”倡议国家战略性质的纲领性法律。这样一来，虽然“一带一路”相关的经济法律法规发展迅速，但人们对该战略的重要性特别是其思想核心仍然缺乏应有的重视和了解。过犹不及，尽管法律作用重大，但我国在开展“一带一路”建设的过程中，不能仅仅迷信法律的权威。在实际的操作过程中，还需要加强同国际组织的合作，在法律的框架内展开各类双边与多边合作，使法律成为指导行为的规范，而非束缚行动的信条。

5. 如何应对法律风险？

如上文所述，在“一带一路”战略实施过程中，跨国公司、海外投资企业不可避免地会面临诸多法律风险和挑战，为增强我国的应对能力，可以考虑从以下几个方面着手。

首先，熟悉“一带一路”沿线国家和地区的法律。如果不熟悉“一带一路”沿线国家的法律，就无法防范“一带一路”建设中的法律风险。传统法学研究重视所谓的发达国家，而对于发展中国家法律的关注可能不够。此类法律认知上的偏差可能会妨碍政策沟通，导致在“一带一路”沿线各国难以开展法律行为，从而有损“一带一路”建设者的形象。例如，在贸易畅通和资金融通领域当中，如果不熟悉当事国的法律，在签订贸易合作合同方面就容易被不法力量所利用，法律效力大为降低。又如，在民心相通方面，面对打着“生态”、“人权”等旗号的“非政府组织”，如果不熟悉所在国的环境法、劳动法，就会授人以柄，陷入被动。

其次，遵守所在国的法律制度，严格做到依法经营。中国企业在海外投资时出现的问题，很多都是由于没有依照当地的政策规定和法律制度造成的。因此，中国企业在“一带一路”沿线国家进行投资时，要严格遵守当地的法律法规，与当地政府和民众建立起友好合作的关系，树立起中国的良好形象，以便于跨国公司在当地的进一步投资和发展。

再次，熟悉国际法和遵守国际商务规则。随着“一带一路”建设铺开，贸易形势更加复杂，这就需要建设者不仅要熟悉中国和沿线国家法律，而且熟悉国际商法和国际商务规则。未来围绕着“一带一路”，贸易冲突可能增多。我国企业要真正走出去，必须从被动应诉，变为利用各种国际商务规则和机制熟悉各国法律。此外，在“一带一路”建设过程中，如果将争端付诸所谓国际仲裁，这就形成了国际法问题。“一带一路”也不能完全迷信国际法和国际法庭而陷入被动。

最后，加强专业性法律人才的培养。组建专业化的法律专家团队到“一带一路”支点城市和沿线国家进行科学调研。透彻了解和熟识各国的法律文化、政治制度，尤其要对被投资主体进行深入了解，充分评估其资产经营、产业运营、法律资质、经营限制范围等方面的现状，制定出一系列法律风险防范方法，做到“知己知彼，百战不殆”。

此外，在防范实际法律风险和解决争端的过程中，也不能完全迷信法律的权威。“一带一路”建设中的各种问题和风险，涉及到方方面面的法律。但是，“一带一路”建设中实际的问题和风险非常复杂，不止是法律风险问题，如果只当作法律风险问题来解决，可能不会完全消除其风险，而且有可能会造成新的风险。

（五）道德风险

“一带一路”面临的道德风险可以分为三个层面，主要包括国家层面的道德风险，企业层面的道德风险以及个人层面的道德风险。

1. 国家层面的道德风险

“一带一路”建设，将国家作为战略的实施主体，通过不同国家之间政府层面的合作协同推进，即一国能够遵守国家之间的规定并监督其执行。在此背景下，沿线国家能否信守承诺，保持良好的信誉，对于“一带一路”的建设，至关重要，因为这关系到“一带一路”其他各方面分支脉络的运行。

首先，就中亚与中东地区来讲，如上文所述，中亚诸国实行“平衡外交”，力图在域外国家之间，通过和诸多国家的讨价还价，实现自身利益的最大化。虽然我国“一带一路”建设能够为中亚地区带来巨大的发展机遇，促使中亚国家基础设施建设的完善与民众生活水平的提高，在分享中国发展红利的同时，促进域内国家的互利共赢，但是中亚国家还面临着来自于美日欧等诸多国家的战略诱惑，如果中亚国家将天平偏向另外一方，不能维持良好的信誉，对于我国“一带一路”的建设是极为不利的，中东地区亦然。

其次，东南亚地区如今已经形成了在政治上依靠美国，经济上依靠中国的局面，“一带一路”在东南亚国家的建设，面临着美国重返亚太以及 TPP 谈判的双重威胁。更为重要的是，东南亚诸国很有可能受美国影响转而对我国“一带一路”建设施加压力，影响我国“一带一路”建设。作为我国周边外交重要的组成部分，东南亚地区的良好国家信誉，能够为我国“一带一路”建设提供稳定的周边环境，同时起到积极的示范作用。

除此之外，非洲国家由于步入重要的战略机遇期，世界各主要国家都在增强同非洲国家的联络，而欧洲更是将非洲作为其重要的战略腹地。从历史上看，非洲国家同我国培养出了兄弟般的情谊，更是将我国抬入了联合国，而我国也通过无息贷款来促进非洲国家的进步。尽管中非之间存在如此情谊，但是，发展中的非洲，很有可能出于对利益的追逐，受到西方价值观的影响，从而使得域内国家对于“一带一路”的支持下降。

以上以中亚、东南亚以及非洲为例，阐述了国家层面的信誉所面临的道德风险及其重要性，只有好的信誉与政府层面的支持，才能保证“一带一路”建设的顺利开展，才能顺利地为各类问题的解决寻求政策支持，使得两国政府在增强政治互信的过程中，深化“一带一路”合作。

2. 企业层面的道德风险

在“一带一路”的建设过程中，国家投入了大量的资金，进行宏观调控，用以保证丝路建设的顺利开展。同时，在“一带一路”的建设初期，其主要任务为基础设施的建设，这一重任不可避免地交予我国各企业。企业，在承担“一带一路”建设重任的过程中，也将会面临诸多道德风险，主要包括市场性道德风险与社会性道德风险两部分，具体如下：

市场性道德风险主要同我国企业的经济活动相联系，我国企业的经济活动，需约束自身的行为，同时需对域内经济形势保持关切，以保证经济活动的顺利开展。具体而言，我国企业所面临的市场性道德风险如下。

第一，垄断和不正当竞争。中国企业在海外经营时，如果因垄断或不正当竞争而扰乱所在国及周边地区的市场，会造成一定的道德风险。此外，对于“一带一路”战略涉及到的经济规模较小的国家，尤其要注意中国大企业规模效应所带来的垄断风险。例如，2015 年 3 月，国务院国资委原则同意中国南车与中国北车两家公司合并。南北车在国外有很多业务，合并过程中需要遵循当地法律，取得反垄断监管机构的批准。而中国公司以往在合并时，很少会出现需要在多个国家取得反垄断机构批准的情况。

第二，信用违约与合同欺诈。2009 年 9 月，中海外中标波兰一段高速公路的修建工程，这是欧盟国家首个正式交付给中国人的建筑工程。但就是这首个中国在欧盟的建筑工程，目前却已经因为当年中海外没有准确地估算出工程成本价，加上波兰供应商联手涨价封杀中海外，导致实际造价远远高于中标价，中海外赔光家底，不得不停工。因此次违约，中海外面临高达 25 亿元的罚款，并严重影响了中国企业的海外形象。由此可见，中国企业的海外经营，如不遵守契约精神，频繁出现违约，甚至进行合同欺诈，则会引发相应的道德风险。

第三，违规转嫁风险，逃避债务。中国企业的海外经营往往需要在所在国进行融资，甚至在所在国上市。中国企业如通过违规手段获取大量贷款或注资，却因破产等原因无法偿还债务，则会对所在国银行、金融机构等债权人造成重大损失，从而形成相应的道德风险。例如，中航油（新加坡）破产，使得该公司从事的石油衍生产品交易，总计亏损 5.5 亿美元，而其净资产不过 1.45 亿美元，严重资不抵债，从而造成债权方的大量损失，损害了我国企业的国际形象。

第四，贸易中的倾销与补贴。2011 年 10 月 18 日，德国 Solar World 美国分公司联合其他 6 家生产商向美国商务部正式提出针对中国光伏产品的“双反”调查申请。这些企业声称，中国光伏企业向美国市场非法倾销多晶硅光伏电池，中国政府向国内生产企业提供包括供应链补贴、设置贸易壁垒等非法补贴，要求联邦政府对来自中国的光伏产品征收超过 10 亿美元的关税。此类关于中国企业海外遭受反倾销、反补贴调查的新闻不胜枚举。这也表明了企业在进行出口贸易时，需要注意相关方面的道德风险。

社会性道德风险主要指的是我国企业在沿线国家开展活动时，由于对沿线国家社会或者社会民众所造成的影响而引发的道德风险，主要包括以下三个方面。

第一，由于对沿线国家资源的消耗与环境的污染所带来的自然风险。中国企业由于其遵循“一带一路”战略的海外经营活动，一方面可能会过度开采当地自然资源，另一方面可能会大量排放废物，导致环境污染。这两方面将会共同造成对所在国可持续发展能力的损害，从而带来道德风险。例如，2011 年 9 月 30 日，缅甸总统吴登盛突然单方面宣布在他的任期内搁置由缅甸电力部、中国电力投资集团、缅甸亚洲世界公司组成的合资公司投资建设的密松水电站，便是部分出于对于影响该地区生态平衡，破坏本地区环境的考虑。此外，由于欧洲等国家对于环境保护、污染控制方面的法律与标准较国内严格许多，对企业设立、生产、销售、服务、经营等各个环节都有严格的环保与排放规定，因此我国企业在相关国家进行海外经营时，需要特别注意环境方面的道德风险。

第二，由于文化与风俗的差异所带来的道德风险。由于我国在文化、风俗习惯以及民族问题等方面的情况与诸多“一带一路”战略相关国家存在着差异，因而企业在海外经营活动中同样面临着文化风俗方面的道德风险。这方面风险的具体来源包括：我国企业的海外经营干扰所在国宗教信仰活动，由于不尊重当地风俗习惯而遭到所在国居民抗议抵制，以及激化所在国民族问题等。

第三，企业活动对沿线国家居民生活的影响所带来的道德风险。我国企业的海外经营活动往往会对当地居民的生产生活造成影响，如不能及时有效地与当地民众沟通协商，又没能给予适当的补偿，同样容易引起道德风险。关于此方面的道德风险，比较典型的例子是中缅莱比塘铜矿项目。2011 年 7 月 8 日，中国水电顺利中标承建缅甸蒙育瓦莱比塘铜矿项目。然而，2012 年 11 月 18 日起，数百名当地农民、僧侣和维权人士进入莱比塘铜矿作业区抗议，在工地附近搭建了 6 个临时营地，投诉铜矿拆迁补偿不公、污染环境、拆毁寺庙等，铜矿的建设工作被迫全部中断。自 2012 年 12 月 2 日以来，以昂山素季为主席的调查委员会对该项目进行了全面、详细和深入的调查。2013 年 3 月 11 日，报告得出最终结论称，莱比塘铜矿项目造成当前的局面，主因是缺乏透明度，开发商、当地民众及地方政府间缺乏沟通交流。由于土地征用费用偏低及工作权益未得到充分保障导致示威，加之土地征用过程中有关方面缺乏解释及外地组织和团体介入，导致事态升级。报告还建议对环境保护、当地民生补偿、公司合作协议等进行必要改进；建议开发商与当地协商将项目地的寺庙完整搬迁等。

3. 个人层面的道德风险

伴随着中国经济的发展，我国出境游人数不断增加，中国人以个人身份出境，成为了我国形象的重要的名片，而官方文件中也将加强旅游合作，扩大旅游规模作为重要任务，推动实现民心相通。在此背景下，如果中国公民在“一带一路”沿线国家做出不文明行为，将引发个人层面上的道德风险，影响“一带一路”的建设。同时，肩负着“一带一路”建设使命出国的建设者，也可能由于思想认识水平不高，工作方法不对，有意无意妨碍了民心相通，不能充分地尊重当地的风俗习惯，造成道德风险。

下面，笔者以三类人为例，进一步阐述个体层面的道德风险。

第一，企业法人。如上文所述，在“一带一路”建设的过程中，企业发挥着重要的作用，而企业法人，作为企业能够独立承担民事责任，取得法人资格的社会经济组织，对于企业至关重要，但是，法人很有可能出于对利益的追逐，曲解国家政策，使“一带一路”建设成为其谋利的工具，贪污腐败，违反法律规定，造成道德风险。此类违反法律的行为，对于“一带一路”建设，是影响巨大的。一方面，资金投入不到位，丝路建设的效果会大为削弱；同时，在建设过程中，产生不好的连锁效应，影响国内外风气，这同国内严打腐败的要求相悖。另一方面，从域外来看，这对中国国家形象造成影响，如果这一问题得不到及时的修正，甚至有可能引发“一带一路”沿线国家对中国的战略猜疑，再加之西方世界的宣传，“一带一路”的效果会大打折扣。

第二，商人群体。对于经商来讲，伴随着“一带一路”建设的全面开展，很多原来没有经商经验的人希望借此来华经商，或在本国与中国贸易。在官方文件中，我方明确指出中国欢迎各国企业来华投资，“一带一路”的开展很可能带来对华投资的又一热潮。但是，这些投资者可能不懂汉语，缺乏在华经商的经验，也可能小本经营，抗风险能力差，因此不排除在华经商受损的可能性。这就有可能造成此类人群对华认同不够，散播不利于我国的言论，而身处国内的民众则很容易受他们想法的影响，不能形成对我国客观的认识。因此，我国需重视在中国国内经营的外国友人，在办理手续、贷款、营销方面尽可能地予以帮助，在发展内外贸易的同时，立求提升我国形象。

第三，留学生群体。留学也成为了国外民众了解中国的重要形式之一。目前来看，“一带一路”沿线国家来华留学生，往往是家庭条件较好的学生，或受双方政府资助的学生，他们虽然在传播我国文化方面发挥了重要的作用，但是，其实际效益却大为削弱。从日常生活来看，在实际的校园生活中，留学生并不能充分地融入到中国学生的生活之中，难以形成对中国文明真正的认识，使得通过留学生宣传我国形象这一途径，效果大打折扣。除此之外，一些留学生与西方思想接触较多，往往带有对中国的预设印象，受到“中国威胁论”的影响，不能从根本上改善对华认知，或者不愿意深入了解，发现问题的实际所在。为解决这一问题，我国在官方文件中指出，我国将同世界各主要国家扩大相互间留学生规模，开展合作办学，中国每年向沿线国家提供 1 万个政府奖学金名额，这体现了我国对于青少年人才的重视，更是对于“民心相通”的努力和尝试。同时，留学不应该仅仅地局限于高校内的各类外国学生，应扩大其覆盖范围，例如引进当地工人农民来中国学习技术，而不仅限于所谓专家和技术人员，在开源的基础上凸显平等性。如果能扩大两国普通劳动者的交流，就可以大大促进民心相通，有利于“一带一路”沿线国家的发展。

为促使个人层面道德问题的解决，应从以下两方面着手。

第一，发挥沿线地区华人华侨的积极作用，利用孔子学院促进个体层面的相互了解。数据显示，目前全球华人华侨总数超过6000万，在“一带一路”沿线地区的东南亚各国，华人华侨就超过4000万。经济实力雄厚、科技实力增强、参政热情高、华文媒体影响力提升、侨胞社团力量逐步壮大，是当前海外华人华侨呈现出的五大特征。“面对难得的历史机遇，亚洲特别是东南亚华商应充分发挥优势，积极参与‘一带一路’建设”，国务院台办副主任何亚非强调，华商经济可在五个方面大有作为：推动产业梯度转移和转型升级；参与互联互通基础设施建设机会空前；推动人民币更加广泛使用；深化海洋经济开发与合作；构建科技与智力支撑网络。① 华人华侨的积极作用不做过多赘述，而孔子学院不是为“一带一路”而生，但客观上为沿线国家的民心相通做了铺垫。在新的时代背景下，孔子学院与“一带一路”可以携手同行，相辅相成。孔子学院是文明复兴的时代体现，也是中国魅力的生动写照。古丝绸之路播下的中国与沿线国家友谊的种子，经孔子学院浇灌后生根发芽，再经过“一带一路”建设开花结果。“一带一路”强调共商、共建、共享理念，与孔子学院一脉相承。弘扬和平合作、开放包容、互学互鉴、互利共赢的丝路精神，也因此为孔子学院未来发展提供了新的动力，促进了个体层面上的相互了解，一定程度上避免了个体道德问题的出现。

第二，“一带一路”的道德风险源自我国内部，这需要我国在“一带一路”建设的过程中注重与民交流，不断深化我国对外开放的

---

① 参见何亚非：《华侨华人参与“一带一路”建设大有作为》，中国新闻网，2015年5月21日。

水平，推动国内改革，深化沿线国家对华了解，以真诚的态度促使民心沟通，以负责任的态度解决“一带一路”建设过程中的道德风险。正如在我国官方文件中指出的，传承和弘扬丝绸之路友好合作精神，广泛开展文化交流、学术往来、人才交流合作、媒体合作、青年和妇女交往、志愿者服务等，为深化双多边合作奠定坚实的民意基础，逐步通过以上的途径，克服道德风险，促使“民心相通”的实现。

四、如何推进“一带一路”建设

如何建设“一带一路”？习近平指出，关键是实现“五通”：1. 建设从太平洋到波罗的海和印度洋的横跨欧亚大陆的交通干线。2. 发展贸易和投资。简化贸易程序；扩大贸易规模，改善贸易结构，增加高新技术和高附加值产品比重；加强投资合作。3. 加强货币流通。促进货币互换，实行贸易本币结算，增强金融体系防范金融风险能力，提高国际竞争力；设立金融机构为建设两条丝绸之路融资。4. 加强政策沟通，把两条丝绸之路建设成为利益共同体和命运共同体。5. 加强人文合作，实现民心相通。2015 年 3 月 28 日，国家发展改革委、外交部、商务部联合发布的《推动共建丝绸之路经济带和 21 世纪海上丝绸之路的愿景与行动》将五通内容表述为：“沿线各国资源禀赋各异，经济互补性较强，彼此合作潜力和空间很大。以政策沟通、设施联通、贸易畅通、资金融通、民心相通为主要内容，重点在以下方面加强合作。”

这“五通”超越了欧洲人开创全球化以来主要集中在贸易畅通、资金融通的阶段，也超越了古代丝绸之路以货易货、文化交融的层次，而是涉及政府、公司、社会，推动物流、资金流、人流、信息流在内的全方位交流与创新。

为实现“五通”，需要理念革新、理论创新、方式崭新。

大国竞争，胜在理念。“一带一路”强调共商、共建、共享原则，超越了马歇尔计划、对外援助以及“走出去”战略，关键是如何在实施过程中始终贯彻好这一理念，开创21世纪全球化合作新模式。

中国改革开放是当今世界最大的创新，“一带一路”作为全方位对外开放战略，正在以经济走廊理论、经济带理论、21世纪的国际合作理论等创新经济发展理论、区域合作理论、全球化理论。

“一带一路”建设，既遇到沿线国家、地区已有合作框架的兼容、并轨问题，又遭遇域内外势力的质疑甚至破坏，必须以崭新方式实施，创造性实现“五通”，才能从长远上确保取得成效，把好事做好、做成。

（一）理念创新

胜在理念，超越西方。“一带一路”强调共商、共建、共享原则，超越了马歇尔计划、对外援助以及走出去战略，给21世纪的国际合作带来新的理念。

“一带一路”建设规划立足于当下中国国情和世界整体发展态势，为合理利用外汇储备、完成国内产业结构调整升级提供了新思路，为深挖内陆地区潜力、保持经济增长势头提供了新动力，为营造和平、和谐的周边环境开辟了新路径，从长远看也将为中国牢固树立“三个自信”、塑造负责任的大国形象提供物质和信用支撑。“一带一路”适应了“新常态”下我国经济和社会发展的需要，体现出全新的发展理念、合作理念和开放理念，展现了中国对自身发展、经营周边环境、参与国际议程和规则制定的全新态度。

具体而言，“一带一路”有如下理念创新：

1. 多边共赢的合作理念

合作共赢应是各国处理国际事务的基本政策取向。习近平曾指出：“我们为此作出全面深化改革的总体部署，着力点之一就是以更完善、更具活力的开放型经济体系，全方位、多层次发展国际合作，扩大同各国各地区的利益汇合、互利共赢”。① 建设“一带一路”的提议契合了沿线各国共谋发展、共享机遇的美好愿景，也表达了中国与沿线各国一同直面全球经济颓势、共克发展难关的决心和意志。中国先后提出“共商、共建、共享”理念和以“命运共同体”、“利益共同体”为代表的“共同体”理念，倡导多边共赢的国际合作新局面。

“共商、共建、共享”理念的提出，粉碎了此前关于中国通过建设“一带一路”大搞单边主义、意欲主导亚欧大陆的谬论。“一带一路”建设将以和平共处五项原则为基础，在联合国宪章所申明的宗旨和原则指导下进行。首先，中国倡导“共商”，即在整个“一带一路”建设当中充分尊重沿线国家对各自参与的合作事项的发言权，妥善处理各国利益关系。沿线各国无论大小、强弱、贫富，都是“一带一路”的平等参与者，都可以积极建言献策，都可以就本国需要对多边合作议程产生影响，但是都不能对别国所选择的发展路径指手画脚。通过双边或者多边沟通和磋商，各国方可找到经济优势的互补，实现发展战略的对接。其次，中国倡导“共建”。“商讨”毕竟只是各方实质性参与“一带一路”建设的第一步，接下来要进一步做好“走出去”的服务工作，同时鼓励沿线国家在引入资金、技术后培养相关人才，增强自主发展能力。只有做到了前面两点，才能保证“一带一

① 习近平：《弘扬丝路精神　深化中阿合作》，新华网，2014 年 6 月 5 日。

路”建设的成果能够被沿线国家所共享。

“共同体”理念则将互利共赢的合作观提升到了新的高度，充分体现了中国新一届领导集体在外交理念上的超越和升华。“零和博弈”和冷战思维已经过时，“共同体”意识恰恰反映出中国对国际合作的新看法：一国的发展不应以损害别国发展为代价，平衡发展不是零和式的发展转移，而完全可以实现以创新为基础的共赢的发展。“一带一路”沿线国家对经济发展有着共同的诉求，又在和平共处五项原则的指导下进行频繁的沟通交流，加上“一带一路”本身着重沿线基础设施建设，畅通的交通和通讯将把同处于“共同体”的沿线国家更紧密地联系起来。换句话说，“一带一路”将助推沿线国家“共同体”共识的形成，帮助实现共同的、有活力的、和谐的发展。

建设“一带一路”，有利于沿线国家共同繁荣、深化区域经济合作、增进沿线国家间的政治互信和睦邻友好，也有利于加大我国内陆地区开放力度，打造陆海统筹、东西互济的全方位对外开放新格局。共建“一带一路”，应依托并不断增进与沿线各国的传统友谊，充分利用现有合作机制和平台，照顾各方利益关切，把沿线国家的立足点结合起来，扩大利益汇合点，积极树立双赢、多赢、共赢的新理念，将政治关系优势、地缘毗邻优势、经济互补优势转化为务实合作优势、持续增长优势。

2. 空前包容的开放理念

“一带一路”的核心理念是包容。“一带一路”背景下的开放是一种空前包容的开放。商务部部长高虎城在《求是》杂志刊发文章，指出共建“一带一路”战略将开创我国全方位对外开放新格局。建设“一带一路”，是党和国家以全新理念推动的新一轮对外开放，它有助于形成国内与国际的互动合作、对内开放与对外开放的相互促进，有助于利用好两个市场、两种资源，拓展发展空间、释放发展潜力。新一轮对外开放的包容性集中体现在它“全方位”的要求之上。[①]

“全方位开放”并非新话题。上世纪90年代初，邓小平“南方谈话”开启了第二波对外开放浪潮。党的十四大报告指出，对外开放的地域要扩大，形成多层次、多渠道、全方位开放的格局；党的十五大报告指出，要完善全方位、多层次、宽领域的对外开放格局，发展开放型经济，增强国际竞争力，促进经济结构优化和国民经济素质的提高。一大批沿边、沿江及内陆省会城市随之开放。1998年，一个“由沿海到内地、由一般加工业到服务业的全方位、多层次、宽领域的对外开放格局”已经基本形成。[②] 中国加入世界贸易组织（WTO）后，对外开放再次迈向新高度。中国认真履行入世承诺，追求实现向制度性开放的转型，受到对外开放政策影响的地区进一步增加。如今，对外开放政策实施已有三十多年，我国开放型经济建设取得了丰硕成果。然而，国务院发展研究中心的研究表明，我国对外开放程度仍然处于或低于世界平均水平，服务贸易额和对外投资额与世界主要发达国家相比仍有较大差距，整个社会的开放程度尚不高。[③] 历史经验表明，对外开放是顺应时代潮流之举，而提高开放水平则是抓住工业“4.0时代”机遇，维护和延长我国战略机遇期的必由路径。

不难看出，“全方位、多层次、宽领域”分别对对外开放的地域、

① 参见高虎城：《共建“一带一路”战略，开创我国全方位对外开放新格局》，《求是》2015年第5期。

② 参见刘向东：《从封闭走向全方位、多层次、宽领域的对外开放》，《求是》1998年第22期。

③ 参见高虎城：《把握世界大势，提高开放水平》，《求是》2015年第2期。

程度和行业范围提出了要求。“一带一路”战略所构建的“全方位开放体系”，重点仍在于缓解长久以来各地区发展不平衡所造成的矛盾和问题，为“新常态”下的中国经济做好地域布局，挖掘内陆（尤其是中西部）市场潜力；但同时，“全方位”开放体系的含义又不止步于此。作为新一轮对外开放，它要在如下四个方面实现“升级”：

一是开放主体。首先，“一带一路”建设要立足国情，强调内陆地区开放水平的提高，缓解渐进式开放过程中产生的失衡问题。在对外开放之初，由于我国力量有限、经验不足，无法一步到位地实现对外开放，所以开辟了一条由经济特区开始逐步放开的政策性开放道路，中国取得的巨大经济成就与这一决策密不可分；然而，它同时也是中国今日地区发展不平衡的历史原因。建设“一带一路”，要全面调动沿线和地方的积极性，尤其是调动中西部欠开放、欠发达地区的积极性，将其生产优势与东部和丝路沿线国家的市场需求结合起来。其次，“一带一路”没有对参与成员的“身份”进行限制，对沿线国家和以其他形式参与进来的国家和实体也具有开放性，提倡多样化经营，倡导政府、企业、民间的多层面交往。

二是开放对象。“一带一路”要求确立面向更广阔的国内、国际市场的开放政策。“一带一路”发端于中国，是世界上跨度最长的经济大走廊。建设“一带一路”，首先要扩大“对内开放”，即沿线各省份要积极投入、搞好自身经济建设，将辖区内的建设项目落到实处，实现与国内其他地区的相互联通。建设“一带一路”，也要扩大“对外开放”，即面向数量更多、多样化程度更高的国家实施开放政策。中国推进“一带一路”建设不针对、不排斥任何国家，合作伙伴的选择空间可谓空前广泛。“一带一路”贯通中亚、东南亚、南亚、西亚乃至欧洲部分区域，东牵亚太经济圈，西系欧洲经济圈，覆盖约

44亿人口，经济总量约21万亿美元，分别占到全球总量的63%和29%。它本身就跨越了传统的地缘区域界限，所经国家和地区发展水平参差不齐，在民族、宗教、发展历史、文化背景等方面存在着巨大差异；中国政府更是表示，除了沿线国家，世界各个国家和国际组织、地区组织的建设性参与都将受到欢迎。为证明诚意，中国曾多次向域外国家阐述“一带一路”倡议，还曾就筹建亚洲基础设施投资银行等配套融资机构专门赴金融业发达的美国和欧洲国家介绍情况，希望吸纳更多国家和实体的力量共同致力于这项伟大事业。

三是互动形式。开放是为了更好地实现双边或多边的经济互动。从贸易来看，“一带一路”将重点支持中国与沿线国家相联接的交通、通讯等基础设施建设，提高沿线地区物流效率，便利双向或多边的贸易往来；通过提高沿线地区人们的消费水平，也能够挖掘出更大的消费市场，形成可持续的贸易往来模式。从投资来看，“一带一路”将帮助我国的制造业提升在全球价值链分工中的地位。持续助力中国企业“走出去”，努力形成与“引进来”相当的双向互动，是“一带一路”包容性开放的重要内涵。当下，我国的国际竞争力仍然集中在劳动密集型产业上，传统产业升级换代、提升价值的空间巨大。不难想到，“一带一路”建设能够带来一大批技术和资本密集型产业的订单，为提升我国在技术密集、知识密集、资本密集型行业的国际竞争力添一把火，实现进口替代市场的大幅增长。过去十年中，中国出口增长最快的不是低端加工后贴上“中国制造”标签的消费品，而是船舶、汽车、通讯设备、成套设备。例如：华为、中兴产品销往全球，主打发展中国家提供，海外销售量已经远超国内。“一带一路”建设为沿线发展中国家提供工业化、城镇化的新契机，它们必然需要建设配套基础设施。在包括能源、电力、水泥、钢铁、机械、交通、通讯等在内的基础设施建设行业，中国企业在中国的工业化、城镇化建设中积累了资本、人才、技术和丰富的经验，在国际化竞争中实力超群。专家预测，在未来一段时间内，全球将面临一个基础设施建设高潮。这对中国来说就是机遇。我国要抓住战略机遇期的新机遇，实现参与全球竞争的新优势。

四是开放心态。中国通过建设“一带一路”，倡导进行更具包容性的对外开放、开展更具包容性的务实合作，引领国际合作新风。以往发动如此大规模的经济带建设，主导国家往往选择以单向输出为主的方式来确保自身利益无虞。在“一带一路”建设过程中，中国将贯彻不干涉内政原则，不走容易引发矛盾冲突的老路，做到与邻为善、美美与共，谋求共同发展。“一带一路”强调中国不搞单边主义，不把自己的意志强加于人；“一带一路”欢迎沿线国家直陈自身发展优势和需要，支持沿线国家自主创新能力的提高和国家间以坦诚沟通达成的高效合作。尽管倡议是由中国提起的，但“一带一路”建设当中，中国仍可以“不当头”，以沿线国家的平等协商来确保相关项目合理性和可行性。同时，“一带一路”建设有赖于沿线国家间“五通”的实现，即政策沟通、设施联通、贸易畅通、资金融通、民心相通。顺利推进“一带一路”，必须重视“心通”，它要求沿线国家和地区以打造命运共同体为远大理想和目标，要求沿线地区人民以更加包容的心态实现文化共存、价值共惠，为实体经济的联通和建设提供精神支撑、塑造发展信心。中国将积极提供公共产品、主动承担国际责任，务实推进沿线国家和地区的互利发展，以国之大同的理念看待其他国家，多做换位思考，弘扬包容性开放理念，拉近民心。

3. 均衡协调的发展理念

“一带一路”包含了对内和对外两个政策方向，是中国政府对内发展政策和对外交往政策的有机结合，均衡、协调的发展理念也在这两个方向上得到了很好的体现。

首先，“一带一路”重视国内各区域的均衡发展。

改革开放三十多年间，中国国内经济建设取得了举世瞩目的成就，但是发展失衡的问题已经日益成为牵制中国“再进步”的桎梏。在新世纪开始之时，国家推动实施了以统筹协调区域发展为目标的西部大开发战略，随后又推出中部崛起战略和振兴东北的战略规划，虽成果显著，但这些战略所涉及的内陆地区仍存在大量贫困人口，社会经济发展面临的深层次问题未能得到妥善的解决。作为渐进式开放政策下的“后进生”，又受到自然区位、交通条件、经济基础、市场化水平等因素的限制，内陆地区的优势资源和市场潜力难以得到科学的开发。在全球化时代，内陆地区竞争劣势依然明显，与沿海发达地区的差距仍在拉大。

地区发展不平衡给整个国家的社会经济带来了严重影响。一方面，这种发展失衡使得地区间利益矛盾突出。内陆地区尚未完成资本积累，却早已负担着资金、人才、资源的外流和生态环境恶化带来的后果。地区发展机遇不平等，发展水平差距持续存在甚至拉大，内陆地区难以得到与其代价相应的回馈和补偿，不及时处理就有可能影响到地方经济建设的积极性。另一方面，地区间发展的差距一旦超越社会承载的范围，就容易引发社会问题，影响社会稳定和团结。内陆地区积蓄着国家发展的“后劲”，有能力为国家建设提供强大的自然资源和人才供给，有尚未挖掘的广阔市场空间，对内陆地区的开发需要一个稳定的社会环境。然而，地区发展的差距容易降低人们对社会的认同感，破坏社会和谐，国家制定和实施大型的发展规划时面临的不可控因素就会随之增加。

当前，制约内陆地区进一步发展的主要障碍在于开放度不高，且产业结构不合理、升级困难。丝绸之路经济带的建设致力于拓宽陆上开放通道，直接为中西部地区开放型经济的发展打开窗口，为中西部地区开发和居民增收注入新活力，推动当地经济新增长和社会新发展，推进市场化进程，缓解区域发展失衡带来的一系列问题；同时，“一带一路”的作用区域与一并列入国家发展战略行列的“京津冀协同发展”和“长江经济带”战略相互联结，各区域将建成完善基础设施，搭建地区间互联互通的平台。这不仅便利了内陆地区“借船出海”、利用好沿海地区外向型经济的长期发展经验和渠道，满足沿海地区乃至海外市场的需求，反过来也将刺激内陆各省份转变发展思路，因地制宜地开发优势资源，找到提升产业发展水平、提高企业竞争实力、淘汰落后产能、促进产业结构升级的路径。

其次，“一带一路”着力拉动沿线国家经济增长，促进全球经济的协调发展。世界经济发展过程中同样存在马太效应：有的国家越来越富裕，而有的国家却长期贫穷落后，这样的局面难以持续。当下，尽管上一轮经济和金融危机的影响力尚未完全消退，随着“工业 4.0”时代的到来，发达经济体和发展中经济体都迫切需要把握时机，以开放的姿态找寻经济复苏的契机。相较而言，发展中经济体基础薄弱，资金、人才、技术相对短缺，更加需要从外部获取支持。“一带一路”横穿亚欧大陆，沿线多为发展中国家。习近平指出：“水涨船高，小河有水大河满，大家发展才能发展大家。各国在谋求自身发展时，应该积极促进其他国家共同发展，让发展成果更多更好惠及各国人民。”[①] 本着这样的精神，中国通过“一带一路”建设分享中国改革发展红利，也带去中国发展的经验和教训，着力推动沿线国家间实现合作与对话，建立更加平等均衡的新型全球发展伙伴关系，夯实世界经济长期稳定发展的基础。

（二）理论创新

“一带一路”建设，在共商、共建、共享的理念指导之下，我国领导集体结合内外局势在理论方面做出了重大创新，主要包括在经济发展领域与区域合作领域内的建构。在这些创新型理论指导之下，我国将“引进来”与“走出去”更好地结合，在融入世界之时，分享中国发展红利，以求开放并且平等地实现同世界各国的共同发展与互利共赢。除此之外，我国在经济发展理论与区域合作理论的创新超越了传统的经济理论与区域合作模式，并以其“均衡、包容、和谐”的理念深深地影响着当今全球化进程，这些理论上的创举为世界提供了新的发展思路，推动着全球互联互通的早日实现。

1. 经济发展理论

自党的十八届三中全会将“一带一路”上升为重要国家战略以来，我国领导人在传承历史的基础之上，以经济合作为主轴，开放且包容地在陆上与海上同时进行“丝路”建设。就陆上而言，既有着

① 习近平：《弘扬和平共处五项原则　建设合作共赢美好世界》，《人民日报》2014年6月29日。

眼北方，辐射沿线俄罗斯、中亚诸国乃至欧洲的“丝绸之路经济带”建设；又有力图带动我国西南地区发展，深入南亚、东南亚地区，促进彼此睦邻友好的“经济走廊建设”，其主要包括“中巴经济走廊”、“孟中印缅经济走廊”与维持东北亚地区繁荣稳定，巩固传统友谊的“中蒙俄经济走廊”。“丝绸之路经济带建设理论”与“经济走廊建设理论”两大经济理论创新性地指导着陆上丝绸之路的建设。同时，与海上丝绸之路建设协同并进，以其“包容性、开放性、创新性”受到沿线各国的普遍欢迎。“一带一路”中经济发展理论的建设力图以其创新性超越传统的经济学理论，并在分享中国发展红利的同时，辐射周边国家，调动各国积极性，避免彼此之间的利益争端、贸易壁垒，为区域之间经济的长期性、持续性合作搭建有效平台，最终通过沿线国家的共同参与、平等合作共建政治共商、经济共荣、文化共谐的新路。

我国在“一带一路”战略经济发展理论方面的创新主要体现在“陆上丝绸之路”的建设过程中，即“丝绸之路经济带”建设与“经济走廊”建设，两者在聚焦不同地区的同时，又在国家层面的统一指导之下形成趋同，共同开创我国对外开放的新格局，以更加负责任的心态参与到全球化进程中去，从依靠域外资源的带动到同世界互联互通，真正的去落实“共商、共建、共享”的发展理念，促进欧亚大陆的共同发展与互利共赢。

(1)“丝绸之路经济带”建设

2013 年 9 月，习近平总书记在访问哈萨克斯坦期间提出“丝绸之路经济带”这一伟大战略思想并得到哈萨克斯坦总统纳扎尔巴耶夫的赞扬与支持。从其内涵来看，习近平总书记指出，这是一种“创新合作模式"，同时提出"五通"建设，即"加强政策沟通、道路相通、贸易畅通、货币流通、民心相通"。可见，"丝绸之路经济带"力图建立一种新的发展模式，以"非排他性"的原则，开放包容的态度欢迎各国的广泛参与，同时试图打破传统经济合作模式中"超国家行为体"原则标准的限制，在实现互联互通的基础上，实现彼此的互利共赢。

"经济带"概念就是对地区经济合作模式的创新，其中经济走廊——中蒙俄经济走廊、新亚欧大陆桥、中国—中亚—西亚经济走廊、孟中印缅经济走廊、中国—中南半岛经济走廊、海上经济走廊等，以经济增长极辐射周边，超越了传统发展经济学理论。

"丝绸之路经济带"的出现，具有深刻的内外背景。一方面，从内部发展来看，经过几十年的改革开放，我国东部地区特别是沿海地区获得极大发展，社会财富丰厚，人才储备充足，对外交流频繁，开放程度高。然而，与此形成鲜明对比的是，尽管中央大力推进"西部大开发"战略，但西部地区仍然受制于其内陆型的地理位置，招商引资较为困难，从而导致开发程度低，基础设施不完善，地方人才大量"孔雀东南飞"的困境，在开放程度上相比东部较为落后。此次"丝绸之路"经济带建设，包括各类"经济走廊"建设，正是为了改变这一窘境，将西部地区作为连接中亚、南亚、东南亚乃至欧洲的重要枢纽，将其由内陆附属地位推进到对外开放的前沿，缩小我国东西发展差距，落实我国全方位的对外开放战略。另一方面，从外部形势来看，伴随着美国重返亚太战略的提出，加之日本俯瞰地球仪式外交战略的实行，"中国威胁论"甚嚣尘上，中国在亚太地区受到打压与排挤在所难免。此时提出"丝绸之路经济带"思想，体现了中方的诚意。我们绝不称霸，而是真诚地同各国共享成果，以改变各国对中国崛起后“修昔底德陷阱”出现的猜疑；同时，在西方世界，金融危机的爆发导致世界发达资本主义国家经济增速放缓，而广大发展中国家却表现出了强劲的发展势头，丝绸之路经济带的出现有利于深化我国同这些新兴发展中国家的联系，为自身经济增长寻求新的推动力。

从性质上来讲，我国所提出的“丝绸之路经济带”概念，不同于历史上所出现的各类“经济区”与“经济联盟”。同以上两者相比，经济带具有灵活性高、适用性广以及可操作性强的特点，各国都是平等的参与者，本着自愿参与、协同推进的原则，发扬古丝绸之路兼容并包的精神。“丝绸之路经济带”所涵盖的地区，主要包括从东亚到欧洲的沿线国家，途径东亚、中亚、西亚等众多区域。由于“丝绸之路经济带”的包容开放，因此在组织机制设置上同欧盟等制定统一规则并强制各成员国遵循的政策不同，“丝绸之路经济带”主张发挥沿线各国自身的独特文化与制度优势，提倡不同发展程度的国家互通有无、取长补短，共同参与到“丝绸之路经济带”的建设之中。目前来看，当今“丝绸之路经济带”的建设应首先加强沿线基础设施建设，完善交通运输网，便利资本与劳力的自由流通，从而以点带面，实现能源、金融等重点领域的合作，逐步实现“五通”。尤其值得关注的是，“中亚地区”由于其重要的地缘位置与所蕴含的丰富自然资源，应在“丝绸之路经济带”建设过程中被置于重要的位置。2013 年，中国与中亚国家建立了战略伙伴关系，加之上海合作组织的存在，中国与中亚国家的经济政治合作具有了上层建筑强有力的支持。为充分发挥中亚地区国家的战略优势，深化中国与中亚国家在能源方面的合作，加强在公路、铁路、通讯、电力等基础设施建设方面的合作势在必行，尤其是基础设施的完善，对于推动第二条欧亚大陆桥的建设与落实意义深远。

“丝绸之路经济带”的建设，以其创新性丰富了经济发展的内涵，以开放并包的姿态在推动欧亚大陆协同发展、共同富裕方面发挥了积极的作用。这体现了我国审时度势、求真务实、与时俱进的理论品质与工作作风。

(2)“经济走廊”建设

经济走廊最早是由大湄公河次区域合作机制于 1996 年在马尼拉举行的第八届大湄公河次区域经济合作部长级会议上提出，其含义是指在一个特殊的地理区域内联系生产、贸易和基础设施的机制；其主要是通过对交通走廊的扩充，提高经济利益，促进相连地区或国家之间的经济合作与发展。建设“跨国经济走廊”则要求几个国家在其相连或相近区域发挥各自的资源与禀赋优势，优势互补，开展基础设施、贸易投资、产业合作、贸易旅游等合作。① 作为“一带一路”建设之中与“丝绸之路经济带”建设相互补充、相互协调的配套措施，我国“经济走廊”的建设将东亚、东北亚、东南亚、南亚、中亚、西亚乃至非洲北部国家紧密地联系在一起，通过与不同区域国家深化经贸合作，开展业务往来，将局部统一于整体，以其“开放包容性”与“全面整体性”开创了经济发展的新局面，为区域之间的经济合作提供了新的思路与模式。

根据“一带一路”走向，陆上依托国际大通道，以沿线中心城市为支撑，以重点经贸产业园区为合作平台，共同打造各种国际经济合作走廊。具体而言，我们在东北亚、东南亚、南亚、中亚地区依据

① 邵建平、刘盈盂：《孟中印缅经济走廊建设：意义、挑战和路径思考》，《印度洋经济体研究》2014 年第 6 期。

不同的现实情况，因地制宜地建立了不同的“经济走廊”模式，主要包括“中蒙俄经济走廊”、“孟中印缅经济走廊”、“中巴经济走廊”、中国—中亚—西亚、中国—中南半岛经济走廊等。尽管不同经济走廊在具体的配套措施与政策安排上存在差异，但其理念却是一以贯之的，即突出体现“共商、共建、共享”的理念，坚持包容开放、非强制的原则。这是一种和谐共生、和睦相容的经济创新模式。

作为中国的“全面战略协作伙伴”与“全面战略伙伴”，俄罗斯与蒙古同中国具有良好而稳固的合作基础。一方面，三者在经济结构方面尤其是能源结构方面互补性强。2014 年 5 月，历经 10 余年谈判，中俄最终签订为期 30 年的东段天然气供气协议，以每年 380 亿立方米的供气量促使中俄关系进一步亲近。俄罗斯方面，伴随乌克兰问题而出现的西方制裁，加之当前俄罗斯石油价格下降，页岩气革命的影响，俄方也需要同中国签订这一协议从而开拓新的市场。同理，蒙古对于俄罗斯能源也具有强烈的依赖，中蒙俄三国如能在供气管道方面实现共建又将是一次质的飞跃。另一方面，由于中蒙俄三国接壤，在地缘上关系亲密，同气连枝，随之而来的是经贸的繁荣与政治上的频繁会晤。同时，三国在维护东亚、东北亚乃至亚洲和平稳定方面都发挥着巨大的作用。我国提出的“中蒙俄经济走廊”计划由于其高度的开放性与适应性，可以同区域内业已存在的俄罗斯的“欧亚经济联盟计划”与蒙古国所主张的“草原丝绸之路”相契合，优势互补，有利于三方真正开辟统一市场，搭建贸易互通的便利网，这对于维护地区稳定，推动地区经济一体化具有重大作用。

“孟中印缅经济走廊”的建设，将东亚、南亚与东南亚联系在一起。其最早是由李克强总理在 2013 年访问印度时提出，中印两国倡议在孟中印缅地区合作论坛的基础之上共建经济走廊，这一倡议不久之后得到了其余相关国家的认同与赞许，四国在共建经济走廊这一问题上达成共识。2012 年党的十八大之后，我国在外交领域越来越重视周边国家的作用，坚持与邻为善、以邻为伴，坚持睦邻、安邻、富邻的原则，体现亲、诚、惠、容的理念，而“孟中印缅经济走廊”正是对我国周边外交理念的生动体现。通过经济走廊的建设，有利于促进区域内生产要素，例如劳动力、资本、技术、信息等要素的自由流动，同时中方采取一视同仁的态度，主张各国不论强弱大小，都有权利参与到经济走廊的建设之中，以期缩小区域内的发展差距，实现共同繁荣与和平稳定。同时“孟中印缅经济走廊”的建设，有利于我国西南部地区提高对外开放的水平，加强以云南省为代表的西南省份同南亚、东南亚国家的联系，从而缩小东西发展差距，进一步深化我国改革开放的进程，落实党的十八届三中全会《决定》中关于推动内陆开放的决定。

2013 年年初，中国同意代替新加坡接手经营巴基斯坦的“瓜达尔港”，同年 5 月，借助李克强总理访问巴基斯坦的契机，双方在会谈后发表的《全面战略合作联合声明》中指出共建“中巴经济走廊”，其目的主要是打通从新疆到巴基斯坦，从而进入印度洋的陆上通道。目前来看，中巴经贸繁荣，中国为其第二大贸易伙伴与第四大出口目的地，中巴关系良好，加之中巴之间互联互通的建设已经存在一定的交通运输基础，中巴“经济走廊”的建设基础良好、前景广阔。双方应该继续深化战略合作，推动彼此之间的经贸往来、人员交流、能源等关键领域的合作，进一步提高业已存在的互联互通的水平，带动走廊沿线，包括我国新疆地区到巴基斯坦地区经济的繁荣发展。

（3）海上丝绸之路经济发展理论

“中国文明中不乏海洋基因，只是长期被大陆基因所抑制”。[①] 在当今社会，“海洋”成为了外交的新兴领域之一。从内陆走向海洋已经是必要的选择，伴随着“21世纪海上丝绸之路”理论的提出，中国也逐步由陆向外交延伸至海向外交，从“大河”走向“大海”，积极发展海上力量，增强海上实力，发展同周边国家的海洋关系。这既是为了应对同周边国家的海上领土争端，也是更好地融入世界的必然要求。

“21世纪海上丝绸之路”重点方向是从中国沿海港口过南海到印度洋，延伸至欧洲，从中国沿海港口过南海到南太平洋。途中经过的区域主要包括东南亚、南亚、西亚、北非等地区与南太平洋地区，海上丝路沿线的国家被紧密地联系在一起，例如目前中国启动了中日韩自贸区谈判，同时升级同东盟自贸区的关系，拓宽合作渠道，推动区域一体化进程。同时，海上丝绸之路也以其高度的包容性同陆上丝绸之路相配合，“一带一路”内外相兼，海陆相结，同时推进我国改革开放的进一步深化与亚欧大陆乃至世界的和平稳定与繁荣发展。

中国是世界最大贸易国家，却奉行不结盟政策，提出与作为海上霸主的美国建设新型大国关系。这就要求中国提出21世纪海洋合作新理念，创新航运、物流、安全合作模式，通过特许经营权、共建共享港口等方式，推进海上与陆上丝路对接。“21世纪海上丝绸之路”贵在“21世纪”：表明中国既不走西方列强走向海洋的扩张、冲突、殖民的老路，也不走与美国海洋霸权对抗的邪路，而是寻求有效规避

---

① 参见王义桅：《海殇？——欧洲文明启示录》，世纪出版集团、上海人民出版社2013年版。

传统全球化风险，开创人海合一、和谐共生、可持续发展的新型海洋文明。

“21世纪海上丝绸之路”同时体现了我国“21世纪海洋合作的新理念”。这一新理念主张创新航运合作模式，例如提出特许经营权、共建港口等方式。之所以强调21世纪，突出的是中国海洋合作理念的创新性与时代性，即中国不走以往历史上西方依靠海洋殖民扩张，建立霸权的老路，中国所倡导的是一条平等、真诚、普惠共赢、可持续发展的和平之路。正如李克强总理在2014年6月中希海洋合作论坛上提出的，中方愿意同世界各国一道，通过发展海洋事业带动经济发展，深化国际合作，促进国际和平，努力建设一个和平、合作、和谐的海洋。

以上所述的经济理论创新，包括“丝绸之路经济带”、“经济走廊”以及“21世纪海上丝绸之路”的创建，都不可能是一帆风顺的，在其建构实施的过程中必然受到域内域外势力的影响。例如我国各省份为赶上“一带一路”的顺风车，盲目出台各类计划，造成计划重叠，浪费大量人力、物力资源。又如国际社会，各国所出台的各类政策，如美国的“新丝绸之路计划”、欧盟的“新中亚战略”、土耳其倡导的“突厥语国家联盟”等，由于相关联地域的契合，都会对我国“一带一路”的实施造成一定影响。同时，因为西方国家的宣传与误导，伴随中国崛起所出现的“中国霸权论”、“中国威胁论”等理论层出不穷，一定程度上削弱了各国，特别是周边国家对中国的政治信任，对理论的创新性实施造成了不良影响。但是，我们仍然需要相信，道路是曲折的，其前途却是光明的。

我国在“一带一路”建设中，所提出的各类经济发展理论，其共性在于理论自身的开放性与包容性，中国自身并不谋求领导地位，而仅仅是作为倡议者引领建设。由于理论政策自身的“非排他性”，所有国家都可以本着自愿的原则平等地参与到以上各类建设之中，通过彼此的合作交流，分享到我国改革开放的红利，体会到我国负责任的大国担当，实现互利共赢、共同发展。更重要的是，我国所提出的以上诸多经济发展理论，由于其“开放性”、“包容性”、“互惠性”打破了传统的区域经济合作模式，为在后金融危机时代经济发展速度放缓的各国提供了新的发展思路，即“不是建立超国家的机构和约束机制，而是在尊重各国利益的基础上，寻求一种自下而上、自然而然的融合与互动，使世界经济格局更趋合理，保证区域内各国的经济安全，以经济合作带动政治文化交流，以稳定的国家关系和相互的信任促进经济的共同繁荣与进步。”①

2. 区域合作理论

上文所叙述的诸多经济发展理论，包括“丝绸之路经济带”、“经济走廊”以及“21世纪海上丝绸之路”都同“一带一路”建设之中的区域合作密切相关，各不同区域之间的协作与整合，也是在上述经济理论的指导下开展的。古代丝绸之路，历史性地创造了一条由东亚至欧洲的陆上交通大动脉，将中国与中亚、西亚乃至南欧的广大区域连接在一起。各区域之间借助丝路通商贸易，沿途繁荣，彼此不冲突、不对抗，相安无事，以其包容性在促进区域合作方面发挥了巨大作用。同时，这条路将古老的中国文化、波斯文化、阿拉伯文化乃至希腊雅典文化紧密地联系在一起，成为了文化沟通的桥梁。目前，我

---

① 孙壮志：《“丝绸之路经济带”构想的背景、潜在挑战和未来走势》，《欧亚经济》2014年第4期。

国所倡导的“一带一路”覆盖范围与古代相比，有过之而无不及，其东起亚太，西至欧洲，在如此广袤的区域内进行“一带一路”建设，必然充满机遇与挑战，而创新性的区域合作模式或思维在解决域内争端，开创合作新局面方面作用巨大。

(1) 区域合作的原则

在“一带一路”的区域合作之中，中方坚持“管分歧、促合作，共同发展、互利共赢”的区域合作原则。“一带一路”覆盖范围广，民族国家众多，各类历史问题、宗教问题、领土争端屡见不鲜。同时，区域内诸多国家地缘政治优势突出，导致域外大国试图参与其中，谋取自身势力范围，建立主导权。以上各类复杂问题的杂糅导致分歧在所难免。但是，对于中方来讲，在区域合作中，合作是永恒的主题，分歧不应该也不能成为区域合作的障碍。

在具体的行为过程中，中方坚持以相互尊重为前提，以平等交流的方式，共同应对分歧、处理分歧而不回避分歧。在此基础上，不断寻求彼此之间的共同利益，以扩大共同利益的方式消弭分歧的影响，最终实现“共同发展，互利共赢”这一区域合作目标，顺应世界区域经济一体化的趋势，推动诸如商品、资本和劳动力等生产要素的自由流动。

我国所提出的区域合作原则，体现出了我国不干涉内政，不谋求势力范围与主导优势的特点。在同周边沿线国家共建“一带一路”的过程中，中方谋求的是彼此之间的红利共享与利益共建。下面以中美关系为例来展现我国区域合作原则在处理中美分歧中的实际效用。“一带一路”中所涉及的中东、中亚等区域，由于其具有丰富的能源矿产资源与特殊的地缘优势，同美元的主导地位和美国的霸权密切相关，因此美国致力于在该地区建立自身霸权，而中国将中东、中亚地区纳入“一带一路”范畴不可避免地导致中美矛盾。就目前来看，美国一方面重返亚太，开展TPP谈判，力图通过设立高门槛、高标准来抑制中国与俄罗斯的参与，同其盟友加紧控制亚太地区的经济主导权，力图削弱地区内中国崛起的影响；另一方面，美国提出“新丝绸之路”计划，为中亚地区开辟经由阿富汗、巴基斯坦和印度南下印度洋的通道，力图使中亚诸国摆脱对中国的依赖。对于美国上述种种举措，中方采取了亲诚的态度妥善处理，习近平总书记在与奥巴马总统的安纳伯格庄园会晤中提出打造中美新型大国关系，即“不冲突、不对抗、相互尊重、合作共赢”，共同建构21世纪中美新型关系，同时这一理论也被用于中美争议的解决。如果从理论层面来讲，首先，我国“一带一路”政策具有强大的开放性与包容性，可以同区域内业已存在的诸多计划或者组织相衔接，并不会产生本质上的深刻矛盾。因此，“一带一路”计划与美国“新丝绸之路”计划存在共融的空间；其次，中美两国在诸多领域也存在共同利益，例如目前中美两国在“大湄公河次区域合作”（GSM）的能源交流方面已经取得一定成果，又如在中东地区维和，打击ISIS极端组织，稳定伊拉克、阿富汗等国家安全稳定，保障能源运输方面都具有共同利益，而中方也积极从这些共同利益出发促使中美合作，调解争端。在建设“一带一路”过程中，本着负责任的态度，同美国进行平等真诚的沟通，在最大程度上促成相互之间的合作，共同为区域的繁荣稳定做出努力。

（2）区域合作的具体内容与特点

2013年9月，习近平总书记在哈萨克斯坦纳扎尔巴耶夫大学演讲倡议建立“丝绸之路经济带”时，曾经为这一计划定下目标，即

“以点带面、从线到片，逐渐形成区域大合作”，并进一步提出了“五通”思路，即“政策沟通、道路相通、贸易畅通、货币流通、民心相通”。这“五通”的背后，体现了在“一带一路”建设过程中，区域合作的主要内容与具体特点。

2014 年 11 月，“推进丝绸之路经济带、海上丝绸之路建设，形成全方位开放新格局”被正式写入党的十八届三中全会所通过的《中共中央关于全面深化改革若干重大问题的决定》中，这意味着“一带一路”建设正式成为我国重要战略。就其内容而言，“一带一路”建设由于其长期性与复杂性，不可能一蹴而就，需在理清现实需要的基础之上，抓住各国所需，按需分配，逐步推进。在其具体实施过程中，应从以下几方面着手推进。第一，完善道路、运输管道、通讯、信息等基础设施的建设。由于“一带一路”涉及区域广，其中中部广大发展中国家在基础设施建设方面不够完善，例如道路运输条件差、安全隐患多，信息沟通交流不通畅，通讯网络覆盖范围小、传输效果差等问题，而基础设施的完善是实现一切互联互通的基础，因此将基础设施的协作作为“一带一路”建设中区域合作的第一步与切入点具有其合理性与必然性；第二，在完善基础设施建设的基础之上，深化彼此了解，加强政策沟通，力图推进各类自贸区建设，并同域内业已存在的各类战略目标相契合，提高区域合作的紧密性与层级性。在这一过程中，中国应进一步地寻求区域合作的契合点，按照不同国家的需要展开不同类别的企业合作、能源合作等，例如可以推动中国国内过剩产业如钢铁产业的外向转移，以实际努力为促进目标国经济的发展与繁荣做出努力。同时，为保证“一带一路”建设的进一步落实，中国可以提升合作层次，例如打造中国与东盟自贸区关系的升级版，尝试同中亚国家建立自贸区，将非洲北部国家或其他沿线国家纳入合作轨道；第三，在不断实现“五通”的过程之中，逐步建立起涵盖东亚、南亚、东南亚、中亚、西亚乃至欧洲的欧亚大陆集群，在此集群内，实现生产要素的自由流动，促进劳动力、资本和货币等自由流通，建立起便利的交通运输网、信息合作网与科技交流网，减少贸易壁垒，加强经贸合作，真正建立起和谐稳定的共同体，推动实现共同繁荣、共同发展、共同进步。以上的“三步走”仅是笔者为展现我国区域合作建设步骤所做出的大体规划，在具体的实施过程中，还需要结合实际情况，以时间、地点、条件为转移。但是，可以肯定的是，我国在促进区域合作的过程中，始终坚持稳定性与持续性的统一，稳扎稳打，步步深化，通过不断加深相互之间的了解，真诚交流，在实现“五通”的过程中，建立起荣辱与共的“共同体”。

在经由区域合作的强化逐步实现“一带一路”目标的过程中，我国领导集团为国际社会提供了崭新的思路，充分展现了自身的特点。第一，主动性。在我国改革开放发展的过程之中，首先采取的是“引进来”战略，即通过“搭便车”的方式借助国际资源来拉动自身经济发展。紧接着“走出去”，更好地利用国外市场，进一步深化我国改革开放的程度与水平。目前，中国 GDP 已经超越日本，一跃位居世界第二位，面临国际社会疑惑中国将会怎么做，做什么的问题，此刻中国政府主动出击，将“引进来”与“走出去”相结合，充分分享自身的发展红利，惠及周边沿线国家，承担起大国责任，向国际社会展现自身风范，最大程度上打消各国疑虑，应对各种“中国威胁论”。中国主动将“引进来”与“走出去”相结合，能够更好地利用国内外两个市场，两种资源，在深化自身改革开放的同时，推动与不同区域之间的合作。第二，全面性。我国在推动区域合作的过程中，遵循“由点到面，由线到片，促进区域大合作”的方针，这一循序渐进的手段，展现了在不同空间维度、不同时间维度我国的政策安排。这是一种不同于历史上网状发展模式的条形结构，而条形结构本身就能够更加全面地纳入各类行为体，充分激活其合作的活力与动力。同时，从上文所阐释的区域合作内容可知，“一带一路”不仅仅局限在基础设施领域内的互联互通，而是以此为切入点，步步深入，全面落实，推动经贸、科技、人文等更多领域内的全面合作，建立起全领域“共商、共建、共享”的新型区域合作模式。第三，务实性。在我国推进“一带一路”区域合作的过程中，求真务实为一贯原则，即从国内、国际两个维度，立足实际，扎实推进。就国内而言，改革开放造成东部开放程度远远高于西部地区，因此以西部地区为关键枢纽的“一带一路”建设能够有效地缩小东西部之间的发展差异，提高西部对外开放的水平，形成东西部在两大区域协同推进开放的良好局面；就国际社会而言，中国的务实性一方面体现在对各国实际情况的把握，按各国所需进行分配，充分承担起自身的国际责任，实现区域内的协调增长，缩小不同国家之间的发展差距，以求共同发展、共同进步。另一方面，中国在同不同区域进行合作的过程中，既会努力处理好同地区大国之间的关系，又会顾及其余各国。对于有分歧的国家，在维护我国国家利益的前提下，会充分考虑对方的合理要求，采取平等、真诚与坦率的态度为问题的解决做出努力。对于区域内业已存在的地区组织与地区规划，中国在合作的过程中也会寻求政策上的对接，这一切都体现了平等、务实的特点。

以上从区域合作的原则、内容与特点出发，阐述了我国的区域合作理论，体现了我国开放包容、平等真诚、共享共赢的态度，为不同国家之间、不同民族之间、不同区域之间寻求合作展现了一条新的思路，提供了一种新的形式。在区域合作的过程中，中国支持不同区域之间为实现彼此的互利共赢展开的合作，对同中国相合作的区域，中国从自身政策出发，坚持周边外交中睦邻、安邻与富邻的政策，与邻为善、以邻为伴，亲、诚、惠、容地处理各类问题，打造中国周边外交的升级版，促进合作的实现与发展。同时，在区域合作的过程中，中国不称霸，也不允许别国称霸，不谋求建立自身的区域主导地位，坚持走和平崛起的道路，承担起自身的国际责任。在实际操作过程中，我国平等地开展同各类国家之间的交流合作，相互尊重、相互谅解，听取其合理的利益诉求，积极推动区域合作中“五通”的实现。另外，同经济发展思路相一致的是，在区域合作中，中国也不是“一带一路”的主导者与领导者，而仅仅是一位倡议者，力图以兼容并包、海纳百川的态度，调动起各国的积极性，号召各国本着自愿的原则参与到“一带一路”的建设之中，共同为区域合作的实现做出贡献，这也是我国“一带一路”建设中“非排他性”的典型表现。

3. 全球化理论

当今时代，是全球化的时代，尤其以经济全球化为主，生产、贸易、金融与企业贸易全球化在带来充裕财富的同时，也造成了一系列问题。我国所提出的“一带一路”政策，以其经济发展和区域合作两方面的创新发展思路，对全球化过程中所出现的诸多问题的解决是大有裨益的。也就是说，“一带一路”的诸多创想，能够更好地发挥全球化的积极作用，同时超越传统意义上的一体化建设，谋求全球化时代的合作共赢。目前而言，“全球化过程中出现了诸如‘世界多极化’、‘全球治理权力分散化’、‘国际问题碎片化’、‘区域一体化机制构建加速’等诸多问题。实际上，‘一带一路’的共建与以上问题的解决存在着密切的联系，如果推进得好，对全球化的进一步良性发展将发挥巨大的积极作用。”① 具体而言，我国“一带一路”建设在全球化理论方面的创举主要体现在其利益共同体、命运共同体与责任共同体的建构以及其均衡、包容、和谐的三大理论特点。

由于“一带一路”建设立足于共同发展的大局，因此涵盖沿线区域的共同体建构必不可少，这是我国在全球化理论方面的重要创新之一。李克强总理在2014年4月的博鳌亚洲论坛开幕式上指出，要坚持共同发展的大方向，结成亚洲利益共同体；构建融合发展的大格局，形成亚洲命运共同体；维护和平发展的大环境，打造亚洲责任共同体。我国“一带一路”的建设，更大程度上立足于全球化时代各国之间联系的紧密性，号召各国树立“一荣俱荣，一损俱损”的共同体意识，各国共同面对安全方面的挑战，实现共同发展与共同进步。具体来说，“利益共同体”指的是各国之间的利益在不同程度上存在契合，各国应在寻求共同利益的过程中，不断减少分歧，以利益促合作、谋发展，从而实现彼此之间的互利共赢；“命运共同体”指的是在全球化高度发展的今天，各国命运紧密地联系在一起，牵一发而动全身已经成为一种普遍的态势。不同国家，无论大小、贫富、强弱都对人类的共同命运负有责任，因此应当取消国别的限制，使得各国平等地参与到共同体建构的过程中去；“责任共同体”指的是目前国际社会的许多问题超越了国别、国界的限制，单靠一国的力量难以解决，诸如生态问题、非传统安全问题等，这就需要各国承担起相应的责任，彼此加强沟通配合，摒弃意识形态的羁绊，同心同力应对挑战。在“一带一路”建设实际的操作过程中，共同体建构在“五通”的指导下，主动地发展与沿线国家的经济合作伙伴关系，共同打造政

① 罗雨译：《“一带一路”：全球新秩序的福音》，《中国外汇》2014年10月1日。

治互信、经济融合、文化包容的利益共同体、命运共同体和责任共同体。

“一带一路”建设重要思路之一即是由点到面，由部分到整体，立足于全球化发展的大视野中，但是同全球化不同的是，我国“一带一路”建设更加强调将全球化的积极作用最大化，尽可能地规避其风险，为人类提供一种崭新的发展思路。“一带一路”建设在进行区域整合，即从部分到整体的过程中，突出体现了均衡、包容、和谐三大特点。第一，均衡。全球化时代突出的一个表现就是发达国家不断从发展中国家攫取资源，同时垄断发展中国家市场，造成“富国越富，贫国越贫”的现象，“一带一路”的“均衡”正是针对这一现象提出的。均衡指的是不应由一国垄断财富，真正的发展应该是协同并进，共同富裕，同世界各国分享自己的发展红利，缩小世界范围内各国之间的贫富差距。例如，“一带一路”政策提出后所出现的400亿丝路基金正是中国承担起大国责任，促使国际社会的均衡发展，同世界分享自身发展成果的表现；第二，包容。全球化的发展必然伴随一体化进程的加快，一体化尽管在一定程度上推动了区域的繁荣，但也造成了诸多弊端。以欧盟为例，欧债危机的爆发，体现了欧盟在制度设计上的缺陷，一体化造成的超国家机制与规则使得其难以照顾到各国的实际情况。在欧洲央行的主导之下，整个欧元区统一汇率政策使得成员国失去了自身的汇率工具，而不得不置身于整个欧洲一体化之中，唯一的货币政策和成员国不同的政策偏好形成矛盾。包容一定程度上可以改善一体化的这一困境，即在一体化进程之中，需要更多的关注不同成员国自身的文明特点、发展特征、资源与制度禀赋的优势，力图统一于一体化的建构之中，这超越了传统的一体化建设“超国家”的特点，为新时代一体化的建设提供了新的思路；第三，和谐。我国在“一带一路”建设的过程中，将会高举“和谐”的大旗，将“一带一路”建设与我国提倡的“和谐世界”理念相结合，推动实现国际关系民主化，推动实现人类的持久和平与共同发展。

“一带一路”建设在全球化层面充分借鉴了在经济发展理论与区域合作理论中的诸多创想，在世界全球化、一体化进程加快的今天，为全球问题的解决提供了良好的借鉴。若能充分地调动“一带一路”沿线 60 多个国家，40 多亿人口的积极性，秉承着共同体的意识，力图打造均衡、包容与和谐的全球环境，将会超越传统的一体化与全球化进程，促使全球问题的解决，为世界的蓬勃发展与共同繁荣注入活力。

（三）方式崭新

迄今为止，有关“丝绸之路经济带”的主要内容体现在习近平在哈萨克斯坦纳扎尔巴耶夫大学的演讲和上合组织元首理事会第十三次会议讲话，2015 年 3 月 28 日国家发改委、外交部、商务部联合发布的《推动共建丝绸之路经济带和 21 世纪海上丝绸之路的愿景与行动》中。习近平在哈萨克斯坦讲话的亮点是中国对中亚政策的“四要原则”、“丝绸之路经济带”的“五大支柱”和上合组织开展务实合作的五大具体措施，其中道路联通是基础，贸易畅通是本质内容。

“四要原则”是：中国与中亚国家要坚持世代友好，做和谐和睦的好邻居；要坚定相互支持，做真诚互信的好朋友；要大力加强务实合作，做互利共赢的好伙伴；要以更宽的胸襟、更广的视野拓展区域合作，共创新的辉煌。概括起来，四“要”对应四“坚持”：坚持开放合作，坚持和谐包容，坚持市场运作，坚持互利共赢。

“丝绸之路经济带”战略构想的“五大支柱”为：

一是政策沟通。“一带一路”的顺利推进有赖于沿线国家间高度的政治互信，反过来，经济互动形成的依存度将为国家间关系的和谐不断提供新的动力。通过加强友好对话与磋商，各国可以共商经济发展战略和对策，求同存异，消除政策壁垒和其他人为的合作屏障，协商制定推进区域合作的规划和措施，以政策、法律和国际协议为沿线经济融合保驾护航。为此，加强政府间合作，积极构建多层次政府间宏观政策沟通交流机制，深化利益融合，促进政治互信，达成合作新共识，是“一带一路”建设的重要保障。为方便沿线各国就经济发展战略和对策进行充分交流对接，共同制定推进区域合作的规划和措施，协商解决合作中的问题，共同为务实合作及大型项目实施提供政策支持，可成立丝路组织或论坛，进行高层磋商；或在中央党校举办丝路讲习研讨班，为“一带一路”沿线国家中层干部交流提供学习平台。

二是设施联通。设施联通主要包括四大类：一是交通基础设施，尤其是关键通道、关键节点和重点工程，优先打通缺失路段，畅通瓶颈路段，配套完善道路安全防护设施和交通管理设施设备，提升道路通达水平。推进建立统一的全程运输协调机制，促进国际通关、换装、多式联运有机衔接，逐步形成兼容规范的运输规则，实现国际运输便利化。二是口岸基础设施，畅通陆水联运通道，推进港口合作建设，增加海上航线和班次，加强海上物流信息化合作。拓展建立民航全面合作的平台和机制，加快提升航空基础设施水平。三是能源基础设施，共同维护输油、输气管道等运输通道安全，推进跨境电力与输电通道建设，积极开展区域电网升级改造合作。四是跨境光缆等通信干线网络，提高国际通信互联互通水平，畅通信息丝绸之路。加快推进双边跨境光缆等建设，规划建设洲际海底光缆项目，完善空中（卫星）信息通道，扩大信息交流与合作。中国走出了一条基建先行的发展道路。实践证明，道路、通讯、能源、电力等基础设施的完备对于提高开放水平、打造良好的投资环境、拉动附近地区经济增长和居民增收而言至关重要。的确，基础设施互联互通是“一带一路”建设的优先领域。我国与“一带一路”沿线国家基础设施互联互通水平相对滞后——这一方面是受到自然条件的限制：沿线地形地貌等建设条件复杂，工程量和难度巨大，需要投入巨额资金；另一方面，由于缺少维护，骨干通道普遍存在缺失和断裂现象，另有一些交通通道建设等级低，无法满足联通需求。设施联通，即在“一带一路”建设过程中要利用好我国基础设施相关行业产能，发挥出先进技术、优秀人才和实践经验的优势，为陆上和海上丝绸之路沿线的国家铺好开放之路、发展之路、致富之路。做到设施联通，需要沿线各国通力合作、加强对接，开辟交通和物流大通道，通畅从波罗的海到太平洋、从中亚到印度洋和波斯湾的交通运输走廊。公路、铁路（高铁）、海运、电力、通讯、能源等基础设施的联通将使中国与“一带一路”沿线国家立体化联通，用“硬件”保障丝路合作长期、有效地运行。

为此，在尊重相关国家主权和安全关切的基础上，沿线国家加强基础设施建设规划、技术标准体系的对接，共同推进国际骨干通道建设，逐步形成连接亚洲各次区域以及亚欧非之间的基础设施网络，是“一带一路”建设的基础工程。当然，这需要强化基础设施绿色低碳化建设和运营管理，在建设中充分考虑气候变化影响，建设绿色丝绸之路。

三是贸易畅通。对外贸易是一个国家对外开放水平和质量的量表。就传统的货物贸易而言，在及时的政策沟通基础上，“一带一路”沿线国家才能更全面地了解他国的发展思路，对相关国家的产业结构、发展阶段和贸易特征进行合理分析，进而重点开发优势资源，发展优势产业，发挥出比较优势；服务贸易也是对外贸易的重要组成部分，服务贸易的畅通更加依赖相关国家间的政策协调。随着信息化时代的到来，服务贸易也从传统的人员流动升级为包括电子商务及相关服务在内的庞大体系。只有用法律、政策、国际合作协议等形式固化合作，落实政策协调的结果，充分利用基础设施互联互通带来的物流便利，进一步粉碎自然和人为形成的贸易壁垒，降低各种生产要素跨境流通带来的风险，沿线国家才能优化贸易结构，实现“量”和“质”的双重提升。丝绸之路经济带总人口近30亿，市场规模和潜力独一无二，各国在贸易和投资领域合作潜力巨大。各方应该就贸易和投资便利化问题进行探讨并作出适当安排，消除贸易壁垒，降低贸易和投资成本，提高区域经济循环速度和质量，实现互利共赢。

投资贸易合作是“一带一路”建设的重点内容。推进投资贸易便利化，消除投资和贸易壁垒，加强双边投资保护协定、避免双重征税协定磋商，保护投资者的合法权益，构建区域内和各国良好的营商环境，积极同沿线国家和地区共同商建自由贸易区，激发释放合作潜力，做大做好合作“蛋糕”，是努力方向。

四是资金融通。如果各国在经常项下和资本项下实现本币兑换和结算，就可以大大降低资金流通成本，增强抵御金融风险能力，提高本地区经济的国际竞争力。“一带一路”建设将为中国和沿线国家实现金融安全提供新契机。金融被公认为是现代经济发展的核心。“一带一路”所经国家大多使用域外国家的货币作为国际支付和结算手段。为满足沿线国家融资需求、支持重大项目的跨国合作和建设，“一带一路”需要利用好“丝路基金”和区域内多边机构开发投资银行的资源，调动和协调上合组织银行联合体等资源，创新和深化与沿线国家的金融合作。同时，“一带一路”倡导扩大本币结算和本币互换，以降低在相关国家进行投资和贸易活动的汇率风险和结算成本，促使相关国家在经济交往中形成金融风险共担的货币安全网，进而提高各国捍卫自身金融安全和经济利益的能力。

《推动共建丝绸之路经济带和21世纪海上丝绸之路的愿景与行动》为此指出，资金融通是“一带一路”建设的重要支撑。深化金融合作，推进亚洲货币稳定体系、投融资体系和信用体系建设。扩大沿线国家双边本币互换、结算的范围和规模。推动亚洲债券市场的开放和发展。共同推进亚洲基础设施投资银行、金砖国家开发银行筹建，有关各方就建立上海合作组织融资机构开展磋商。加快丝路基金组建运营。深化中国—东盟银行联合体、上合组织银行联合体务实合作，以银团贷款、银行授信等方式开展多边金融合作。支持沿线国家政府和信用等级较高的企业以及金融机构在中国境内发行人民币债券。符合条件的中国境内金融机构和企业可以在境外发行人民币债券和外币债券，鼓励在沿线国家使用所筹资金。同时，加强金融监管合作，推动签署双边监管合作谅解备忘录，逐步在区域内建立高效监管协调机制。完善风险应对和危机处置制度安排，构建区域性金融风险预警系统，形成应对跨境风险和危机处置的交流合作机制。加强征信管理部门、征信机构和评级机构之间的跨境交流与合作。充分发挥丝路基金以及各国主权基金作用，引导商业性股权投资基金和社会资金共同参与“一带一路”重点项目。

五是民心相通。“一带一路”建设需弘扬睦邻友好的合作精神，在教育、文化、旅游等领域深入开展人文合作，以文化交流推动包容开放理念的形成和扩散，促进文化交融，促成文化认同感，为深化沿线国家合作提供内在动力。近年来，我国与沿线国家官方和民间互动颇为频繁，人文合作的效益日益明显。中国将一如既往地坚持传承和弘扬“丝路精神”，倡导友好合作，拉近沿线国家民心，使其成为深化合作坚实的民意基础。我国与沿线国家开展人文交流与合作有着广阔的空间，部分具体措施已经在高层讲话当中体现出来。例如：中国将增加向沿线国家提供政府奖学金的名额，资助沿线国家有关人员来华参加研修培训；与沿线国家互办文化年、艺术节等活动；加强与沿线国家旅游宣传推广合作，扩大旅游投资合作等等。

可以看到，“丝绸之路经济带”至今还是一个相对抽象的构想，对于该经济带覆盖的地理范围、合作领域和合作机制安排、具体实施路径、实施阶段及目标等都需要尽快具体化，形成国际共识。

可喜的是，“一带一路”建设已经形成如下共识：超越单一资源和原材料贸易的局限；从双边入手，增加对沿线国家经济投入和力度，需要提供更多的公共产品和公共服务；避免排他性，强调开放性和包容性，找准与周边国家建设两条“丝绸之路”的利益契合点，贯彻互利共赢的原则，与周边国家形成利益共同体；在软环境建设方面，提高消费者互信，实现企业互动和文化教育人才的交流与互通。

对应的合作领域则包括：互联互通基础设施建设；实现贸易便利化，创新贸易方式；鼓励直接投资，扩大投资领域，增加当地居民就业机会；加强金融合作，推进贸易本币结算；加强能源合作，提高能源产业的开采、加工和增值能力，实现能源进口和出口多元化；人文交流；生态环境。

与五大支柱相对应的五大具体措施包括：

1）提供贷款：向亚洲、非洲、拉丁美洲等发展中国家宣布，中国愿意向友好国家提供国家贷款，用于借款国的基础设施建设。

2）减免关税：向中国交好的不发达国家提供部分商品的减免关

税待遇，使相互间的贸易繁荣起来。

3）培养人才：中国将为发展中国家培训培养各类人才，在当地设立培训和研究机构，为留学生提供政府奖学金等，使当地经济能真正发展起来。

4）增加援助：在涉及农业、粮援、教育培训、卫生、清洁能源等诸多领域向发展中国家提供各种援助。在金融危机下，不减免援助，与兄弟国家一起共同发展，共克时艰。

5）消除债务：金融危机爆发以来，中国克服自身困难，继续向亚非拉发展中国家提供了包括无偿援助、无息贷款、优惠贷款等帮助。

“丝绸之路经济带”属于跨国经济带，远景目标是构建区域合作新模式。“丝绸之路经济带”与传统的区域合作模式的区别在于，传统的区域合作是通过建立互惠的贸易和投资安排，确立统一的关税政策，然后建立超国家的机构来实现深入的合作。“丝绸之路经济带”没有设立高端目标，近期主要是贸易、交通、投资领域的合作，未来不会设定关税同盟。“经济带”不是“紧密型一体化合作组织”，不会打破现有的区域制度安排，更多的是一种务实灵活的经济合作安排。

在推进“一带一路”建设首次工作会议上，国务院副总理张高丽强调，“一带一路”建设是一项宏大系统工程，要突出重点、远近结合，有力有序有效推进，确保“一带一路”建设工作开好局、起好步。要坚持共商、共建、共享原则，积极与沿线国家的发展战略相互对接。要把握重点方向，陆上依托国际大通道，以重点经贸产业园区为合作平台，共同打造若干国际经济合作走廊；海上依托重点港口城市，共同打造通畅安全高效的运输大通道。要强化规划引领，把长期目标任务和近期工作结合起来，加强对工作的具体指导。要抓好重点项目，以基础设施互联互通为突破口，发挥对推进“一带一路”建设的基础性作用和示范效应。要畅通投资贸易，着力推进投资和贸易便利化，营造区域内良好营商环境，抓好境外合作园区建设，推动形成区域经济合作共赢发展新格局。要拓宽金融合作，加快构建强有力的投融资渠道支撑，强化“一带一路”建设的资金保障。要促进人文交流，传承和弘扬古丝绸之路友好合作精神，夯实“一带一路”建设的民意和社会基础。要保护生态环境，遵守法律法规，履行社会责任，共同建设绿色、和谐、共赢的“一带一路”。要加强沟通磋商，充分发挥多边双边、区域次区域合作机制和平台的作用，扩大利益契合点，谋求共同发展、共同繁荣，携手推进“一带一路”建设。

建设“丝绸之路经济带”和“21 世纪海上丝绸之路”的构想赋予“丝绸之路”以崭新的时代内涵和生命力。“一带一路”的空前包容性使得它在众多多边经贸合作框架当中脱颖而出，散发着独特的魅力，但同时也使得“一带一路”推进过程面临更多挑战和考验。“一带一路”框架下的合作是一种着眼长远、兼容并包、有层次结构的合作，它需要我们拟定分期发展的规划、分阶段扶持重点行业发展，需要我们考虑到国家、企业、个人等多种行为主体的特殊作用，需要我们更全面地分析沿线各国发展水平和需求，还需统筹兼顾沿线地区在政治、经济、文化和安全领域的多种利益诉求。

正如习近平 2014 年 10 月在“加强互联互通伙伴关系”东道主伙伴对话会上讲话中所指出的，如果将“一带一路”比喻为亚洲腾飞的两只翅膀，那么互联互通就是两只翅膀的血脉经络。“一带一路”是一个跨越时空的宏大战略构想，将成为中国自主搭建的最大的外交平台。要建好这一平台，需要中国继续秉承务实合作的态度和风格，将“互联互通”的要求落到实处，而要用好这一平台则需要中国确立一个与之相应的长远目标，让“中国梦”通过丝绸之路与沿线国家的繁荣发展之梦相连、与世界和平发展之梦相连。

实现与沿线国家互联互通是推进“一带一路”建设、构建国际合作新模式的内在要求，以基础设施建设为先导，带动产业布局优化，促进我国与沿线国家共同发展，是“一带一路”建设初期必须达成的目标。“五通”的提出将互联互通的目标细化到政策沟通、设施联通、贸易畅通、资金融通和民心相通五个方面，为解答沿线国家关于具体如何构建中国与丝路沿线各国的互联互通的疑问画出了一幅路线图，表达了中国以建设“一带一路”增进与邻国和其他沿线国家政治互信、提升丝路沿线经济发展水平、加强民间交流和文明互鉴的意愿，充分展现了中国的决心和务实态度。做到这“五通”将为我国外交环境的改善、经济的长远发展和社会的持久稳定打下坚实的基础。

“五通”是我国促进区域合作、与“一带一路”沿线国家共谋发展的行动指南。通过加速与相关国家的硬件设施联通和坦诚对话，中国致力于在实现“五通”的过程中，逐步建立起涵盖东亚、南亚、东南亚、中亚、西亚乃至欧洲的欧亚大陆集群，实现集群内部生产要素的自由流动，使相关国家间关系进一步和谐化，使各方逐步成为兴衰相伴、安危与共、同舟共济的好邻居、好朋友、好伙伴，推动实现共同繁荣、共同发展、共同进步，逐步形成荣辱与共的“共同体”。

世界上现存的“共同体”组织并不多，它们大多是地区性的合作组织，频繁的经贸往来和较高水平的经济合作是它的主要内涵。历史上，“共同体”一词真正为人熟知是因为1965年欧洲经济共同体的成立，代表区域经济一体化进程中的一个阶段，是区域经济合作制度化的表现。然而，随着经济全球化的深入和现代交通、通讯技术的长足发展，国际行为主体之间相互依存的关系持续加强，人类面临的共同挑战和外部性问题日益增多，国际治理格局正在发生变化。基于这样的认识，党的十八大报告提出了人类命运共同体的概念，倡导在追求本国利益时兼顾他国合理关切，在谋求本国发展中促进各国共同发展，建立更加平等均衡的新型全球发展伙伴关系。它发展了传统的“共同体”概念，将对共同体的理解和认识置于地理范畴之外，超越单一的经济领域合作，促进人类更加全面地进步和发展。

到目前为止，中国领导人在各种场合提及的“共同体”主要有“利益共同体”、“责任共同体”和“命运共同体”等。李克强总理在博鳌亚洲论坛开幕式上曾指出，要坚持共同发展的大方向，结成亚洲利益共同体；构建融合发展的大格局，形成亚洲命运共同体；维护和平发展的大环境，打造亚洲责任共同体。中国先后向东盟、非洲、拉丁美洲和加勒比海地区国家表达过树立“共同体”意识、促进中国同这些地区国家全面开展合作的意愿。例如：中国提出建设“中国—东盟命运共同体”，强调要坚持讲信修睦、合作共赢、守望相助、心心相印、开放包容，为双方和本地区人民带来更多福祉；习近平总书记在上任后首份非洲政策演说中指出，“中非从来都是命运共同体”，并支持非洲国家积极探索适合本国国情的发展道路。但是，“共同体”概念的内涵应当更为广泛。从沿线国家互联互通的客观效果来看，“一带一路”建设可以使中国与沿线国家一道，共同打造政治互信、经济融合、文化包容的利益共同体、命运共同体和责任共同体。

一是弘扬丝路精神，推动文明互鉴，打造文明共同体。丝绸之路在世界文明史上具有特殊的地位。作为古代丝绸之路的东端起点，中国是中华文明的发源地和核心地区。古代丝绸之路用奢侈品贸易将四大文明的发源地串连起来，中华文明得以与其他文明相互联通、相互借鉴，为人类社会的进步贡献了独特的力量。中华文明的影响力也借由两条丝绸之路向周边地区传播，形成了一个庞大的中华文明圈，在地理意义上包括了今天处于中国周边的中亚、东南亚和东亚的绝大部分地区。因此，“一带一路”要继承古代丝绸之路的这一功能，有着深刻的历史基础。历史上受到中华文明影响的广大地区与中国地缘接近、文化相通，是中国构建文明共同体的理想伙伴。基础设施的互联互通还将便利中国与沿线国家间的人文交流和合作，文明的传承和扩散范围将会更加广泛。发扬丝路精神，还应尊重其他文明和其他国家的发展选择。人类文明从来不应有高低优劣之分。文明间的平等交流和碰撞往往能够丰富其内涵、开拓其思路，使人类文明更加多姿多彩。建设“一带一路”，还应倡导文明宽容、鼓励文明互鉴，以宽容促和谐，以互鉴促进步，不给极端势力留下挑拨文明冲突的间隙，增强沿路各国的凝聚力和向心力。

二是相互理解，多维合作，打造利益共同体。“利益共同体”理念立足于多方互利的务实合作，提升利益融合，不断扩大利益交汇点。李克强总理在 2014 年博鳌亚洲论坛发表主旨演讲中指出，利益共同体指的是各国之间的利益在不同程度上存在契合，各国应在寻求共同利益的过程中，不断减少分歧，以利益促合作、谋发展，从而实现彼此之间的互利共赢。

利益共同体要求做到中国利益与沿线国家利益的协调。

丝路沿线国家大多都是发展中国家。过去几十年来，中国与这些国家开展的经贸往来多是以出口低附加值的消费品换取石油、天然气等矿产资源的形式完成的。这种形式的交往既无法帮助当地形成替代性的制造业、满足人们基本生活的需要，也很难拉动当地优势资源相关产业的技术升级。而且，丝路沿线不甘只做中国商品倾销市场和原材料供应基地的国家越来越多，更有国家担心中国因循这样的交往形式、危及其经济安全，故对中国建设“一带一路”的传统交往方式迟迟不予表态，影响了建设进度。中国意识到这个问题，提出建设利益共同体，化解沿线国家疑虑。

实践证明，只有回应了沿线国家现代化的发展需求，“一带一路”的建设才可能得到它们的支持和投入。“一带一路”的规划可以体现出中国更加注重对外交往对象的利益诉求。“一带一路”的建设将充分考虑相关国家发展要求，以沿线国家（尤其是发展中国家）实现经济现代化为要义，寻求我国与这些国家共同利益的真正契合点。这种新型的合作建立在与相关国家充分讨论和协商的基础之上，确保建设成果不仅符合对方国家的利益和需求，也能够提升中国企业“走出去”的地位，同时改善我国国际形象，提高国际地位。

“一带一路”还要求在发展对外关系时做到经济、政治、安全与文化利益的兼顾和协调。

以传统的外交观念处理对外关系，易将经济、政治、安全、文化等不同性质的国家利益区隔开来，一一分析处理。尤其是，我国周边外交环境复杂，历史纠葛较多，地缘、宗教、民族冲突时有发生，在与周边国家的交往当中各领域外交关系的亲疏远近不一定相互吻合，中日之间时常出现的“政冷经热”的现象就是最好的例证。“一带一路”作为一项涉外的战略规划，将国家利益的各种项目串联起来，开创了一种新的外交思路。

在“一带一路”建设当中，中国追求以经济合作为先导、确保沿线国家合作意愿，以政治合作为基石、消除开展经济合作的人为障碍，以文明交流和文化合作为支撑、弥合沿线国家间的信任鸿沟，赢得民心、塑造合作基础，进而拔除极端势力根源、预防安全冲突，打造一种全方位的对外关系发展理念。这一理念可谓“多管齐下”，有助于确保我国以建造“丝路”回馈世界的效果，赋予了“一带一路”

战略空前的稳定性。

三是共担风险，共同治理，打造责任共同体。李克强总理指出，目前国际社会的许多问题超越了国别、国界的限制，单靠一国的力量难以解决，诸如生态问题、非传统安全问题等，这就需要各国承担起其对应的责任，彼此加强沟通配合，摒弃意识形态的羁绊，同心同力应对挑战，建立“责任共同体”。“一带一路”合作是沿线各国积极应对共同挑战、实践共治、善治的一次有益尝试。当下，世界政治格局正处于转型变革的关键时期，经济全球化和信息化条件下，原本就存在的包括气候变化、粮食安全、贫困等问题长期没有得到妥善的解决，核扩散、金融安全、网络安全、海洋安全等非传统安全挑战还有愈演愈烈的趋势。全球公共问题的爆发呼唤着全球治理能力和治理体系的升级。“一带一路”建设对沿线国家的全面合作提出了较高的要求，要求相关国家进行政策协同、联通基础设施、共担金融风险、推动民间交流。这样的要求将把沿线国家间关系推向新的高度，使得沿线国家不得不共同面对全球性问题的挑战。所以，加入“一带一路”建设是相关国家尝试解决全球治理问题的创举，将有助于相关国家携手直面问题，共同出力提供公共产品，真正做到责任共担。

中国在责任共同体当中将主动承担起大国责任，积极为“一带一路”建设提供配套服务和其他公共产品。中国看到了上一轮经济危机的冲击，看清了各国经济亟待重振、结构亟待调整、全球产业分工亟待更新的形势，看准了全球性产能过剩可能造成的严重后果。通过发起建设“一带一路”的倡议，中国已经迈出了成为“负责任大国”的关键一步。接下来，中国还将用雄厚的资金实力和基础设施相关行业的强大竞争力为沿线国家实现工业化、城镇化提供资金、技术、人才等支援，真正以大国心态做好“一带一路”的建设工作。

四是巩固经济合作成果，共同打击极端势力，打造安全共同体。2014年底，国防部外事办公室前主任钱利华曾在香山论坛上提到，亚洲国家多元性问题突出，要建立“安全共同体”还为时尚早。“一带一路”所涉及的国家地理上更加分散，具体国情也千差万别，短期内要建立安全共同体的确存在不小的困难。

“一带一路”建设将为沿线建立安全共同体提供三重机遇。其一，根据卡尔·多伊奇的定义，安全共同体是指不以战争解决争端的高度融合的人群或组织。它是一个社会概念，是不同国家的人们产生和培养认同的结果。交往沟通是安全共同体建立的核心与必要条件，是组织存在与维系的粘合剂。交往和沟通能够产生认同感，成为一个团体拥有共同思想、观念与行动的重要基础。① 反观“一带一路”建设，互联互通将给沿线国家的人们以充分交往和沟通的机会，从而对安全共同体的形成逐渐积淀民意基础。其二，经济安全是国家安全的重要组成部分。高度的互联互通会把丝路沿线各国的经济依存度提到历史新高点。经济依存使得国家间发生冲突的可能性大大降低，同时也使各国在实体经济和金融领域更紧密地联系在一起，遇到重大风险时必须挑起责任，共同保障经济和金融安全。其三，随着“一带一路”建设的推进，保护经济合作成果、保障互联互通基础设施的正常运行将日益成为丝路沿线国家的共同需要。“丝绸之路经济带”穿越中亚、南亚北端和中东地区，那里局势动荡，受到恐怖主义、分裂主义、宗教极端势力的影响较大，爆发局部冲突的可能性较高；“海上丝绸之路”则穿过中国东海和南海，海洋争端也将给丝路设施的安全和丝路物流的畅通带来严重威胁。建设“一带一路”，使得沿线国家

① 参见秦亚青：《国际关系理论：反思与重构》，北京大学出版社2012年版，第16页。

不得不共同应对极端势力的威胁，以巩固经济合作成果，将利己与利他统一起来。

五是共迎挑战，共谋发展，打造命运共同体。“共同体”概念的五个部分是五个不同层级，各层级有着不同的内涵，体现出我国外交合作中的务实态度。命运共同体是上述四个共同体的升华和更高阶段。中国对周边国家和“一带一路”沿线地区的其他发展中国家提出“命运共同体”概念，既基于对正在经历类似发展进程的国家的认同，也是对共谋发展、共担责任、共迎挑战、共享收益的意愿表达。

“命运共同体”一词先后出现在党的十八大报告、周边工作会议报告等重要文件当中，足见其影响力。在全球化高度发展的今天，各国命运紧密地联系在一起，可谓牵一发而动全身。“命运共同体”包含了平等公正的权力观念、互利共赢的合作观念和中国自己的国际义利观，强调风雨同舟、患难与共，体现了中国外交理念从独善其身到兼济天下的重大转变。

世界养育中国，中国回馈世界。改革开放三十多年来，中国实现了经济腾飞，在社会发展和人民生活水平的提高上也都取得了举世瞩目的成就。一花独放不是春，百花齐放春满园。逆转全球经济颓势、推动世界和平与发展需要各个国家的共同努力。追求中国的繁荣富强和为世界发展作出更大贡献都是“中国梦”的重要内涵——“一带一路”将使这两者更加自然、和谐地统一起来，沿线各国的前途命运也将更加紧密相连、休戚与共。中国直接表示欢迎相关国家“搭乘中国发展的便车”。通过把互惠互利的国际合作原则提升至命运共同体的高度，中国将在“一带一路”建设中本着互利共赢的合作态度，与沿线国家一道确定共同利益，并把各方利益的融合提升到更高水平，使中国的发展更好地惠及他国，也使中国从他国发展当中获益。

结　语
讲好“一带一路”故事，奉献国际公共产品

古人云，“国之交在于民相亲、民相亲在于心相通”。丝路外交，作为中国外交的大局，需要长期经营、精心策划、妥善运筹，其中“民心相通”尤为关键。公共外交要解决建设两条丝绸之路的“五通”中的民心相通。古老的丝绸之路将沿途各国变成了好邻居、好朋友、好伙伴。“亲望亲好、邻望邻好”，中国坚持与邻为善、以邻为伴，坚持睦邻、安邻、富邻，积极践行“亲、诚、惠、容”理念，丝路公共外交就是要努力把中国的发展与沿途各国的发展对接起来，把中国梦与沿途各国人民过上美好生活的梦想对接起来，让周边国家从中国的发展中获得裨益和助力，也使中国从周边国家的共同发展中获益。

（一）

“丝绸之路的复兴指日可待啊，这让我们想起来了亚历山大远征的辉煌。”马其顿总统格奥尔盖·伊万诺夫在伊斯坦布尔举行的第18届欧亚经济峰会上回应笔者“一带一路助推欧亚文明复兴”发言后如是说。巴尔干、中亚和外高加索地区的多名政要也呼应了笔者的发

言，然而多借此展示各自国家丝路的辉煌，以及对复兴所在国那段丝路的憧憬。看来，不同国家有不同的丝路观，要形成“一带一路”共识，还得好好努力。更让我感到奇怪的是，精英云集的会上，许多人还是第一次听说中国颁布了《推动共建丝绸之路经济带和21世纪海上丝绸之路的愿景与行动》文件。

事实上，这不能怪人家，我们自己对“一带一路”都有这样那样的错误解读。可以说，“一带一路”存在认知风险，概括起来有：

1.“一带一路”是战略。一些人有意无意地将“一带一路”解读为应对美国重返亚太的“西进战略”，因此要极力推。这引起了其他国家的警惕，以为中国借此在推行地缘政治扩张。其实要慎谈战略，多讲文明；尤其避免用“大战略”的概念，因为“大战略”通常指霸权国家的全球战略。

2.“一带一路”是中国的。将“一带一路”视为“战略”的应有之义，就是“一带一路”是中国的，也就是“我的”，而非“我们的”，这样中国就要承担“一带一路”的发改委、财政部甚至丝路解放军的角色，为此提供规划、资金与安全支撑，甚至兜底。其实，“一带一路”是中国提出的伟大合作倡议，不属于中国，而是属于沿线所有国家，并给世界带来巨大发展机遇。

3.“一带一路”重“路”轻“带”。有说法称“一带一路”是海上佯攻，意在陆上，显然又是战略术语。“一带一路”不存在孰轻孰重、孰先孰后的问题，而是欧亚大陆的互联互通，并延伸到非洲、南太平洋地区，只有这样才能发挥系统效应。

4.“一带一路”是借复兴来复古。一些国家担心中国说复兴，其实在复古，就是恢复朝贡体系。这反映出他们担心经济依附于中国。其实，“一带一路”是文明的复兴，不只是中华文明复兴，更是欧亚文明的复兴。

5.“一带一路”是输出过剩产能。所谓“一带一路”是中国版马歇尔计划的提法，就是受到输出过剩产能的说法鼓励，同时杜撰中国借此确立地区霸权。显然，过剩产能是国内的说法，对“一带一路”沿线国家而言，应该是优质富裕产能，否则也难体现出“将中国机遇变成世界机遇”的理念。

6.“一带一路”是中国版经济帝国主义，或全球化4.0版——中国版全球化。所谓中国资本扩张的说法，地缘政治思维流行，助长了这种不切实际且十分有害的说法。“一带一路”是中国提供给国际社会的公共产品，秉承“共商、共建、共享”原则，强调开放包容，不可能是中国版的经济帝国主义。

7.“一带一路”是中国中心主义的复活。“一带一路”强调与沿线国家进行政策、技术、标准的对接，给人造成“让人家对接我，而我不愿对接人家”的印象。比如，与印度“季风计划”对接，是真心欢迎该计划呢，还是将其纳入“一带一路”轨道？认识、说法的模糊会造成如此认知风险。其实，对接的目标是互联互通。既然互联互通，不存在只是跟谁通的问题。

8.“一带一路”是中国周边外交。其实，“周边”的概念仍然是以中国为中心的，应该用“睦邻”取代“周边”概念。“一带一路”强调地区治理，包括安全治理，而非简单的中国周边外交或多边外交。

9.“一带一路”是一个封闭的环。网络上流行的地图多将“一带一路”画成一个封闭的环。其实，“一带一路”并非封闭的环，而是开放带，是集经济走廊、经济带于一身的基建、投资、贸易、信息网络。

10.“一带一路”是中国以经济合作掩护军事扩张。“桥头堡”、“节点”等提法具有军事色彩，须慎用。“一带一路”强调开创21世纪地区与国际合作理念，不会也不应该重复西方扩张老路。

种种认知风险表明，名不正则言不顺，言不顺则心不齐。“一带一路”必须正视已有或将有的稀奇古怪的认知风险，避免陷入“文明的冲突”。

如何克服认知风险？必须确立这样的认识，即丝路是欧亚国家的共同记忆，“一带一路”也是沿线国家的共同事业，始终坚持“共商、共建、共享”原则，通过共商共建丝路，达到共担风险、共襄盛举的目标，为此要更有效地传播丝路文化、讲好丝路故事、阐明丝路精神。

（二）

“一带一路”伟大倡议是中国外交新政，不仅有利于化解中国的产能过剩，立足中国全面开放战略，而且以中国在全球分工体系中新的比较优势开创欧亚大陆一体化，这是首先要向国际社会阐明的。其次，丝路沿途国家及域外国家对“一带一路”怎么看，也是丝路公共外交重点工作对象。

如此说来，丝路公共外交的三大对象：

其一，针对丝绸之路本身的公共外交：文明共同体。2014年6月笔者在乌鲁木齐参加国新办举办的“共建、共享、共赢、共荣丝绸之路经济带”会议。与会国际嘉宾对中方的丝路战略说，连连发问：何谓丝绸之路经济带？包含哪些国家？中国想干嘛？给我带来什么好处和风险？如何与已有的地区架构兼容？其结果，欧美冷眼旁观，俄罗斯冷嘲热讽，中亚满腹狐疑，南亚一头雾水……这是会议开幕第一天的普遍反应。经过一天中国官员、学者连番解释，第二天气氛总算和谐许多。这提醒我们，“一带一路”不宜称为“战略”，更好的说法是“倡议”。要慎谈战略，多讲文明及包容性发展，核心是，丝路复兴，要旨在于开创全球化时代的文明共同体。

其二，针对域外国家的公共外交：利益共同体。“一带一路”是需要几代人持续不断的艰苦努力才能建成的伟大事业，如何处理好与美国主导的现行国际体系及全球化关系？换言之，“一带一路”如何与地区已有合作架构及国际体系实现共融、共通，实现域外国家与域内国家的共享、共赢？这是丝路公共外交必须回答好的大问题，也就是丝路精神的开放、包容原则如何打造域内、域外利益共同体的问题。

其三，针对域内国家的公共外交：命运共同体。丝绸之路是和平、贸易、文化交流之路。发展“一带一路”面临海上安全风险、国家猜忌，以及宗教、三股势力等挑战，如何确保安全的发展与发展的安全？这就要将中国的和平发展理念外延。“一带一路”也是切实回答中国崛起后给世界带来什么——发展的机遇与安全的责任。中国是世界贸易大国中仅有的非美国盟国，长期坚持独立自主的和平外交政策，没有海外盟友与军事基地，只能通过租赁、特许经营权、合建港口等方式解决海上通道安全及未来航母补给站等问题。这就是中国和平发展、可持续安全观的极好展示。同时，基础设施投资都是战略性、长期性的，有赖于沿途国家的政局稳定、对华关系稳定。要防止可能的颜色革命干扰和对华挑拨。因此，丝路相关国家，包括沿途及利益攸关方，在实现各自国内良治、善治基础上，共同提供安全公共产品，确保丝路的和平稳定，必须以同甘共苦精神，塑造命运共同体意识。

（三）

传播丝路文化、讲好丝路故事、阐明丝路精神，是丝路公共外交的三大内涵。

传播丝路文化，关键挑战是将对传统丝路文化的兴趣与热爱转化为对当代丝路文化的兴趣与热爱，将对当代丝路文化的兴趣与热爱转化为对现实“一带一路”的兴趣与热爱。正如习近平总书记指出的，“要使中华民族最基本的文化基因与当代文化相适应、与现代社会相协调，以人们喜闻乐见、具有广泛参与性的方式推广开来，把跨越时空、超越国度、富有永恒魅力、具有当代价值的文化精神弘扬起来，把继承传统优秀文化又弘扬时代精神、立足本国又面向世界的当代中国文化创新成果传播出去。要系统梳理传统文化资源，让收藏在禁宫里的文物、陈列在广阔大地上的遗产、书写在古籍里的文字都活起来。要以理服人，以文服人，以德服人，提高对外文化交流水平，完善人文交流机制，创新人文交流方式，综合运用大众传播、群体传播、人际传播等多种方式展示中华文化魅力。”习总书记关于中华文化的论述完全适用于丝路文化。尤其是，针对域外国家对“一带一路”的猜忌、疑惑，要以丝路文化的魅力实现有效化解，将丝路文化与其他文化的共通性挖掘出来，通过丝路文化的复兴而推动其他文化的复兴和人类文化的繁荣。

讲好丝路故事，已经成为丝路公共外交的重点努力方向。需要丝路国家的历史学家、文学家、艺术家们，借鉴人类丝路文明研究成果，讲清楚丝路故事背后的制度根源与文化基因，将其转化为“一带一路”所开创的新型治理体系与发展模式，开创更具包容性的全球化，实现丝路安全、发展、治理的三位一体。用好大数据，以宏大叙事讲清楚丝路所推动的文明转型——5000年来首次实现从内陆文明向海洋文明、从农耕文明向工业（信息）文明、从地区性文明向全球性文明转型，以及这三种转型对人类文明转型的伟大贡献。与国际主流媒体、出版社合作提供影视、文学作品，将这种宏大叙事变成诺贝尔文学奖、世界电影大奖、网络游戏等产品。

阐明丝路故事背后的丝路精神，是丝路公共外交新的努力方向。必须讲清楚丝路成功故事背后的价值根源及其普适性，向国际社会广为传播丝绸之路承载的和平合作、开放包容、互学互鉴、互利共赢精神。和平合作，就是通过坦诚对话、深入沟通进行平等交流，不断深化不同国家和地区之间的交流合作，形成命运共同体、责任共同体，将政治关系优势、地缘毗邻优势、经济互补优势转化为务实合作优势、持续增长优势。开放包容，就是以世界眼光和战略思维兼收并蓄、博采众长。这是丝绸之路精神最显著的特征。在深化丝绸之路沿线国家间的交流合作中，应坚持相互包容、求同存异，充分尊重各国自主选择社会制度和发展道路的权利。互学互鉴，就是在尊重文明多样性、道路多样化和发展水平不平衡等差异的基础上相互学习、相互借鉴，取长补短、共同提高。互利共赢，就是不同种族、不同信仰、不同文化背景的国家和地区通过互惠合作，共同应对威胁和挑战，共同谋划利益和福祉，进而实现互惠互利的共赢发展。丝路精神中，和平合作是前提，开放包容是根本，互学互鉴是手段，互利共赢是目的。丝路精神是人类精神的宝贵财富，并且与时俱进地推动全球化新时代人类共同精神的形成。

（四）

丝路公共外交的精髓在于发掘、传播、阐释好21世纪的丝路文明，把握好复兴、包容、创新三部曲。

第一步是复兴：亚欧大陆被地缘政治学家麦金德誉为“世界岛”。“一带一路”的伟大倡议及建设，正在塑造“欧亚人”共同身份，让亚欧大陆重回人类文明中心。亚欧大陆本是世界文明中心，至少在埃及文明衰落之后如此。东西方两大文明经过历史上的丝绸之路联系在一起，直至奥斯曼土耳其帝国崛起，切断丝绸之路，欧洲才被迫走向海洋，而欧洲走向海洋也得益于中国的指南针、火药等四大发明，经过阿拉伯传到欧洲。欧洲走向海洋，以殖民化方式开启全球化，丝绸之路衰落，东方文明走向封闭保守，进入所谓的近代西方中心世界。直至美国崛起，西方中心从欧洲转到美国，欧洲衰落，历经欧洲一体化而无法根本上挽回颓势。如今，欧洲迎来了重返世界中心地位的历史性机遇，这就是亚欧大陆的复兴。欧盟的互联互通与中国的“一带一路”对接，以政策、设施、贸易、资金、民心这“五通”对接和平、增长、改革、文明这中欧“四大伙伴”关系，让亚欧大陆回归人类文明中心，并辐射至非洲大陆，推动实现人类持久和平、共同繁荣。

第二步是包容：“一带一路”成功的关键在于实现相关国家发展、安全与治理的三位一体——在国内实现有效治理基础上实现丝路的可持续发展、可持续安全，实现中华文明、阿拉伯文明、穆斯林文明、波斯文明、印度文明、基督教文明等丝路沿途文明的复兴、转型与创新，共塑新丝路文明。传统全球化由海而起，由海而生，沿海地区、海洋国家先发展起来，陆上国家、内地则较落后，形成贫富差距。“一带一路”倡议鼓励向西开放，带动西部开发以及中亚、蒙古等内陆国家的开发，在国际社会推行全球化的包容性发展理念，开启全球化新时代文明包容互鉴的新篇章。

第三步是创新：“丝绸之路”不仅是欧亚大陆贸易通道，也是欧亚文明交流的纽带。“丝绸之路经济带”不仅在全球化时代继承了古老贸易与文明通道，更开启陆上全球化以对冲海上全球化风险，开启文明交流互鉴以实现欧亚大陆的和平与繁荣，开启人类可持续发展新文明。“21 世纪海上丝绸之路”则开创了有别于西方列强走向海洋的扩张、冲突、殖民的旧模式，有效规避了传统全球化的风险，开创人海合一、和谐共生、可持续发展的新型海洋文明。

附录一
推动共建丝绸之路经济带和21世纪海上丝绸之路的愿景与行动

国家发展改革委　外交部　商务部

（经国务院授权发布）

2015年3月

目　录

前　言

2000多年前，亚欧大陆上勤劳勇敢的人民，探索出多条连接亚欧非几大文明的贸易和人文交流通路，后人将其统称为“丝绸之路”。千百年来，“和平合作、开放包容、互学互鉴、互利共赢”的丝绸之路精神薪火相传，推进了人类文明进步，是促进沿线各国繁荣发展的重要纽带，是东西方交流合作的象征，是世界各国共有的历史文化遗产。

进入21世纪，在以和平、发展、合作、共赢为主题的新时代，面对复苏乏力的全球经济形势，纷繁复杂的国际和地区局面，传承和弘扬丝绸之路精神更显重要和珍贵。

2013年9月和10月，中国国家主席习近平在出访中亚和东南亚国家期间，先后提出共建“丝绸之路经济带”和“21世纪海上丝绸之路”（以下简称“一带一路”）的重大倡议，得到国际社会高度关注。中国国务院总理李克强参加2013年中国—东盟博览会时强调，铺就面向东盟的海上丝绸之路，打造带动腹地发展的战略支点。加快“一带一路”建设，有利于促进沿线各国经济繁荣与区域经济合作，加强不同文明交流互鉴，促进世界和平发展，是一项造福世界各国人民的伟大事业。

“一带一路”建设是一项系统工程，要坚持共商、共建、共享原则，积极推进沿线国家发展战略的相互对接。为推进实施“一带一路”重大倡议，让古丝绸之路焕发新的生机活力，以新的形式使亚欧非各国联系更加紧密，互利合作迈向新的历史高度，中国政府特制定并发布《推动共建丝绸之路经济带和21世纪海上丝绸之路的愿景与行动》。

一、时代背景

当今世界正发生复杂深刻的变化，国际金融危机深层次影响继续显现，世界经济缓慢复苏、发展分化，国际投资贸易格局和多边投资贸易规则酝酿深刻调整，各国面临的发展问题依然严峻。共建“一带一路”顺应世界多极化、经济全球化、文化多样化、社会信息化的潮流，秉持开放的区域合作精神，致力于维护全球自由贸易体系和开放型世界经济。共建“一带一路”旨在促进经济要素有序自由流动、资源高效配置和市场深度融合，推动沿线各国实现经济政策协调，开展更大范围、更高水平、更深层次的区域合作，共同打造开放、包容、均衡、普惠的区域经济合作架构。共建“一带一路”符合国际社会的根本利益，彰显人类社会共同理想和美好追求，是国际合作以及全球治理新模式的积极探索，将为世界和平发展增添新的正能量。

共建“一带一路”致力于亚欧非大陆及附近海洋的互联互通，建立和加强沿线各国互联互通伙伴关系，构建全方位、多层次、复合型的互联互通网络，实现沿线各国多元、自主、平衡、可持续的发展。“一带一路”的互联互通项目将推动沿线各国发展战略的对接与耦合，发掘区域内市场的潜力，促进投资和消费，创造需求和就业，增进沿线各国人民的人文交流与文明互鉴，让各国人民相逢相知、互信互敬，共享和谐、安宁、富裕的生活。

当前，中国经济和世界经济高度关联。中国将一以贯之地坚持对外开放的基本国策，构建全方位开放新格局，深度融入世界经济体系。推进“一带一路”建设既是中国扩大和深化对外开放的需要，也是加强和亚欧非及世界各国互利合作的需要，中国愿意在力所能及的范围内承担更多责任义务，为人类和平发展作出更大的贡献。

二、共建原则

恪守联合国宪章的宗旨和原则。遵守和平共处五项原则，即尊重各国主权和领土完整、互不侵犯、互不干涉内政、和平共处、平等互利。

坚持开放合作。“一带一路”相关的国家基于但不限于古代丝绸之路的范围，各国和国际、地区组织均可参与，让共建成果惠及更广泛的区域。

坚持和谐包容。倡导文明宽容，尊重各国发展道路和模式的选择，加强不同文明之间的对话，求同存异、兼容并蓄、和平共处、共生共荣。

坚持市场运作。遵循市场规律和国际通行规则，充分发挥市场在资源配置中的决定性作用和各类企业的主体作用，同时发挥好政府的作用。

坚持互利共赢。兼顾各方利益和关切，寻求利益契合点和合作最大公约数，体现各方智慧和创意，各施所长，各尽所能，把各方优势和潜力充分发挥出来。

三、框架思路

“一带一路”是促进共同发展、实现共同繁荣的合作共赢之路，是增进理解信任、加强全方位交流的和平友谊之路。中国政府倡议，秉持和平合作、开放包容、互学互鉴、互利共赢的理念，全方位推进务实合作，打造政治互信、经济融合、文化包容的利益共同体、命运共同体和责任共同体。

“一带一路”贯穿亚欧非大陆，一头是活跃的东亚经济圈，一头是发达的欧洲经济圈，中间广大腹地国家经济发展潜力巨大。丝绸之路经济带重点畅通中国经中亚、俄罗斯至欧洲（波罗的海）；中国经中亚、西亚至波斯湾、地中海；中国至东南亚、南亚、印度洋。21世纪海上丝绸之路重点方向是从中国沿海港口过南海到印度洋，延伸至欧洲；从中国沿海港口过南海到南太平洋。

根据“一带一路”走向，陆上依托国际大通道，以沿线中心城市为支撑，以重点经贸产业园区为合作平台，共同打造新亚欧大陆桥、中蒙俄、中国—中亚—西亚、中国—中南半岛等国际经济合作走廊；海上以重点港口为节点，共同建设通畅安全高效的运输大通道。中巴、孟中印缅两个经济走廊与推进“一带一路”建设关联紧密，要进一步推动合作，取得更大进展。

“一带一路”建设是沿线各国开放合作的宏大经济愿景，需各国携手努力，朝着互利互惠、共同安全的目标相向而行。努力实现区域基础设施更加完善，安全高效的陆海空通道网络基本形成，互联互通达到新水平；投资贸易便利化水平进一步提升，高标准自由贸易区网络基本形成，经济联系更加紧密，政治互信更加深入；人文交流更加广泛深入，不同文明互鉴共荣，各国人民相知相交、和平友好。

四、合作重点

沿线各国资源禀赋各异，经济互补性较强，彼此合作潜力和空间很大。以政策沟通、设施联通、贸易畅通、资金融通、民心相通为主要内容，重点在以下方面加强合作。

政策沟通。加强政策沟通是“一带一路”建设的重要保障。加强政府间合作，积极构建多层次政府间宏观政策沟通交流机制，深化利益融合，促进政治互信，达成合作新共识。沿线各国可以就经济发展战略和对策进行充分交流对接，共同制定推进区域合作的规划和措施，协商解决合作中的问题，共同为务实合作及大型项目实施提供政策支持。

设施联通。基础设施互联互通是“一带一路”建设的优先领域。在尊重相关国家主权和安全关切的基础上，沿线国家宜加强基础设施建设规划、技术标准体系的对接，共同推进国际骨干通道建设，逐步形成连接亚洲各次区域以及亚欧非之间的基础设施网络。强化基础设施绿色低碳化建设和运营管理，在建设中充分考虑气候变化影响。

抓住交通基础设施的关键通道、关键节点和重点工程，优先打通缺失路段，畅通瓶颈路段，配套完善道路安全防护设施和交通管理设施设备，提升道路通达水平。推进建立统一的全程运输协调机制，促进国际通关、换装、多式联运有机衔接，逐步形成兼容规范的运输规则，实现国际运输便利化。推动口岸基础设施建设，畅通陆水联运通道，推进港口合作建设，增加海上航线和班次，加强海上物流信息化合作。拓展建立民航全面合作的平台和机制，加快提升航空基础设施水平。

加强能源基础设施互联互通合作，共同维护输油、输气管道等运输通道安全，推进跨境电力与输电通道建设，积极开展区域电网升级改造合作。

共同推进跨境光缆等通信干线网络建设，提高国际通信互联互通水平，畅通信息丝绸之路。加快推进双边跨境光缆等建设，规划建设洲际海底光缆项目，完善空中（卫星）信息通道，扩大信息交流与合作。

贸易畅通。投资贸易合作是“一带一路”建设的重点内容。宜着力研究解决投资贸易便利化问题，消除投资和贸易壁垒，构建区域内和各国良好的营商环境，积极同沿线国家和地区共同商建自由贸易区，激发释放合作潜力，做大做好合作“蛋糕”。

沿线国家宜加强信息互换、监管互认、执法互助的海关合作，以及检验检疫、认证认可、标准计量、统计信息等方面的双多边合作，推动世界贸易组织《贸易便利化协定》生效和实施。改善边境口岸通关设施条件，加快边境口岸“单一窗口”建设，降低通关成本，提升通关能力。加强供应链安全与便利化合作，推进跨境监管程序协调，推动检验检疫证书国际互联网核查，开展“经认证的经营者”（AEO）互认。降低非关税壁垒，共同提高技术性贸易措施透明度，提高贸易自由化便利化水平。

拓宽贸易领域，优化贸易结构，挖掘贸易新增长点，促进贸易平衡。创新贸易方式，发展跨境电子商务等新的商业业态。建立健全服务贸易促进体系，巩固和扩大传统贸易，大力发展现代服务贸易。把投资和贸易有机结合起来，以投资带动贸易发展。

加快投资便利化进程，消除投资壁垒。加强双边投资保护协定、避免双重征税协定磋商，保护投资者的合法权益。

拓展相互投资领域，开展农林牧渔业、农机及农产品生产加工等领域深度合作，积极推进海水养殖、远洋渔业、水产品加工、海水淡化、海洋生物制药、海洋工程技术、环保产业和海上旅游等领域合作。加大煤炭、油气、金属矿产等传统能源资源勘探开发合作，积极推动水电、核电、风电、太阳能等清洁、可再生能源合作，推进能源资源就地就近加工转化合作，形成能源资源合作上下游一体化产业链。加强能源资源深加工技术、装备与工程服务合作。

推动新兴产业合作，按照优势互补、互利共赢的原则，促进沿线国家加强在新一代信息技术、生物、新能源、新材料等新兴产业领域的深入合作，推动建立创业投资合作机制。

优化产业链分工布局，推动上下游产业链和关联产业协同发展，鼓励建立研发、生产和营销体系，提升区域产业配套能力和综合竞争力。扩大服务业相互开放，推动区域服务业加快发展。探索投资合作新模式，鼓励合作建设境外经贸合作区、跨境经济合作区等各类产业园区，促进产业集群发展。在投资贸易中突出生态文明理念，加强生态环境、生物多样性和应对气候变化合作，共建绿色丝绸之路。

中国欢迎各国企业来华投资。鼓励本国企业参与沿线国家基础设施建设和产业投资。促进企业按属地化原则经营管理，积极帮助当地发展经济、增加就业、改善民生，主动承担社会责任，严格保护生物多样性和生态环境。

资金融通。资金融通是“一带一路”建设的重要支撑。深化金融合作，推进亚洲货币稳定体系、投融资体系和信用体系建设。扩大沿线国家双边本币互换、结算的范围和规模。推动亚洲债券市场的开放和发展。共同推进亚洲基础设施投资银行、金砖国家开发银行筹建，有关各方就建立上海合作组织融资机构开展磋商。加快丝路基金组建运营。深化中国—东盟银行联合体、上合组织银行联合体务实合作，以银团贷款、银行授信等方式开展多边金融合作。支持沿线国家政府和信用等级较高的企业以及金融机构在中国境内发行人民币债券。符合条件的中国境内金融机构和企业可以在境外发行人民币债券和外币债券，鼓励在沿线国家使用所筹资金。

加强金融监管合作，推动签署双边监管合作谅解备忘录，逐步在区域内建立高效监管协调机制。完善风险应对和危机处置制度安排，构建区域性金融风险预警系统，形成应对跨境风险和危机处置的交流合作机制。加强征信管理部门、征信机构和评级机构之间的跨境交流与合作。充分发挥丝路基金以及各国主权基金作用，引导商业性股权投资基金和社会资金共同参与“一带一路”重点项目建设。

民心相通。民心相通是“一带一路”建设的社会根基。传承和弘扬丝绸之路友好合作精神，广泛开展文化交流、学术往来、人才交流合作、媒体合作、青年和妇女交往、志愿者服务等，为深化双多边合作奠定坚实的民意基础。

扩大相互间留学生规模，开展合作办学，中国每年向沿线国家提供 1 万个政府奖学金名额。沿线国家间互办文化年、艺术节、电影节、电视周和图书展等活动，合作开展广播影视剧精品创作及翻译，联合申请世界文化遗产，共同开展世界遗产的联合保护工作。深化沿线国家间人才交流合作。

加强旅游合作，扩大旅游规模，互办旅游推广周、宣传月等活动，联合打造具有丝绸之路特色的国际精品旅游线路和旅游产品，提高沿线各国游客签证便利化水平。推动 21 世纪海上丝绸之路邮轮旅游合作。积极开展体育交流活动，支持沿线国家申办重大国际体育赛事。

强化与周边国家在传染病疫情信息沟通、防治技术交流、专业人才培养等方面的合作，提高合作处理突发公共卫生事件的能力。为有关国家提供医疗援助和应急医疗救助，在妇幼健康、残疾人康复以及艾滋病、结核、疟疾等主要传染病领域开展务实合作，扩大在传统医药领域的合作。

加强科技合作，共建联合实验室（研究中心）、国际技术转移中心、海上合作中心，促进科技人员交流，合作开展重大科技攻关，共同提升科技创新能力。

整合现有资源，积极开拓和推进与沿线国家在青年就业、创业培训、职业技能开发、社会保障管理服务、公共行政管理等共同关心领域的务实合作。

充分发挥政党、议会交往的桥梁作用，加强沿线国家之间立法机构、主要党派和政治组织的友好往来。开展城市交流合作，欢迎沿线国家重要城市之间互结友好城市，以人文交流为重点，突出务实合作，形成更多鲜活的合作范例。欢迎沿线国家智库之间开展联合研究、合作举办论坛等。

加强沿线国家民间组织的交流合作，重点面向基层民众，广泛开展教育医疗、减贫开发、生物多样性和生态环保等各类公益慈善活动，促进沿线贫困地区生产生活条件改善。加强文化传媒的国际交流合作，积极利用网络平台，运用新媒体工具，塑造和谐友好的文化生态和舆论环境。

五、合作机制

当前，世界经济融合加速发展，区域合作方兴未艾。积极利用现有双多边合作机制，推动“一带一路”建设，促进区域合作蓬勃发展。

加强双边合作，开展多层次、多渠道沟通磋商，推动双边关系全面发展。推动签署合作备忘录或合作规划，建设一批双边合作示范。建立完善双边联合工作机制，研究推进“一带一路”建设的实施方案、行动路线图。充分发挥现有联委会、混委会、协委会、指导委员会、管理委员会等双边机制作用，协调推动合作项目实施。

强化多边合作机制作用，发挥上海合作组织（SCO）、中国—东盟“10+1”、亚太经合组织（APEC）、亚欧会议（ASEM）、亚洲合作对话（ACD）、亚信会议（CICA）、中阿合作论坛、中国—海合会战略对话、大湄公河次区域（GMS）经济合作、中亚区域经济合作（CAREC）等现有多边合作机制作用，相关国家加强沟通，让更多国家和地区参与“一带一路”建设。

继续发挥沿线各国区域、次区域相关国际论坛、展会以及博鳌亚洲论坛、中国—东盟博览会、中国—亚欧博览会、欧亚经济论坛、中国国际投资贸易洽谈会，以及中国—南亚博览会、中国—阿拉伯博览会、中国西部国际博览会、中国—俄罗斯博览会、前海合作论坛等平台的建设性作用。支持沿线国家地方、民间挖掘“一带一路”历史文化遗产，联合举办专项投资、贸易、文化交流活动，办好丝绸之路（敦煌）国际文化博览会、丝绸之路国际电影节和图书展。倡议建立“一带一路”国际高峰论坛。

六、中国各地方开放态势

推进“一带一路”建设，中国将充分发挥国内各地区比较优势，实行更加积极主动的开放战略，加强东中西互动合作，全面提升开放型经济水平。

西北、东北地区。发挥新疆独特的区位优势和向西开放重要窗口作用，深化与中亚、南亚、西亚等国家交流合作，形成丝绸之路经济带上重要的交通枢纽、商贸物流和文化科教中心，打造丝绸之路经济带核心区。发挥陕西、甘肃综合经济文化和宁夏、青海民族人文优势，打造西安内陆型改革开放新高地，加快兰州、西宁开发开放，推进宁夏内陆开放型经济试验区建设，形成面向中亚、南亚、西亚国家的通道、商贸物流枢纽、重要产业和人文交流基地。发挥内蒙古联通俄蒙的区位优势，完善黑龙江对俄铁路通道和区域铁路网，以及黑龙江、吉林、辽宁与俄远东地区陆海联运合作，推进构建北京—莫斯科欧亚高速运输走廊，建设向北开放的重要窗口。

西南地区。发挥广西与东盟国家陆海相邻的独特优势，加快北部湾经济区和珠江—西江经济带开放发展，构建面向东盟区域的国际通道，打造西南、中南地区开放发展新的战略支点，形成21世纪海上丝绸之路与丝绸之路经济带有机衔接的重要门户。发挥云南区位优势，推进与周边国家的国际运输通道建设，打造大湄公河次区域经济合作新高地，建设成为面向南亚、东南亚的辐射中心。推进西藏与尼泊尔等国家边境贸易和旅游文化合作。

沿海和港澳台地区。利用长三角、珠三角、海峡西岸、环渤海等经济区开放程度高、经济实力强、辐射带动作用大的优势，加快推进中国（上海）自由贸易试验区建设，支持福建建设21世纪海上丝绸之路核心区。充分发挥深圳前海、广州南沙、珠海横琴、福建平潭等开放合作区作用，深化与港澳台合作，打造粤港澳大湾区。推进浙江海洋经济发展示范区、福建海峡蓝色经济试验区和舟山群岛新区建设，加大海南国际旅游岛开发开放力度。加强上海、天津、宁波—舟山、广州、深圳、湛江、汕头、青岛、烟台、大连、福州、厦门、泉州、海口、三亚等沿海城市港口建设，强化上海、广州等国际枢纽机场功能。以扩大开放倒逼深层次改革，创新开放型经济体制机制，加大科技创新力度，形成参与和引领国际合作竞争新优势，成为“一带一路”特别是21世纪海上丝绸之路建设的排头兵和主力军。发挥海外侨胞以及香港、澳门特别行政区独特优势作用，积极参与和助力“一带一路”建设。为台湾地区参与“一带一路”建设作出妥善安排。

内陆地区。利用内陆纵深广阔、人力资源丰富、产业基础较好优势，依托长江中游城市群、成渝城市群、中原城市群、呼包鄂榆城市群、哈长城市群等重点区域，推动区域互动合作和产业集聚发展，打造重庆西部开发开放重要支撑和成都、郑州、武汉、长沙、南昌、合肥等内陆开放型经济高地。加快推动长江中上游地区和俄罗斯伏尔加河沿岸联邦区的合作。建立中欧通道铁路运输、口岸通关协调机制，打造“中欧班列”品牌，建设沟通境内外、连接东中西的运输通道。支持郑州、西安等内陆城市建设航空港、国际陆港，加强内陆口岸与沿海、沿边口岸通关合作，开展跨境贸易电子商务服务试点。优化海关特殊监管区域布局，创新加工贸易模式，深化与沿线国家的产业合作。

七、中国积极行动

一年多来，中国政府积极推动“一带一路”建设，加强与沿线国家的沟通磋商，推动与沿线国家的务实合作，实施了一系列政策措施，努力收获早期成果。

高层引领推动。习近平主席、李克强总理等国家领导人先后出访20多个国家，出席加强互联互通伙伴关系对话会、中阿合作论坛第六届部长级会议，就双边关系和地区发展问题，多次与有关国家元首和政府首脑进行会晤，深入阐释“一带一路”的深刻内涵和积极意义，就共建“一带一路”达成广泛共识。

签署合作框架。与部分国家签署了共建“一带一路”合作备忘录，与一些毗邻国家签署了地区合作和边境合作的备忘录以及经贸合作中长期发展规划。研究编制与一些毗邻国家的地区合作规划纲要。

推动项目建设。加强与沿线有关国家的沟通磋商，在基础设施互联互通、产业投资、资源开发、经贸合作、金融合作、人文交流、生态保护、海上合作等领域，推进了一批条件成熟的重点合作项目。

完善政策措施。中国政府统筹国内各种资源，强化政策支持。推动亚洲基础设施投资银行筹建，发起设立丝路基金，强化中国—欧亚经济合作基金投资功能。推动银行卡清算机构开展跨境清算业务和支付机构开展跨境支付业务。积极推进投资贸易便利化，推进区域通关一体化改革。

发挥平台作用。各地成功举办了一系列以“一带一路”为主题的国际峰会、论坛、研讨会、博览会，对增进理解、凝聚共识、深化合作发挥了重要作用。

八、共创美好未来

共建“一带一路”是中国的倡议，也是中国与沿线国家的共同愿望。站在新的起点上，中国愿与沿线国家一道，以共建“一带一路”为契机，平等协商，兼顾各方利益，反映各方诉求，携手推动更大范围、更高水平、更深层次的大开放、大交流、大融合。“一带一路”建设是开放的、包容的，欢迎世界各国和国际、地区组织积极参与。

共建“一带一路”的途径是以目标协调、政策沟通为主，不刻意追求一致性，可高度灵活，富有弹性，是多元开放的合作进程。中国愿与沿线国家一道，不断充实完善“一带一路”的合作内容和方式，共同制定时间表、路线图，积极对接沿线国家发展和区域合作规划。

中国愿与沿线国家一道，在既有双多边和区域次区域合作机制框架下，通过合作研究、论坛展会、人员培训、交流访问等多种形式，促进沿线国家对共建“一带一路”内涵、目标、任务等方面的进一步理解和认同。

中国愿与沿线国家一道，稳步推进示范项目建设，共同确定一批能够照顾双多边利益的项目，对各方认可、条件成熟的项目抓紧启动实施，争取早日开花结果。

“一带一路”是一条互尊互信之路，一条合作共赢之路，一条文明互鉴之路。只要沿线各国和衷共济、相向而行，就一定能够谱写建设丝绸之路经济带和21世纪海上丝绸之路的新篇章，让沿线各国人民共享“一带一路”共建成果。

附录二
共建“一带一路”：理念、实践与中国的贡献

推进“一带一路”建设工作领导小组办公室

2017年5月

目　录

前　言

2013年9月和10月，中国国家主席习近平先后提出共建“丝绸之路经济带”和“21世纪海上丝绸之路”（以下简称“一带一路”）

倡议，得到国际社会的高度关注和有关国家的积极响应。共建“一带一路”倡议借用古丝绸之路的历史符号，融入了新的时代内涵，既是维护开放型世界经济体系，实现多元、自主、平衡和可持续发展的中国方案；也是深化区域合作，加强文明交流互鉴，维护世界和平稳定的中国主张；更体现了中国作为最大的发展中国家和全球第二大经济体，对推动国际经济治理体系朝着公平、公正、合理方向发展的责任担当。

值此“一带一路”国际合作高峰论坛召开之际，作为共建“一带一路”倡议的发起者，中国发表《共建“一带一路”：理念、实践与中国的贡献》，以期增进国际社会对共建“一带一路”倡议的进一步了解，展示共建“一带一路”的丰富成果，增进各国战略互信和对话合作，为携手打造你中有我、我中有你的人类命运共同体作出新的更大贡献。

一、时代呼唤：从理念到蓝图

当今世界，经济全球化、区域一体化激发出强大的生产潜力，科技进步极大地提高了生产和生活效率，人类在物质和精神财富的创造方面达到了前所未有的高度。与此同时，随着经济社会的快速发展，各国之间的利益纽带不断密切，共同面临的挑战也日益增多：世界经济增长乏力，传统增长引擎对经济的拉动作用减弱；全球化面临新的艰难险阻，符合全人类利益的开放合作理念面临威胁；全球经济治理体系未能反映客观变化，体制机制革新进展缓慢；发达经济体进入后工业化阶段，一些发展中国家却尚未开启现代化的大门；全球贸易投资体系有待完善，互利共赢的全球价值链尚未成型；相当多的国家基础设施不足，区域、次区域发展面临瓶颈制约。面对困难挑战，唯有加强合作才是根本出路，正基于此，中国提出共建“一带一路”的合作倡议。

共建“一带一路”倡议是促进全球和平合作和共同发展的中国方案。共建“一带一路”合作是所有国家不分大小、贫富，平等相待共同参与的合作；是公开、透明、开放，为世界和平与发展增添正能量的合作；是传承丝绸之路精神，追求互利共赢和优势互补的合作；是各国共商共建共享，共同打造全球经济治理新体系的合作；是推动要素高效流动和市场深度融合，实现多元、自主、平衡和可持续发展的合作；是推动地区发展，促进繁荣稳定，扩大文明对话和互学互鉴的合作。

中国愿意将自身发展形成的经验和基础，与各国的发展意愿和比较优势结合起来，以共建“一带一路”作为重要契机和合作平台，促进各国加强经济政策协调，提高互联互通水平，开展更大范围、更高水平、更深层次的双多边合作，共同打造开放、包容、均衡、普惠的新型合作架构。共建“一带一路”倡议以其平等包容的外在特征和契合实际的内在特点，体现了包括中国在内的“一带一路”沿线各国的共同利益，是面向未来的国际合作新共识，展现了中国梦与世界梦相互联通，各国携手打造人类命运共同体的美好愿景。

为推动理念变为现实，2015 年 3 月，中国政府授权有关部门对外发布了《推动共建丝绸之路经济带和 21 世纪海上丝绸之路的愿景与行动》，提出了共建“一带一路”的顶层设计框架，为共建“一带一路”的未来描绘了宏伟蓝图。

二、合作框架：从方案到实践

中国秉持“和平合作、开放包容、互学互鉴、互利共赢”的丝绸之路精神，坚持共商、共建、共享原则，不断扩大与“一带一路”沿线国家的合作共识，推动共建“一带一路”由规划设计方案变为各方参与的合作行动。

（一）达成合作共识

中国主动推动共建“一带一路”倡议与“一带一路”沿线国家的国家战略、发展愿景、总体规划等有效对接，寻求共建“一带一路”的合适切入点。截至2016年底，已有100多个国家表达了对共建“一带一路”倡议的支持和参与意愿，中国与39个国家和国际组织签署了46份共建“一带一路”合作协议，涵盖互联互通、产能、投资、经贸、金融、科技、社会、人文、民生、海洋等合作领域。2015年7月10日，上海合作组织发表了《上海合作组织成员国元首乌法宣言》，支持中国关于建设丝绸之路经济带的倡议。2016年11月17日，联合国193个会员国协商一致通过决议，欢迎共建“一带一路”等经济合作倡议，呼吁国际社会为“一带一路”建设提供安全保障环境。2017年3月17日，联合国安理会一致通过第2344号决议，呼吁国际社会通过“一带一路”建设加强区域经济合作。中国积极履行国际责任，在共建“一带一路”框架下深化同各有关国际组织的合作，与联合国开发计划署、亚太经社会、世界卫生组织签署共建“一带一路”的合作文件。

中国政府对共建“一带一路”高度重视，成立了推进“一带一路”建设工作领导小组，在国家发展和改革委员会设立领导小组办公室。为落实好已签署的共建“一带一路”合作协议，领导小组办公室制定了工作方案，有步骤地推进同相关国家的合作。按照协商一致的原则，与先期签署备忘录的国家共同编制双边合作规划纲要，编制并签署中蒙俄经济走廊建设规划纲要和中哈（萨克斯坦）、中白（俄罗斯）、中捷（克）对接合作文件，开展同老挝、柬埔寨、孟加拉国、塔吉克斯坦、沙特阿拉伯、波兰、匈牙利等国的规划对接。

（二）构建顶层框架

根据中国国家主席习近平的倡议和新形势下推进国际合作的需要，结合古代陆海丝绸之路的走向，共建“一带一路”确定了五大方向：丝绸之路经济带有三大走向，一是从中国西北、东北经中亚、俄罗斯至欧洲、波罗的海；二是从中国西北经中亚、西亚至波斯湾、地中海；三是从中国西南经中南半岛至印度洋。21 世纪海上丝绸之路有两大走向，一是从中国沿海港口过南海，经马六甲海峡到印度洋，延伸至欧洲；二是从中国沿海港口过南海，向南太平洋延伸。

根据上述五大方向，按照共建“一带一路”的合作重点和空间布局，中国提出了“六廊六路多国多港”的合作框架。“六廊”是指新亚欧大陆桥、中蒙俄、中国—中亚—西亚、中国—中南半岛、中巴和孟中印缅六大国际经济合作走廊。“六路”指铁路、公路、航运、航空、管道和空间综合信息网络，是基础设施互联互通的主要内容。“多国”是指一批先期合作国家。“一带一路”沿线有众多国家，中国既要与各国平等互利合作，也要结合实际与一些国家率先合作，争取有示范效应、体现“一带一路”理念的合作成果，吸引更多国家参与共建“一带一路”。“多港”是指若干保障海上运输大通道安全畅通的合作港口，通过与“一带一路”沿线国家共建一批重要港口和节点城市，进一步繁荣海上合作。“六廊六路多国多港”是共建“一带一路”的主体框架，为各国参与“一带一路”合作提供了清晰的导向。

（三）共建经济走廊

新亚欧大陆桥、中蒙俄、中国—中亚—西亚经济走廊经过亚欧大陆中东部地区，不仅将充满经济活力的东亚经济圈与发达的欧洲经济圈联系在一起，更畅通了连接波斯湾、地中海和波罗的海的合作通道，为构建高效畅通的欧亚大市场创造了可能，也为地处“一带一路”沿线、位于亚欧大陆腹地的广大国家提供了发展机遇。中国—中南半岛、中巴和孟中印缅经济走廊经过亚洲东部和南部这一全球人口最稠密地区，连接沿线主要城市和人口、产业集聚区。澜沧江—湄公河国际航道和在建的地区铁路、公路、油气网络，将丝绸之路经济带和 21 世纪海上丝绸之路联系到一起，经济效应辐射南亚、东南亚、印度洋、南太平洋等地区。

新亚欧大陆桥经济走廊。新亚欧大陆桥经济走廊由中国东部沿海向西延伸，经中国西北地区和中亚、俄罗斯抵达中东欧。新亚欧大陆桥经济走廊建设以中欧班列等现代化国际物流体系为依托，重点发展经贸和产能合作，拓展能源资源合作空间，构建畅通高效的区域大市场。截至 2016 年底，中欧班列运行路线达 39 条，开行近 3000 列，覆盖欧洲 9 个国家、14 个城市，成为沿途国家促进互联互通、提升经贸合作水平的重要平台。中哈国际物流合作项目进展顺利，已成为哈萨克斯坦开展贸易和跨境运输合作的重要窗口。中哈霍尔果斯国际边境合作中心建设稳步推进。比雷埃夫斯港运营顺利，为中希（腊）互利共赢作出贡献。

中蒙俄经济走廊。2014 年 9 月 11 日，中国国家主席习近平在出席中国、俄罗斯、蒙古国三国元首会晤时提出，将“丝绸之路经济带”同“欧亚经济联盟”、蒙古国“草原之路”倡议对接，打造中蒙俄经济走廊。2015 年 7 月 9 日，三国有关部门签署了《关于编制建设中蒙俄经济走廊规划纲要的谅解备忘录》。2016 年 6 月 23 日，三国元首共同见证签署了《建设中蒙俄经济走廊规划纲要》，这是共建“一带一路”框架下的首个多边合作规划纲要。在三方的共同努力下，规划纲要已进入具体实施阶段。

中国—中亚—西亚经济走廊。中国—中亚—西亚经济走廊由中国西北地区出境，向西经中亚至波斯湾、阿拉伯半岛和地中海沿岸，辐射中亚、西亚和北非有关国家。2014 年 6 月 5 日，中国国家主席习近平在中国—阿拉伯国家合作论坛第六届部长级会议上提出构建以能源合作为主轴，以基础设施建设、贸易和投资便利化为两翼，以核能、航天卫星、新能源三大高新领域为突破口的中阿“1+2+3”合作格局。2016 年 G20 杭州峰会期间，中哈（萨克斯坦）两国元首见证签署了《中哈丝绸之路经济带建设和“光明之路”新经济政策对接合作规划》。中国与塔吉克斯坦、吉尔吉斯斯坦、乌兹别克斯坦等国签署了共建丝绸之路经济带的合作文件，与土耳其、伊朗、沙特、卡塔尔、科威特等国签署了共建“一带一路”合作备忘录。中土双方就开展土耳其东西高铁项目合作取得重要共识，进入实质性谈判阶段。

中国—中南半岛经济走廊。中国—中南半岛经济走廊以中国西南为起点，连接中国和中南半岛各国，是中国与东盟扩大合作领域、提升合作层次的重要载体。2016 年 5 月 26 日，第九届泛北部湾经济合作论坛暨中国—中南半岛经济走廊发展论坛发布《中国—中南半岛经济走廊倡议书》。中国与老挝、柬埔寨等国签署共建“一带一路”

合作备忘录，启动编制双边合作规划纲要。推进中越陆上基础设施合作，启动澜沧江—湄公河航道二期整治工程前期工作，开工建设中老铁路，启动中泰铁路，促进基础设施互联互通。设立中老磨憨—磨丁经济合作区，探索边境经济融合发展的新模式。

中巴经济走廊。中巴经济走廊是共建“一带一路”的旗舰项目，中巴两国政府高度重视，积极开展远景规划的联合编制工作。2015年4月20日，两国领导人出席中巴经济走廊部分重大项目动工仪式，签订了51项合作协议和备忘录，其中近40项涉及中巴经济走廊建设。“中巴友谊路”——巴基斯坦喀喇昆仑公路升级改造二期、中巴经济走廊规模最大的公路基础设施项目——白沙瓦至卡拉奇高速公路顺利开工建设，瓜达尔港自由区起步区加快建设，走廊沿线地区能源电力项目快速上马。

孟中印缅经济走廊。孟中印缅经济走廊连接东亚、南亚、东南亚三大次区域，沟通太平洋、印度洋两大海域。2013年12月，孟中印缅经济走廊联合工作组第一次会议在中国昆明召开，各方签署了会议纪要和联合研究计划，正式启动孟中印缅经济走廊建设政府间合作。2014年12月召开孟中印缅经济走廊联合工作组第二次会议，广泛讨论并展望了孟中印缅经济走廊建设的前景、优先次序和发展方向。

三、合作领域：从经济到人文

共建“一带一路”以政策沟通、设施联通、贸易畅通、资金融通、民心相通为主要内容，既开展互联互通、产能合作、贸易投资等重点领域的务实合作，也重视推动沿线国家之间多种形式的人文交流，实现经济和文化的共同繁荣发展。

（一）促进基础设施互联互通

加强基础设施建设，推动跨国、跨区域互联互通是共建“一带一路”的优先合作方向。中国政府鼓励实力强、信誉好的企业走出国门，在“一带一路”沿线国家开展铁路、公路、港口、电力、信息通信等基础设施建设，促进地区互联互通，造福广大民众。

——对接建设规划。中国与“一带一路”沿线国家对接基础设施建设规划，建立由主管部门牵头的双多边互联互通政策协商和对话机制，同时重视发展互联互通伙伴关系，将加强基础设施互联互通纳入共建“一带一路”合作协议。中国政府部门与欧盟委员会签署谅解备忘录，启动中欧互联互通平台合作。中国、老挝、缅甸和泰国等四国共同编制了《澜沧江—湄公河国际航运发展规划（2015—2025年）》。2016 年 9 月，《二十国集团领导人杭州峰会公报》通过中国提出的建立“全球基础设施互联互通联盟”倡议。

——衔接质量技术体系。中国在尊重相关方主权和关切的基础上，推动与“一带一路”相关国家在标准、计量和认证认可体系方面的合作。中国政府部门发布了《标准联通“一带一路”行动计划（2015—2017 年）》、《共同推动认证认可服务“一带一路”建设的愿景与行动》、《“一带一路”计量合作愿景和行动》，推进认证认可和标准体系对接，共同制定国际标准和认证认可规则。中国将与“一带一路”沿线国家共同努力，促进计量标准“一次测试、一张证书、全球互认”，推动认证认可和检验检疫“一个标准、一张证书、区域通行”。

——促进运输便利化。中国与“一带一路”沿线 15 个国家签署了包括《上海合作组织成员国政府间国际道路运输便利化协定》、《关于沿亚洲公路网国际道路运输政府间协定》在内的16个双多边运输便利化协定，启动《大湄公河次区域便利货物及人员跨境运输协定》便利化措施，通过73个陆上口岸开通了356条国际道路运输线路。与“一带一路”沿线47个国家签署了38个双边和区域海运协定，与62个国家签订了双边政府间航空运输协定，民航直航已通达43个国家。中国政府有关部门还发布了《关于贯彻落实“一带一路”倡议加快推进国际道路运输便利化的意见》，推动各国互联互通法规和体系对接，增进“软联通”。

——推动项目建设。中老铁路、匈塞铁路、中俄高铁、印尼雅万高铁、巴基斯坦白沙瓦至卡拉奇高速公路、中巴喀喇昆仑公路二期升级改造、比雷埃夫斯港、汉班托塔港、瓜达尔港等标志性项目建设取得进展。埃塞俄比亚亚的斯亚贝巴—吉布提铁路建成通车，这是非洲第一条跨国电气化铁路。哈萨克斯坦南北大通道TKU公路、白俄罗斯铁路电气化改造，以及中国企业在乌兹别克斯坦、塔吉克斯坦实施的铁路隧道等项目，将有效提升所在国运输能力。中国愿与有关国家一道，继续打造连接亚洲各次区域以及亚非欧之间的交通基础设施网络，提升互联互通水平和区域、次区域物流运输效率。

——联通能源设施。中国积极推动与相关国家的能源互联互通合作，推进油气、电力等能源基础设施建设，与相关国家共同维护跨境油气管网安全运营，促进国家和地区之间的能源资源优化配置。中俄原油管道、中国—中亚天然气管道A/B/C线保持稳定运营，中国—中亚天然气管道D线和中俄天然气管道东线相继开工，中巴经济走廊确定的16项能源领域优先实施项目已有8项启动建设。中国与俄罗斯、老挝、缅甸、越南等周边国家开展跨境电力贸易，中巴经济走廊、大湄公河次区域等区域电力合作取得实质性进展，合作机制不断完善。中国企业积极参与“一带一路”沿线国家电力资源开发和电网建设改造，中兴能源巴基斯坦QA光伏发电项目建成后将成为全球规模最大的单体光伏发电项目，吉尔吉斯斯坦达特卡—克明输变电、老挝胡埃兰潘格雷河水电站、巴基斯坦卡洛特水电站等项目有助于缓解当地电力不足的矛盾。

——打造信息网络。“一带一路”沿线国家共同推进跨境光缆等通信网络建设，提高国际通信互联互通水平。截至2016年底，中国通过国际海缆可连接美洲、东北亚、东南亚、南亚、大洋洲、中东、北非和欧洲地区，通过国际陆缆连接俄罗斯、蒙古国、哈萨克斯坦、吉尔吉斯斯坦、塔吉克斯坦、越南、老挝、缅甸、尼泊尔、印度等国，延伸覆盖中亚、东南亚、北欧地区。中国政府有关部门还与土耳其、波兰、沙特阿拉伯等国机构签署了《关于加强“网上丝绸之路”建设合作促进信息互联互通的谅解备忘录》，推动互联网和信息技术、信息经济等领域合作。

（二）提升经贸合作水平

中国与“一带一路”沿线国家已经建立了紧密的经贸联系，有力地促进了各国经济和产业发展。中国重视进一步发展与“一带一路”沿线国家互利共赢的经贸伙伴关系，致力于建立更加均衡、平等和可持续的贸易体系。

——密切经贸联系。中国与“一带一路”沿线国家贸易规模与结构持续优化，货物贸易平稳增长，服务贸易合作出现新亮点。在全球贸易持续低迷的背景下，2016年中国与“一带一路”沿线国家货物贸易总额9478亿美元，占同期中国货物进出口总额的25.7%。与

"一带一路"沿线国家服务进出口总额1222亿美元，占同期中国服务进出口总额的15.2%，比2015年提高3.4个百分点。在产业转型升级、内需持续增长和消费需求升级的多重驱动下，中国巨大的国内市场也为"一带一路"沿线各国提供了广阔的经贸合作机遇。

——构建"一带一路"自贸区网络。中国倡导更具包容性的自由贸易，与"一带一路"沿线经济体积极开展贸易协定谈判。中国—东盟自贸区升级、中国—格鲁吉亚自贸谈判已经完成，区域全面经济伙伴关系协定（RCEP）谈判取得积极进展，中国—马尔代夫自贸区等协定谈判取得重要突破。推进中国—海合会、中国—以色列、中国—斯里兰卡以及中国—巴基斯坦自贸区第二阶段谈判，推动中国—尼泊尔、中国—孟加拉国自贸区和中国—摩尔多瓦自贸协定联合可行性研究。

——推动贸易便利化。中国与"一带一路"沿线国家共同推进海关大通关体系建设，与沿线海关开展"信息互换、监管互认、执法互助"合作。启动国际贸易"单一窗口"试点，加快检验检疫通关一体化建设，实现"进口直通、出口直放"。在口岸开辟哈萨克斯坦、吉尔吉斯斯坦、塔吉克斯坦农产品快速通关"绿色通道"。发布《"一带一路"检验检疫合作重庆联合声明》、《"一带一路"食品安全合作联合声明》、《第五届中国—东盟质检部长会议联合声明》。与"一带一路"沿线国家和地区签署了78项合作文件，推动工作制度对接、技术标准协调、检验结果互认、电子证书联网。

（三）扩大产能与投资合作

开展国际产能和装备制造合作，扩大相互投资，是共建"一带一路"的另一优先合作方向。中国是世界制造业大国，一些产业具有较强的国际竞争力。中国政府支持本国优势产业走出去，以严格的技术和环保标准，在“一带一路”沿线国家开展多元化投资，培育双边经济合作新亮点。

——扩大合作共识。截至2016年底，中国已同哈萨克斯坦、埃塞俄比亚等27个国家签订了国际产能合作文件，与东盟10国发表《中国—东盟产能合作联合声明》，与湄公河5国发表《澜沧江—湄公河国家产能合作联合声明》，开展了规划、政策、信息、项目等多种形式的对接合作。与俄罗斯在总理定期会晤机制下成立了中俄投资合作委员会，协调两国非能源产业的投资合作。在形成共识的基础上，中国按照市场主导和互利共赢原则，与有关国家围绕原材料、装备制造、轻工业、清洁能源、绿色环保和高技术产业等领域，实施了一系列合作项目，提升东道国产业发展水平，创造税收和就业岗位。

——共建合作平台。截至2016年底，中国在沿边省区设立了7个重点开发开放试验区、17个边境经济合作区和2个双边边境经济合作区，并与尼泊尔、缅甸、蒙古国、越南等周边国家就双边边境经济合作区建设开展深入磋商，取得积极进展。中国企业在“一带一路”沿线20个国家正在建设的56个经贸合作区，累计投资超过185亿美元，是深化投资合作、移植复制中国发展经验的重要载体。中白工业园、泰中罗勇工业园、埃及苏伊士经贸合作区等境外园区建设成效显著，成为中国企业集群式走出去的平台和友好合作的象征。中国部分地区结合自身特色，积极探索建设“一带一路”经贸合作园区，打造面向欧亚、对接周边的现代国际贸易聚集平台。

——促进投资便利化。作为吸引外资和对外投资大国，中国支持跨国跨地区的投资便利化。中国政府大力推进简政放权，放宽外资准入，加快推进自由贸易试验区建设，营造高标准的国际营商环境，吸引各国来华投资。同时，“一带一路”沿线国家也成为中国对外投资的重要目的地。2016年，中国对这一区域投资145亿美元，占同期对外投资总额的8.5%，新签署对外承包工程合同额1260亿美元，增长36%。双边投资保护协定谈判进程加快，截至2016年底，中国与“一带一路”沿线53个国家签署了双边投资协定，与大部分国家建立了经贸和投资合作促进机制。中国还与“一带一路”沿线54个国家签署了避免双重征税协定，共同为企业享有税收公平待遇、有效解决纠纷创造了良好的税收和法律环境。

（四）拓展金融合作空间

加强金融合作，促进货币流通和资金融通，能够为“一带一路”建设创造稳定的融资环境，也有利于引导各类资本参与实体经济发展和价值链创造，推动世界经济健康发展。中国与“一带一路”沿线国家及有关机构开展了多种形式的金融合作，推动金融机构和金融服务网络化布局，创新融资机制支持“一带一路”建设。

——加强金融合作机制对接。中国与东盟金融合作日益密切，与俄罗斯、中亚地区金融合作不断深化，与欧盟的金融合作水平持续提升。发挥东盟与中日韩（10+3）金融合作机制、上合组织财长和央行行长会议、上合组织银联体、东亚及太平洋中央银行行长会议组织、中国—东盟银联体以及中亚、黑海及巴尔干地区央行行长会议组织等机制作用，加强金融政策沟通。推进清迈倡议多边化并建立2400亿美元的区域外汇储备，促进地区金融形势稳定。中国于2016年1月正式加入欧洲复兴开发银行，通过高层交往、联合融资、贸易投资合作和政策沟通等方式，不断加深交流合作。

——打造新型合作平台和创新融资机制。2015年12月25日，中国倡议的亚洲基础设施投资银行（以下简称亚投行）正式成立，法定资本1000亿美元，重点支持地区互联互通和产业发展。截至2016年底，亚投行已为9个项目提供了17亿美元贷款，涉及印度尼西亚、塔吉克斯坦、巴基斯坦、孟加拉国等国的能源、交通和城市发展等急需项目。中国出资400亿美元设立丝路基金，首期注册资本金100亿美元，通过以股权为主的多种方式为共建“一带一路”提供资金支持。截至2016年底，丝路基金已签约15个项目，承诺投资额累计约60亿美元，项目覆盖俄罗斯、蒙古国以及中亚、南亚、东南亚等地区，涵盖基础设施、资源利用、产能合作、金融合作等领域。丝路基金还出资20亿美元设立了中哈产能合作基金。中国提出中国—中东欧协同投融资框架，包括100亿美元专项贷款、中东欧投资合作基金在内的多种融资机制共同发挥作用，为中东欧地区提供融资支持。中国工商银行牵头成立了中国—中东欧金融控股有限公司并设立中国—中东欧基金。

——深化金融机构及金融市场合作。中国政府鼓励开发性、政策性金融机构积极参与“一带一路”金融合作。共建“一带一路”倡议提出以来，中国国家开发银行在“一带一路”沿线国家签约项目100余个，金额超过400亿美元，发放贷款超过300亿美元；中国进出口银行在“一带一路”沿线国家签约项目1100余个，金额超过1000亿美元，发放贷款超过800亿美元；中国出口信用保险公司承保“一带一路”沿线国家出口和投资超过3200亿美元。截至2016年底，共有9家中资银行在“一带一路”沿线26个国家设立了62家一级分支机构，“一带一路”沿线20个国家的54家银行在华设立了6家子行、20家分行和40家代表处。2017年1月，中国金融期货交易所等与巴方伙伴合作收购巴基斯坦证券交易所30%的股权。上海黄金交易所和迪拜黄金与商品交易所签署协议，在国际金融市场首次应用“上海金”。

——扩大本币互换与跨境结算。中国与“一带一路”沿线22个国家和地区签署了本币互换协议，总额达9822亿元人民币。与越南、蒙古国、老挝、吉尔吉斯斯坦签订了边贸本币结算协定，与俄罗斯、哈萨克斯坦、白俄罗斯、尼泊尔签署了一般贸易和投资本币结算协定。人民币业务清算行已有23家，其中6家在“一带一路”沿线。通过中国银行间外汇市场开展人民币对21种非美元货币的直接交易。建立人民币跨境支付系统(CIPS)，为境内外金融机构从事人民币业务提供服务。

——加强金融监管合作。中国推动签署监管合作谅解备忘录，在区域内建立高效监管协调机制，完善金融危机管理和处置框架，提高共同应对金融风险的能力。截至2016年底，中国人民银行已与42个境外反洗钱机构签署合作谅解备忘录，中国银监会与29个“一带一路”沿线国家金融监管当局签署了双边监管合作谅解备忘录或合作换文，中国保监会与“一带一路”沿线国家商签监管合作谅解备忘录并成立亚洲保险监督官论坛（AFIR）。

（五）加强生态环保合作

中国致力于建设“绿色丝绸之路”，用绿色发展理念指导“一带一路”合作，分享中国在生态文明建设、环境保护、污染防治、生态修复、循环经济等领域的最新理念、技术和实践，积极履行应对气候变化等国际责任。

——建设合作平台。中国努力打造以“绿色丝绸之路”为主题的合作平台，举办中国—阿拉伯国家环境合作论坛、中国—东盟环境合作论坛等活动，设立中国—东盟环境保护合作中心。签署《中国环境保护部与联合国环境署关于建设绿色“一带一路”的谅解备忘录》。建立“一带一路”环境技术交流与转移中心等机构，推动环保领域先进技术的国际交流与应用。

——推进水利合作。中国政府积极推进与周边国家在跨界河流保护与开发利用方面的政策沟通、技术分享和工程技术合作。开展跨界河流水资源保护与利用联合研究，共同做好跨界河流水资源的保护工作。推动跨界河流汛期水文数据共享，建立中俄防汛防洪合作机制，积极推动中哈霍尔果斯河友谊联合引水枢纽工程建设和流域冰湖泥石流防护合作。中国提供融资的斯里兰卡最大水利枢纽工程—莫拉格哈坎达灌溉项目已完成阶段性建设，除农业灌溉外，还将为几百万人提供清洁饮水。

——加强林业和野生物种保护合作。中国与“一带一路”沿线国家签署了35项林业合作协议，建立中国—东盟、中国—中东欧林业合作机制，推动林业产业可持续发展和森林资源保护。举办首届大中亚地区林业部长级会议、中国—东盟林业合作论坛、中俄林业投资政策论坛，发布《“一带一路”防治荒漠化共同行动倡议》。在中蒙俄经济走廊建设中大力推广绿色理念，与俄罗斯开展森林资源保护利用、边境防火、候鸟保护合作，与蒙古国开展野生物种保护、防沙治沙合作。中国还与埃及、以色列、伊朗、斯里兰卡、巴基斯坦、尼泊尔、老挝、缅甸等国共同实施荒漠化防治、森林可持续利用、野生动植物保护、生态系统综合治理、湿地保护、林业应对气候变化等多方面合作。

——推动绿色投融资。中国政府部门发布《关于推进绿色“一带一路”建设的指导意见》，推动提高对外合作的“绿色化”水平。

建立“一带一路”生态环境保护制度，出台绿色产业引导政策和操作指南，为建设“绿色丝绸之路”提供制度保障。中国还积极探索将绿色金融理念应用到“一带一路”建设实践，发布《关于构建绿色金融体系的指导意见》，引导资金投向绿色环保产业。

——应对气候变化。中国为全球气候治理积极贡献中国智慧和方案，与各国一道推动达成《巴黎协定》，为协定提早生效作出重要贡献。积极开展气候变化南南合作，向“一带一路”沿线国家提供节能低碳和可再生能源物资，开展太阳能、风能、沼气、水电、清洁炉灶等项目合作，实施提高能效、节能环保等对话交流和应对气候变化培训。

（六）有序推进海上合作

共建21世纪海上丝绸之路重点依托海上合作，发展海上贸易、互联互通和海洋经济，打造一批海上合作支点港口，维护海上大通道的安全畅通。同时，中国与“一带一路”沿线国家开展了海洋科技、海洋生态环境保护、海洋防灾减灾、海上执法安全等多领域合作。

——互联互通合作。中国坚持公开透明和互利共赢的原则，与有关国家合作建设支点港口，发挥中国的经验优势，帮助东道国发展临港产业和腹地经济。中国企业克服困难，修复和完善瓜达尔港港口生产作业能力，积极推进配套设施建设，大力开展社会公益事业，改善了当地民众生活。中方承建的斯里兰卡汉班托塔港项目进展顺利，建成后将有力地促进斯里兰卡南部地区经济发展和民生就业。中国宁波航交所发布“海上丝绸之路航运指数”，服务21世纪海上丝绸之路航运经济。

——海洋经济合作。马来西亚马六甲临海工业园建设加快推进，缅甸皎漂港“港口 + 园区 + 城市”综合一体化开发取得进展。中国与荷兰合作开发海上风力发电，与印尼、哈萨克斯坦、伊朗等国的海水淡化合作项目正在推动落实。与有关国家开展海洋油气和渔业捕捞合作，同时充分发挥中国—东盟海上合作基金作用，为部分合作项目提供融资支持。

——海上执法安全合作。中国与东盟通过《应对海上紧急事态外交高官热线平台指导方针》，提升海上合作互信水平。中国海警局与越南海警司令部、菲律宾海岸警卫队签署合作谅解备忘录，建立海警海上合作联合委员会等安全执法合作机制，与印度、孟加拉国、缅甸等国海警机构加强对话沟通，与巴基斯坦海上安全局开展机制化合作，共同打击违法犯罪行为，为21世纪海上丝绸之路建设提供安全保障。

——合作机制建设。中国与泰国、马来西亚、柬埔寨、印度、巴基斯坦等国建立了海洋合作机制，积极推进中泰气候与海洋生态系统联合实验室、中巴联合海洋科学研究中心、中马联合海洋研究中心建设，在海洋与气候变化观测研究、海洋和海岸带环境保护、海洋资源开发利用、典型海洋生态系统保护与恢复、海洋濒危动物保护等多领域开展合作。成立中国—中东欧海运合作秘书处，在华设立国际海事组织海事技术合作中心。建立泛北部湾经济合作机制、中国—东南亚国家海洋合作论坛、东亚海洋合作平台、中国—东盟海事磋商机制、中国—东盟港口发展与合作论坛、中国—东盟海洋科技合作论坛、中国—东盟海洋合作中心、中国—马来西亚港口联盟，筹建澜沧江—湄公河水资源合作中心、执法安全合作中心等次区域合作平台。

（七）深化人文社会及其它领域交流合作

共建“一带一路”离不开各国人民的支持和参与，同时“一带一路”建设也为民众友好交往和商贸、文化、教育、旅游等活动带来了便利和机遇。中国支持开展多层次、多领域的人文交流合作，推动文明互学互鉴和文化融合创新，努力构建不同文明相互理解、各国民众相知相亲的和平发展格局。

——教育文化合作。中国每年向“一带一路”沿线国家提供1万个政府奖学金名额，实施《推进共建“一带一路”教育行动》。共建“一带一路”倡议提出以来，中国与“一带一路”沿线国家共同举办“国家文化年”等人文交流活动20次，签署了43项文化交流执行计划等政府间合作协议。截至2016年底，中国在“一带一路”沿线国家设立了30个中国文化中心，新建了一批孔子学院。举办“丝绸之路（敦煌）国际文化博览会”、“丝绸之路国际艺术节”、“海上丝绸之路国际艺术节”等活动。中国与哈萨克斯坦、吉尔吉斯斯坦联合申报世界文化遗产“丝绸之路：长安—天山廊道的路网”获得成功。实施柬埔寨吴哥古迹茶胶寺、乌兹别克斯坦花剌子模州希瓦古城等援外文化修复项目，向尼泊尔、缅甸提供文化遗产震后修复援助。推动海上丝绸之路申报世界文化遗产，弘扬妈祖海洋文化。

——科技合作。中国政府与“一带一路”沿线国家签署了46项政府间科技合作协定，涵盖农业、生命科学、信息技术、生态环保、新能源、航天、科技政策与创新管理等领域。设立联合实验室、国际技术转移中心、科技园区等科技创新合作平台。建设中国—东盟海水养殖技术联合研究与推广中心、中国—南亚和中国—阿拉伯国家技术转移中心等一批合作实体，发挥科技对共建“一带一路”的提升和促进作用。强化科技人文交流机制，仅2016年就通过"杰出青年科学家来华工作计划"资助来自印度、巴基斯坦、孟加拉国、缅甸、蒙古、泰国、斯里兰卡、尼泊尔、埃及、叙利亚等国100多名科研人员在华开展科研工作。

——旅游合作。中国与"一带一路"沿线国家互办"旅游年"，开展各类旅游推广与交流活动，相互扩大旅游合作规模。举办世界旅游发展大会、丝绸之路旅游部长会议、中国—南亚国家旅游部长会议、中俄蒙旅游部长会议、中国—东盟旅游部门高官会等对话合作，初步形成了覆盖多层次、多区域的"一带一路"旅游合作机制。中国连续三年举办"丝绸之路旅游年"，建立丝绸之路（中国）旅游市场推广联盟、海上丝绸之路旅游推广联盟、中俄蒙"茶叶之路"旅游联盟，促进旅游品牌提升。体育合作也在蓬勃发展。

——卫生健康合作。中国重视通过共建"一带一路"推动传染病防控、卫生体制和政策、卫生能力建设与人才合作以及传统医药领域合作。发表《中国—中东欧国家卫生合作与发展布拉格宣言》、《第二届中国—中东欧国家卫生部长论坛苏州联合公报》、《中国—东盟卫生合作与发展南宁宣言》，实施中非公共卫生合作计划、中国—东盟公共卫生人才培养百人计划等41个项目。推动与"一带一路"沿线国家在传统医药领域扩大交流合作，设立中捷（克）中医中心等16个中医药海外中心，与15个国家签署了中医药合作协议。中国政府与世界卫生组织签署《关于"一带一路"卫生领域合作备忘录》，携手打造"健康丝绸之路"。在新疆自治区设立丝绸之路经济带医疗服务中心，为中亚等周边国家提供医疗服务。

——救灾、援助和减贫。中国参与联合国、世界卫生组织等在叙利亚的人道主义行动，长期派遣援外医疗队赴周边国家和非洲开展医疗救助。积极参与国际防灾减灾，派遣国家救援队及医疗队参与尼泊尔地震救援，向马尔代夫、密克罗尼西亚联邦、瓦努阿图、斐济等国提供紧急救灾援助。向受到“厄尔尼诺”影响遭受严重旱灾的非洲国家提供紧急粮食援助。实施湄公河应急补水，帮助沿河国家应对干旱灾害。向泰国、缅甸等国提供防洪技术援助。开展中非减贫惠民合作计划、东亚减贫合作示范等活动，提供减贫脱困、农业、教育、卫生、环保等领域的民生援助。中国社会组织积极参与“一带一路”沿线国家民生改善事业，实施了一系列惠及普通民众的公益项目。

——便利人员往来。中国与巴基斯坦、俄罗斯、菲律宾、塞尔维亚等“一带一路”沿线 55 个国家缔结了涵盖不同护照种类的互免签证协定，与哈萨克斯坦、捷克、尼泊尔等 15 个国家达成 19 份简化签证手续的协定或安排，阿联酋、伊朗、泰国等 22 个国家单方面给予中国公民免签或办理落地签证入境待遇。

四、合作机制：从官方到民间

政策沟通是共建“一带一路”的重要保障，合作机制是实现政策沟通的有效渠道。中国与“一带一路”沿线国家共同打造多层次合作机制，加强沟通协调，增进政治互信，为深化合作创造了良好条件。

（一）高层推动

高层访问为共建“一带一路”提供了强大的政治助推力。共建“一带一路”倡议提出以来，中国国家主席习近平、中国国务院总理李克强等国家领导人的出访足迹遍布中亚、东南亚、南亚、中东欧等

“一带一路”沿线地区。推动共建“一带一路”是高访的重要内容之一，也得到了相关国家和国际组织的积极回应，形成了包括凝聚合作共识、签署合作协议、推动重大项目建设、扩大各领域交流合作等一系列丰硕成果。

（二）战略对接

中国努力推动共建“一带一路”倡议与“一带一路”沿线国家的发展战略对接，寻求合作的最大公约数。哈萨克斯坦“光明之路”、沙特阿拉伯“西部规划”、蒙古国“草原之路”、欧盟“欧洲投资计划”、东盟互联互通总体规划2025、波兰“负责任的发展战略”、印度尼西亚“全球海洋支点”构想、土耳其“中间走廊”倡议、塞尔维亚“再工业化”战略、亚太经合组织互联互通蓝图、亚欧互联互通合作、联合国2030年可持续发展议程等与“一带一路”倡议高度契合，中国愿意与有关国家和国际组织共同推动实施。

（三）双多边机制

中国与“一带一路”沿线国家在相互尊重、相互信任的基础上，建立了较为完善的合作机制。双边对话是政策沟通的主要渠道，中国与有关国家不断强化双边机制作用，服务互联互通、贸易投资、产能合作、人文交流等共建“一带一路”重点领域合作。中国政府部门还将建设若干国别合作促进中心，推动已签署的共建“一带一路”合作协议加快落实。中国重视维护和促进多边机制作用，通过上合组织峰会、亚信峰会、中非合作论坛、中国—太平洋岛国经济发展合作论坛、泛北部湾经济合作论坛、中国共产党与世界对话会等多边平台，开展合作对话。举办中国—东盟博览会、中国—亚欧博览会、中国—

阿拉伯国家博览会、中国—南亚博览会及中国—中东欧国家投资贸易博览会等大型展会，发挥经贸合作的桥梁纽带作用。以领事磋商等为平台，完善外交协调机制，为共建“一带一路”创造有利的人员往来和安全保障条件。

（四）“二轨”对话及交流合作

中国与“一带一路”沿线国家通过政党、议会、地方、民间等交往渠道，开展形式多样的交流合作，增进各国人民的相互理解，广泛凝聚共建“一带一路”的各方共识。加强智库交流合作，建立“一带一路”智库合作联盟等合作机制。中国政府在北京大学设立“南南合作与发展学院”，与发展中国家分享治国理政经验，培养政府管理高端人才。中国国务院发展研究中心与有关国际智库发起成立了“丝路国际智库网络”（SILKS），打造国际智库合作平台与协作网络。促进媒体交流合作，举办媒体论坛、人员互访等活动，开展供版供稿、联合采访、合作拍片、研修培训等合作。推动妇女、青年、创业就业等领域交流，分享促进社会公平进步的理念和经验。这些覆盖广泛的对话交流活动，与政府间合作相互促进，为共建“一带一路”不断营造民意基础。

五、愿景展望：从现实到未来

中国提出“一带一路”倡议，旨在与世界分享中国发展带来的广阔机遇，欢迎各国搭乘中国和地区经济增长的快车，共同谱写合作共赢新乐章。

我们共同的未来应该是更加光明的未来，各个国家、各个民族的利益是全人类共同利益的组成部分，全人类的利益则系于“你中有我、我中有你”的命运共同体。人类命运共同体是平等的共同体，应坚持相互尊重、平等相待，建设一个各国平等参与地区和国际事务的世界；人类命运共同体是和平的共同体，应坚持共同、综合、合作、可持续的安全观，建设一个各国彼此尊重核心利益、和平解决分歧的世界；人类命运共同体是繁荣的共同体，应坚持合作共赢、共同繁荣，建设一个开放发展、包容增长的世界；人类命运共同体是文明的共同体，应坚持不同文明兼容并蓄、交流互鉴，建设一个海纳百川、多彩多姿的世界；人类命运共同体是绿色的共同体，应坚持生态环境保护和资源节约利用，建设一个绿色低碳、永久美丽的世界。

共建“一带一路”为实现人类命运共同体提供了新的助力。亚欧大陆是世界经济增长的重要引擎之一，也是共建“一带一路”的主要地区。促进亚欧大陆及附近海洋的高水平互联互通，深化各领域务实合作，将进一步发掘这一地区巨大的发展潜力，增进各国的思想交流与文明的互学互鉴，共同实现多元、自主、平衡和可持续的发展。共建“一带一路”也是开放的，中国欢迎感兴趣的国家和国际组织以不同方式参与合作，让成果惠及更广区域、更多人民。

——非洲是共建“一带一路”的关键伙伴。中非之间有着深厚的传统友谊，双多边关系密切。非洲部分地区曾经是海上丝绸之路的重要区域，经济繁荣、社会安定、文化发达。长期以来，中国从非洲各国的根本利益出发，为非洲经济社会发展做出了积极贡献。共建“一带一路”倡议为中非互利合作开辟了更为广阔的空间，并进一步将亚欧大陆和非洲紧紧联系在一起，促进亚欧非携手发展。

——中国欢迎拉丁美洲和加勒比地区参与“一带一路”建设。拉丁美洲和加勒比地区是重要的新兴市场，也是中国最重要的贸易伙伴之一。中国致力于同拉丁美洲和加勒比有关国家对接发展战略，用共建“一带一路”的理念、原则和合作方式推动各领域务实合作，不断扩大共同利益。

——大洋洲是“21 世纪海上丝绸之路”的南向延伸地区。中国与新西兰签署了两国政府关于加强“一带一路”倡议合作的安排备忘录。作为发展中国家的重要组成部分，共建 21 世纪海上丝绸之路为太平洋岛国加快自身发展，深化与中国的南南合作创造了新的机遇，岛国对此态度积极，双方合作潜力巨大。

——第三方合作是共建“一带一路”的重要内容。共建“一带一路”是公开透明的合作倡议。中国愿意与有关发达国家一道，发挥技术、资金、产能、市场等互补优势，按照共商共建共享原则，遵循市场规律，在“一带一路”沿线国家开展第三方合作，促进互利共赢。

结束语

中国不仅是共建“一带一路”的倡议者，更是负责任、有担当的实践者。三年多来，“一带一路”建设从无到有、由点及面，取得积极进展，初步形成了共商、共建、共享的合作局面。

当今世界正在发生复杂深刻变化，世界经济在深度调整中缓慢复苏，各国面临的发展问题依然严峻。历史尤其是 20 世纪两次世界大战的惨痛教训告诉我们，当今世界比任何时候都需要加强互联互通，各国比任何时候都需要结成更加紧密的命运共同体，共同创造面向未来的发展新格局，共同维护开放型世界经济体系，共同探索新的增长动力来源。

中国欢迎世界各国和国际、地区组织积极参与共建"一带一路"合作，也愿与各国共同丰富"一带一路"建设的理念和实践，携手打造绿色丝绸之路、健康丝绸之路、智力丝绸之路、和平丝绸之路，建设更具活力、更加开放、更兼稳定、更可持续、更多包容的全球化经济。

（新华社北京 2017 年 5 月 10 日电）

参考文献

包铭新:《丝绸之路——图像与历史》，东华大学出版社 2011 年版。

龚缨晏主编:《20 世纪中国“海上丝绸之路”研究集萃》，浙江大学出版社 2011 年版。

黄茂兴:《历史与现实的呼应：21 世纪海上丝绸之路的复兴》，经济科学出版社 2015 年版。

翦伯赞:《中国史纲要》，北京大学出版社 2006 年版。

纪云飞主编:《中国海上丝绸之路研究年鉴（2013)》，浙江大学出版社 2013 年版。

李进新:《丝绸之路宗教研究》，新疆人民出版社 2008 年版。

林梅村:《丝绸之路考古十五讲》，北京大学出版社 2006 年版。

刘育红:《“新丝绸之路”经济带交通基础设施与区域经济增长》，中国社会科学出版社 2014 年版。

刘迎胜:《丝绸之路》，江苏人民出版社 2014 年版。

李忠民:《“丝绸之路”经济带发展研究》，经济科学出版社 2014 年版。

孟凡人:《丝绸之路史话》，社会科学文献出版社 2011 年版。

马莉莉、任保平:《丝绸之路经济带发展报告：2014》，中国经济出版社 2014 年版。

芮传明:《丝绸之路研究入门》，复旦大学出版社 2009 年版。

杨共乐：《早期丝绸之路探微》，北京师范大学出版社 2011 年版。

王义桅：《海殇？——欧洲文明启示录》，上海人民出版社 2013 年版。

张洁主编：《中国周边安全形势评估：“一带一路”与周边战略》，社会科学文献出版社 2015 年版。

张学锋：《汉唐考古与历史研究》，上海三联书店 2013 年版。

邹磊：《“一带一路”的政治经济学》，上海人民出版社 2015 年版。

中国人民大学重阳金融研究院编：《欧亚时代——丝绸之路经济带研究蓝皮书 2014—2015》，中国经济出版社 2014 年版。

［古希腊］阿里安：《亚历山大远征记》，李活译，商务印书馆 1979 年版。

［乌兹别克斯坦］艾哈迈多夫：《16—18 世纪中亚历史地理文献》，陈远光译，人民出版社 2011 年版。

［美］比尔·波特：《丝绸之路：追溯中华文明史上最辉煌的篇章》，马宏伟、吕长青等译，四川文艺出版社 2013 年版。

［加拿大］贝旦宁：《东方遭遇西方》，孔新峰、张言亮译，上海三联书店 2011 年版。

［奥］贝哲民：《新丝绸之路》，程仁桃译，东方出版社 2011 年版。

［英］戴维·米勒：《民族责任与全球正义》，杨通进、李广博译，重庆出版社 2014 年版。

［法］鲁保罗：《西域的历史与文明》，耿昇译，人民出版社 2012 年版。

［英］马丁·雅克：《当中国统治世界——中国的崛起和西方世界的衰落》，张莉、刘曲译，中信出版社 2010 年版。

［英］诺曼·戴维斯：《欧洲史》，郭芳、刘北成等译，世界知识出版社 2007 年版。

［美］斯塔夫里阿诺斯：《全球通史》，吴象婴、梁赤民等译，北京大学出版社 2005 年版。

[英] 斯坦因:《西域考古记》，商务印书馆 2013 年版。

[美] 塞缪尔·亨廷顿:《文明的冲突与世界秩序的重建》，周琪等译，新华出版社 1988 年版。

[瑞] 斯文·赫定:《丝绸之路》，江红、李佩娟译，新疆人民出版社 2013 年版。

[美] 伊曼纽尔·沃勒斯坦:《现代世界体系》，罗荣渠等译，高等教育出版社 1998 年版。

[英] 吴思芳:《丝绸之路 2000 年》，山东画报出版社 2008 年版。

[美] 布热津斯基:《大棋局》，中国国际问题研究所译，上海人民出版社 1998 年版。

BIN，YANG，“Buddhism and Islam on the Silk Road.” *Journal of World History* 22.4 (2011)：825-828.

Brysac, and Shareen Blair, “The Virtual Silk Road.” *Archaeology* 4 (2000)：72-72.

Christopher I. Beckwith，*Empires of the Silk Road*，Princeton University Press，2009.

David C. Kang，*China Rising：Peace，Power，and Order in East Asia*，Columbia University Press，2009.

David Gosset，“China's Role in the Future of Europe”，in *Beijing Review*，January 16，2012.

Edgar Knobloch，*Treasures of the Great Silk Road*，The History Press，2013.

Foster，Robert W，“Journeys on the Silk Road”，*Historian* 76.1 (2014)：151–152.

Gilbert Rozman，*China's Foreign Policy：Who Makes It，and How Is It*

Made, Palgrave Macmillan, 2013.

James, N, “Silk Road Riches No Embarrassment.” *Antiquity* 85.328 (2011): pags, 654-656.

Jeffrey Saches, *The Price of Civilization*, Random House, 2011.

Jim Brewster, *The Silk Road Affair*, Outskirts Press, 2009.

Kathryn Ceceri, *The Silk Road: Explore the World's Most Famous Trade*, Nomad Press, 2011.

Levi, Werner, *Modern China's Foreign Policy*, Literary Licensing, LLC, 2012.

Luce Boulnois, Wong HowMan, Amar Grover, *Silk Road: Monks, Warriors & Merchants on the Silk*, Airphoto International Ltd, 2012.

Mark Notrll, *Travelling The Silk Road: Ancient Pathway to the Modern World*, American Museum & Natural History, 2011.

Robert S. Ross, *China's Ascent: Power, Security, and the Future of International Politics*, Cornell University Press, 2008.

Valerie Hanson, *The Silk Road*, Oxford University Press, 2012.

后　　记

本书是应景之作。这个景，就是时代需要。感谢人民出版社刘敬文编辑以敏锐的眼光、专业的精神和时代担当，约稿促成此书出版。感谢人民出版社在短时间内高效、高质量的编校工作，确保此书及时面市。

本书是应势之作。“一带一路”战略提出后，国内外议论纷纷，众说纷纭，这首先反映出中央领导高瞻远瞩、运筹帷幄，引领世界、把握时代，各方面充实其内涵、谋划其路径，预测其风险、思考其对策，可喜可嘉。然而，外界对“一带一路”的错误理解不绝于耳，如把它称为中国的“马歇尔计划”、“新朝贡体系”、“西进战略”等说法层出不穷。因此，有必要及时拿出相关权威性思考和论述，引导国内外舆论、推动学界研究、倡导产学研协作。本书的写作，不仅得益于“一带一路”的美好时代，也得益于智库时代的到来。研究中国问题，是研究世界问题的前沿，必将创造无愧于我们时代的学问。基于这一共识，笔者有幸担任中国人民大学重阳金融研究院、国家发展与战略研究院，以及中联部当代世界研究中心、察哈尔学会、春秋发展战略研究院高级研究员，研究和写作得到这些迅速崛起为世界知名智库的大力支持。尤其是察哈尔学会与人大重阳金融研究院先后为本书举办新书发布会，宣传此书。在此一并表示感谢。特别感谢人大重阳金融研究院执行院长王文委托我承担“一带一路”研究项目，并给予大力支持。

本书是学习之作。“一带一路”是新生事物。在调研过程中，笔者有幸深入接触经济界、外交界，并得到各界领导和同仁的大力支持，特别是中国工商银行张红力副行长、外交部国际经济司副司长刘劲松等“一带一路”项目规划与政策制订者的帮助，使得本书的写作更贴近政策实际。国新办、外文局邀请笔者参加2014年6月乌鲁木齐“丝绸之路经济带——共建共享与共赢共荣的新机遇”、2015年2月泉州“共商、共建、共享：21世纪海上丝绸之路”国际研讨会，帮助笔者比较早地参与到“一带一路”项目研究中，同时更好地了解到国际上的观点。

本书是尝试之作。写作时，《推动共建丝绸之路经济带和21世纪海上丝绸之路的愿景与行动》尚未发布，这也促使本书更多地从理论层面、宏观视角进行探讨。这个文件发布后，笔者依据文件对内容进行校对、调整。“一带一路”是要几代人、几十个国家去书写的壮丽画卷。本书只是初步探讨，写作也显仓促，错误与纰漏在所难免，希望听取各方面意见，不断修改完善。

三年以来，在人民大学的教学与研究工作；十三年来，在复旦大学的学习、工作，包括三年借调在中国驻欧盟使团工作，增添政策导向、外交情怀、爱国情结；三十年以来，求知与成长的道路，得到许许多多前辈、师友和同学们的支持与帮助。尤其是朱文熠、毛雨、郑栋和陈子越等同学为本书部分章节的写作做出不同程度的贡献。好友程亚文等阅读了初稿，并提出宝贵修改意见。当然，家人的理解与关怀弥足珍贵。在最新思考成果即将付梓之际，在此一并致谢。

王义桅

2015年6月1日

中国人民大学静园